한국상품의 가격·품질관계

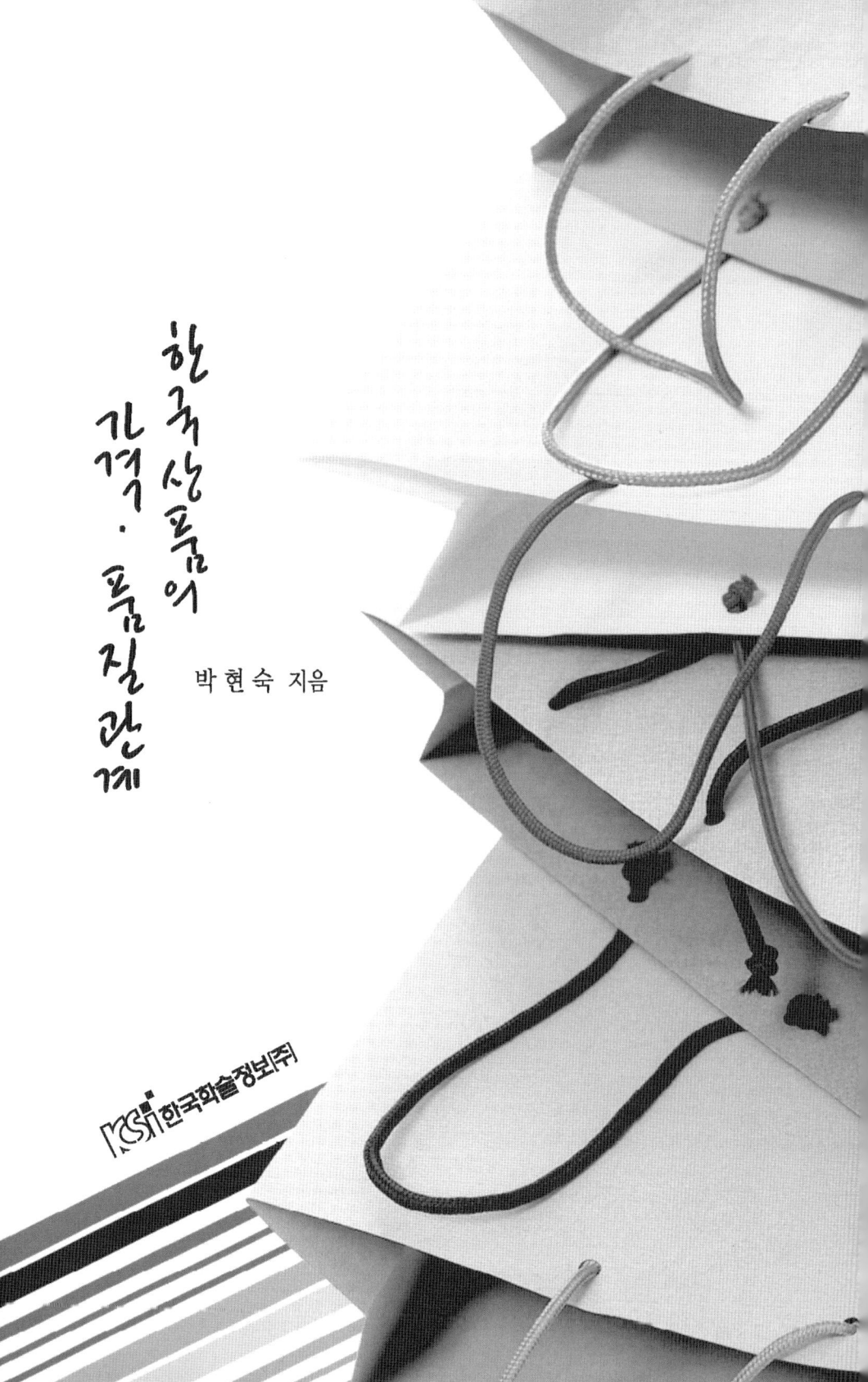

한국상품의
가격·품질관계

박현숙 지음

한국학술정보㈜

현대 산업사회에서는 고도의 기술혁신을 통한 상품의 복잡화, 다양화 및 대량생산이 이루어지고 있으며 이로 인해 시장에는 품질을 잘 알 수 없는 제품들이 무수히 쏟아져 나오고 있다. 또 그에 따라 대량소비를 유도하기 위한 기업의 마케팅 활동이 성행하고 있다. 이러한 시장경쟁 여건하에서 소비자들은 선택의 어려움에 직면하게 된다. 즉 현대사회의 특징인 풍요와 고도의 생산기술발달에 따라 상품의 질과 종류가 다양하고 전문화됨에 따라 인터넷의 등장에도 불구하고 소비자들은 불완전한 정보를 가지게 되며 또한 기업의 허위, 과대광고 등의 가능성 등으로 소비자의 현명한 구매의사 결정이 더욱 어렵게 되어가고 있다.

일반적으로 소비자들은 제품평가의 지표로 가격과 품질을 이용한다. 가격과 품질은 상품의 일반적인 속성이나 그중 품질에 관한 정보는 가격에 관한 정보에 비해 구매 이후에도 정확히 평가하기 어렵다. 따라서 구매자들은 '지각된 품질'을 고려한다. 따라서 본 연구에서는 실제시장에서의 가격과 품질관계와 소비자가 지각하는 가격과 품질관계에 대한 실증분석을 통해 이들 간에 어떠한 차이가 있는지를 살펴보고 이에 대한 정책방안, 즉 상품시장의 효율성 제고 방안 및 소비자 보호방안에 관해 논의하고자 하였다.

따라서 본서가 소비자, 기업실무자, 정부관리자들에게 시장과 소비
자행동의 이해, 마케팅 능력 제고에 보탬이 되기를 기대하며, 또한 본
서가 나올 수 있도록 도움을 주신 많은 분들 특히 오늘의 저자가 있
기까지 성심과 사랑으로 지도해 주신 은사님들께 감사와 존경의 뜻을
전하고 싶다

박현숙

제 1 장
서 론

제1절 문제의 제기 및 연구목적

1. 문제의 제기

현대 산업사회에서는 고도의 기술혁신을 통한 상품의 복잡, 다양화 및 대량생산으로 인해 시장에는 품질을 잘 알 수 없는 제품들이 무수히 쏟아져 나오고 있으며, 대량소비를 유도하기 위한 기업의 판매촉진 전략이 성행하고 있다. 이러한 시장경쟁 여건하에서 소비자들은 선택의 어려움에 직면하게 된다. 즉 현대사회의 특징인 풍요와 고도의 생산기술발달에 따라 상품의 질과 종류가 다양하고 전문화됨에 따라 소비자들은 더욱 불완전한 정보를 가지게 되며, 또한 기업의 허위, 과대광고 가능성 등으로 소비자의 현명한 구매의사 결정이 더욱 어렵게 되어 가고 있는 것이다.

일반적으로 소비자들은 제품평가의 지표로 가격과 품질을 사용한다. 가격과 품질은 상품의 일반적인 속성이나 그중 품질에 관한 정보는 가격에 관한 정보에 비해 구매 이후에도 정확하게 평가하기 어렵다. 이러한 품질측정의 어려움 때문에 보통의 구매자들은 가장 좋은 품질의 제품을 결정할 때 '지각적 품질(perceived quality)'을 고려한다. 그리고 소비자들은 지각된 품질을 판단하기 위하여 제품품질과 관계있는 내재적 정보단서와 외재적 정보단서를 고려하게 되는데 그중 외재적 단서인 가격을 가장 대표적인 품질지표로 이용하게 된다.

그러므로 소비자의 입장에서 볼 때 가격이란 구체적이고 측정 가능한 유일한 변수이다. 따라서 일반 전문적인 구매자가 아닌 일반 소비자들은 품질과 직접적인 관련이 있는 평가속성보다는 가격을 더욱 중요한 품질판단의 지표로 삼게 된다는 것이다. 실제로 소비자들의 구매 판단 시 제품의 가격이 어떤 역할을 하는가의 문제는 많은 마케팅 연구자들의 관심을 받아 왔는데, 많은 연구 결과는(Leavitt 1954, McConnell 1968, Shapiro 1973, Dodds & Monroe 1984, Peterson & Wilson 1985, Tellis & Wernerfelt 1987) 대체로 소비자들의 구매의사 결정과정에서 가격이 높으면 제품의 품질이 좋으리라는 주관적인 가격과 품질의 상관관계에 관한 판단이 작용하는 것으로 나타나 있다.

한편 이러한 소비자들의 판단이 옳으려면 현실시장에서 제품의 가격과 품질 사이에는 정의 상관관계가 이루어져야 한다. 경제 원리에 따르면 완전경쟁 시장에서는 소비자가 완전정보 상태에서 합리적인 구매선택을 하기 때문에 동일한 제품의 품질에 대해서는 동일한 가격이 성립해야 한다. 그러나 현실시장은 완전경쟁시장의 조건에서 많이 벗어나 있어 이러한 관계가 이루어지기 어렵다. 실제로 미국의 연구(Oxenfeldt 1950, Friedman 1967, Morris & Bronson 1969, Sproles 1977, Dardis & Gieser 1980)들은 모두 가격과 객관적 품질의 낮은 상관관계를 보여 주고 있으며, 이런 결과는 캐나다(Bodell, Kerton & Schuster 1986)와 일본(Yamada & Ackerman 1984)의 연구에서도 지지되어 각국의 공통적인 현상으로 지적되고 있다. 따라서 이러한 상황에서 소비자가 가격을 품질의 척도로 사용하고 있는 한 비효율적인 구매 및 이로 인한 경제적 손실 가능성이 높다.

이런 현실적, 이론적 중요도에 걸맞게 가격과 품질 관계에 관한 많은 연구들이 국내외에서 지속적으로 이루어져 왔다. 따라서 양자간의 관계에 대한 상당한 연구결과가 축적되어 온 것이 사실이지만 아직 설명되지 못한 부분이 많아 추가적인 연구 필요성이 상존하고 있는 것 또한 사실이다. 또한 가격과 품질에 관한 기존 연구들은 가격 - 객관적 품질관계, 가격－지각적 품질관계에 대한 연구를 개별적으로 수행하여 연구결과의 정책적 시사점 연구가 미진하였다. 이에 본 연구에서는 가격과 품질의 상관관계에 관한 실증연구와 각국의 제도비교연구를 토대로 우리나라 상품시장의 효율성 제고 및 소비자 보호를 위한 정책 대안과 제도를 제시하고자 한다.

2. 연구목적과 내용

본 연구는 상품의 가격과 품질의 관계 분석을 통해 한국 상품시장의 효율성을 높일 수 있는 방안을 제시하는 데 그 목적을 두고 있다. 이에 따라 본 연구는 개별소비자나 공공정책 입안자에게는 소비자보호 및 경쟁정책 등 제도개선 방안을 제시해 주고, 기업에게는 적절한 마케팅전략의 근거를 제공하는 한편, 새로운 이론과 연구방법을 개발하여 경영학 발전에 다소 기여할 수 있다고 본다. 본 연구에서는 다음과 같이 상호 관련된 연구주제를 설정하였다.

연구주제 1: 가격이 품질을 반영하고 있는가?
연구주제 2: 소비자들은 가격을 품질의 지표로 생각하고 있는가?
연구주제 3: 가격/품질관계가 개선되기 위해서는 어떤 제도환경이
　　　　　　필요한가?

이상의 3개의 연구주제는 각각 시장구조분석(가격－객관적 품질관계), 소비자판단문제(가격－지각적 품질관계), 제도개선 문제라고 볼 수 있다.

이를 좀 더 상세히 설명하면 가격－객관적 품질의 관계는 소비자가 구매의사결정 시 제품의 가격을 제품의 질을 나타내는 척도로 간주하여,

실제 시장에 관련하여 소비자가 가격을 품질척도로 사용하는 것이 적당한가를 평가하는 것이다.[1] 가격과 지각적 품질의 관계는 가격을 품질척도로 사용하는 것이 좋은가 나쁜가에 상관없이 가격이 소비자의 품질평가 시 영향을 미치는지, 그 영향정도는 다른 변수들에 의해 달라지는지를 조사하는 것이다.[2] 이런 연구결과들은 1) 가격을 품질지표로 사용하는 것이 경제적 손실의 가능성이 있으므로 바람직한 방법이 아닌데 2) 소비자가 품질판단 시 가격을 이용하고 있으므로 소비자가 비효율적인 구매를 하고 있다는 것을 보이고 있다. 그러므로 이러한 시장비효율성을 개선하기 위한 방안연구가 불가피하며 이에 관한 가격표시제·품질인증제도·리콜제도·제조물책임제도 등의 제도를 주요 선진국과 비교, 연구하여 합리적인 제도를 개발하자는 것이 본 논문의 세 번째 내용이다.

제2절 연구방법 및 구성

1. 연구방법

본 논문의 연구방법은 문헌 연구와 실증 연구, 제도 사례연구를 포함하고 있다.

---

1) 이 부류의 연구들은 실제시장에서 약한 정의 상관관계를 보여 주고 있으며, 상품에 따라 그 정도가 다양하게 분포되어 있음을 보여 준다.
2) 소비자는 고가격제품을 저가격제품보다 품질이 좋은 것으로 인지하며, 그 관계의 정도는 소비자특성, 정보단서의 종류, 제품특성에 따라 달라진다는 것이다.

첫째는 문헌조사방법이다. 먼저 가격과 객관적 품질에 관한 연구를 정리하였다. 국내외에서 수행된 여러 편의 가격－객관적 품질의 관계에 관한 연구들의 근거와 실증분석결과를 토대로 이들의 관계가 어떠한지, 어떠한 요인이 이들 관계에 영향을 미치는지, 분석시기와 장소에 따라 이들 관계가 어떻게 달라지는지를 살펴보았다. 다음으로 가격과 지각적 품질에 관한 문헌적 고찰을 하였다. 가격－지각된 품질의 관계는 우선 소비자가 가격을 품질의 지표로 생각하는가에 대한 연구에서부터 상표 등 가격 외의 다른 단서들이 제시될 때 소비자의 가격에 대한 품질지각의 정도는 어떠한지를 살펴보았으며, 이와 더불어 가격－지각된 품질관계의 조절 역할을 하는 변수를 소비자특성변수, 제품특성변수로 나누어 기존 연구 결과를 살펴보았다. 그리고 시장효율성을 제고시킬 수 있는 제도, 즉 가격표시제·품질인증제도·리콜제도·제조물책임제도에 대한 각국의 연구결과를 정리하였다.

둘째, 실증분석이다. 먼저 가격－객관적 품질 상관관계를 도출하기 위해 소비자보호원, 공업진흥청에서 발표한 품질평가자료를 이용하여 가격과 객관적 품질관계에 영향을 미칠 수 있는 변수들에 대한 회귀분석과 T－Test를 수행하였다. 다음으로 소비자의 가격－지각된 품질관계와 이에 관련된 조절변수의 영향을 조사하기 위해 설문조사를 수행하고, 이 조사자료를 이용하여 Anova, T－Test분석을 실시하였다.

셋째, 제도사례조사연구이다. 미국, 일본, 유럽 등 선진국의 가격표시제도 및 품질관리제도, 정보공시제도의 현황과 문제점 등을 조사하여 정리하고 시사점을 도출하였다. 이를 위해 각국 제도 및 담당기관에 관한 문헌자료 및 인터넷홈페이지 자료를 조사하였다.

2. 연구의 구성

본 논문은 6개 장으로 구성되어 있는데 각 장별 내용은 다음과 같다.

제1장은 서론 부분으로 연구의 배경 및 목적, 그리고 연구방법 및 구성에 대하여 기술하였다.

제2장은 가격과 품질의 개념과 가격－객관적 품질, 가격－지각적 품질의 상관관계, 시장효율성 제고정책에 관한 이론적 배경과 기존의 연구를 기술하였다.

제3장은 가격－객관적 품질관계를 통해 시장구조를 분석하였다. 1988년에서 1997년까지의 한국시장의 가격－객관적 품질의 상관관계와 이들에 영향을 미치는 변수를 분석하였다.

제4장은 가격－지각된 품질관계를 통한 소비자의 판단문제를 분석하였다. 소비자의 가격－지각된 품질관계를 측정하고, 이에 관련된 조절변수인 제품범주와 소비자 특성요소, 인구통계학적 특성이 가격－지각된 품질관계에 미치는 영향을 살펴보았다.

제5장은 제3장과 제4장의 연구결과와 각국의 제도사례연구를 바탕으로 가격과 품질관계의 개선을 위한 정책과 제도에 대해 연구하였다.

제6장은 결론 부분으로 제2장에서 제5장까지의 연구결과를 요약정리하고, 정부・기업・비자에 대한 시사점을 제시하였다.

제 2 장

가격과 품질의 관계에
관한 기존연구

제1절 가격과 품질의 개념

1. 품질에 관한 개념

1) 품질의 개념

품질(quality)이란 라틴어의 'qualitas'에서 유래된 것으로 Webster사전에 의하면 그 어의적 개념이 "물품자체가 지니는 고유한 성질, 특성, 개성 등을 의미하는 것으로 우수함의 정도, 기준과의 일치성 정도, 구조의 적합성"이다.

한편 품질이라는 용어는 제품의 관측적 특성 및 그 평가기준의 의미로 사용되는 경우가 많다. 즉 품질의 정의는 제품을 어떤 관점으로 보느냐에 따라 달라질 수 있다. 그러므로 품질이라는 것은 획일적으로 정의하기가 어렵다.[3] 이에 따라 품질의 개념은 여러 학자들에 의해 여러 각도로 정의되어 왔는데, 이를 크게 선험적 정의(transcendent definitions), 제품 중심적 정의(product based definitions), 제조 중심적 정의(manufacturing-based definitions), 사용자 중심적 정의(user-based definitions) 및 가치 중심적 정의(value-based definitions)로 분류할 수 있다.[4]

---

3) 즉 학문 분야에 따라서 철학에서는 개념정의의 문제에, 경제학에서는 이익 극대화와 시장균형의 관점에, 마케팅에서는 구매행동과 소비자 만족의 관점에, 그리고 생산운송 관리에서는 공학적 측면과 제조공정 통제에 주안점을 두었으며 이에 따라 품질에 대한 정의도 각각 다른 시각에서 유도되었다.

4) D.A. Garvin, "What Does Product Quality Really Mean?", *Sloan Management Review*, Fall 1984, p.26.

① 선험적 정의

이는 철학적 시각으로 품질을 정의한 것으로, Pirsig는 품질이란 물질적인 것도 정신적인 것도 아니며, 이것과는 독립적인 제3의 것이다. 그러나 품질을 정의할 수 없다 하더라도 우리는 품질이 무엇인지 알고 있다고 하였으며, Tuchman은 형편없는 품질과 구분되는 훌륭한 품질을 의미하는 탁월성의 성능…… 품질은 형편없거나 불량한 것에 만족하지 않는 최고의 표준을 성취하거나 도달하는 것이라고 정의하였다.

② 제품 중심적 정의

경제학자들의 주장에 의하면, 품질의 차이는 제품자체가 지니고 있는 성분(ingradients) 혹은 기여도(attributes)의 양의 차이라는 것이며, 이는 품질에 수직적 혹은 계층적 차원의 개념을 도입한 것이다. 따라서 고품질 제품은 높은 비용에 의해서만 가능하기 때문에 고품질의 제품은 가격이 비싼 제품이며, 품질은 제품에 포함되어 있는 내재된 특성(inherent characteristics)의 유무에 의해 측정되기 때문에 객관적으로 품질이 평가될 수 있으며, 이는 반드시 선호도에만 의존하는 것은 아니라는 추론이 가능하다. 대표적인 정의로 L. Abbott는 품질의 차이는 요구되는 성분이나 기여도의 양(quality)에 있어서 차이를 보이는 것을 의미한다고 했으며, K. B. Leffler는 품질이란 가격화된 속성의 각 단위에 포함된 비가격화된 속성의 양에 관계된다고 정의하였다.

③ 제조 중심적 정의

제조 중심적 정의는 제품의 생산자 측면을 고려하는 사용자 중심적 정의에 비해 상대적으로 객관적인 방법이다. 여기서의 품질은 '요구조건에의 일치(conformance of requirements)'로 인식하는 것으로 요구조건이라는 것은 생산자의 시방(specification) 또는 설계에의 일치를 의미하는 것으로 시방 또는 설계에 일치하는 제품은 우수한 제품이고 시방 또는 설계에 대해 편차가 발생하는 것은 그만큼 품질이 저하된 제품으로 인식된다. P. B. Crosby는 품질이 요구조건의 일치를 의미한다고 정의하였으며, H. L. Gilmore는 특정제품의 시방 또는 설계에 일치되는 정도가 품질이라고 정의하였다.

④ 사용자 중심적 정의

사용자 중심적 품질정의는 현대적 마케팅 개념인 마케트 인(market in)에 입각하여, 개별 소비자는 각기 다른 요구(wants)와 필요(needs)를 지니고 있으며, 이들의 기호를 가장 잘 만족시켜 주는 제품이 가장 높은 품질의 제품으로 인식된다.[5] 이런 관점의 대표적인 정의로, Gilmore는 품질이란 욕구를 만족시킬 수 있는 역량으로 구성되어 있다고 하였으며, Dortman과 Steiner는 품질이란 수요곡선에 영향을 미치는 판매계약에 포함된 서비스를 포함하는 제품의 가격으로 정의하였다. Juran은 품질을 사용에의 적합성으로, Day는 소비자기호 패턴의 적합성 정도로 정의하였다. 또한 Tellis and Gaeth는 품질을 제품명세서에 일치하는 제품의 성과, 혹은 제품의 성과에 대한 소비자의 정보에 일치하는 정도라고 정의하였다.[6]

---

5) 그러나 이러한 품질의 정의는 다분히 주관적인 요소를 지니고 있으므로, 소비자의 요구와 필요의 만족도를 어떻게 측정하느냐는 문제에 있어서 객관적인 측정이 모호하다. 이를 해결하기 위해 마케팅에서는 아이디얼 포인트(ideal points)라는 개념을 도입하였으며, 경제학에서는 품질의 차이는 제품수요곡선의 이동에 의해 이루어진다는 견해를 또한 생산자운용관리에서는 사용적합성(fitness for use)의 개념을 도입하여 이를 설명하였다.

6) G. J. Tellis and G. J. Gaeth, "Best Value, Price-Seeking, and Price Aversion: The Impact of Information and Learning on Consumer Choices",

⑤ 가치 중심적 정의

가치 중심적 접근방법은 종래보다 한 단계 발전한 인식으로, 품질을 가격 혹은 비용과 결부시켜 이해하려는 것이다. 이 견해에 따르면 품질이란 수용 가능한 가격수준에서의 성취를 제공하는 것 또는 수용 가능한 비용수준에서의 일치성을 제공한 것으로 정의된다. 즉 가치= 품질특성(성능)/가격(비용)으로 품질을 이해하는 견해이다.[7] 대표적 정의로, R. A. Broh는 품질을 수용 가능한 가격수준에서의 우수성과 수용 가능한 비용수준에서의 변동 통제정도라고 하였으며, A. V. Feigenbaum은 품질이란 소비자의 조건을 가장 잘 만족시키는 것을 의미하는 것으로 그 조건은 실제적 사용가치와 제품판매가격을 의미한다고 정의하였다.

2) 객관적 품질과 주관적 품질

앞에서 살펴본 바와 같이 많은 연구자들이 품질에 대한 정의를 내렸는데, 이들 견해를 정리하여 품질을 정의한다면, 품질이란 '물품 또는 서비스가 그것의 사용 또는 적용목적을 만족(또는 충족)시켰는가 그렇지 못했는가를 결정하기 위한 평가의 대상이 되는 고유의 성질, 성능의 전부'를 말한다고 할 수 있다. 이를 다시 나누어 보면 품질은

(ㄱ) 사용 또는 적용목적을 만족시켰는가…… 지각적 품질

(ㄴ) 평가의 대상이 되는 고유의 성질, 성능의 전부…… 객관적 품질로 나눌 수 있다.

Journal of Marketing, Vol.54, 1990, p.34.

7) 여기서는 고품질의 제품은 전부 가격이 비싼 제품이라는 인식과는 달리 투입비용을 무시하고 너무 높은 가격을 책정하거나 혹은 수요공급과 정상의 일시적 혹은 구조적 수요과잉으로 가격이 상승하였을 경우에는 이를 품질향상으로 보지 않는다는 점이다.

① 객관적 품질

객관적 품질은 Garvin의 품질에 대한 정의 접근 중 제품중심적 접근의 품질로 설명될 수 있다. 제품중심적 접근은 제품이 가질 구성성분이나 특성의 함유량에 있어 차이가 나 품질차이를 분명하게 측정할 수 있는 접근법이다. 품질이 제품의 내재적 특성으로 간주되고 측정 가능한 제품속성의 기존유무를 반영하여 객관적으로 측정될 수 있다. 제품의 내재적 특성은 그 제품의 기본적 기능을 보조하는 제품특성 그리고 그 제품의 내구성, 적합성, 신뢰성, 서비스의 용이성, 미관 등을 들 수 있다. 이러한 요소에 근거하여 제품들의 상대적 위치를 과학적으로 결정함으로써 수직적인 품질평가를 할 수 있는 것을 객관적 품질이라 할 수 있다. 즉 객관적 품질이란 미리 결정된 몇 가지 이상적인 기준들에 있어서의 측정이 가능하고 증명이 가능한 우월성이라 정의할 수 있다.[8]

객관적 품질에 대한 예로는 미국의 경우 제품품질에 대한 서열자료를 제공하는 Consumer Reports가 있으며, 우리나라의 경우에는 공업진흥청에서 발표하는 품질검사정보와 소비자보호원, 한국소비자연맹 등의 상품비교테스트 정보가 이에 속한다.

그러나 제품에 대한 품질 척도의 사용이 과연 타당성을 가지는가에 대한 논쟁도 있다. Hjorth - Anderson은 Consumer Report상의 품질은 전반적으로 가중치에 상당히 의존하고 있으므로, 즉 평가기준으로 사용하는 각 속성의 가중치가 자의적으로 결정되므로 별 의미 있는 자료가 되지 못한다고 주장하였으나[9] Curry & Faulds는 각 속성의 가

---

8) Valarie. A. Zeihtaml, "Consumer Perception of Price, Quality, and Value: A Means - End Model and Synthesis of Evidence", *Journal of Marketing*, Vol.52, 1988, p.3.

9) Hjorth - Anderson, "The Concept of Quality and the Efficiency of Markets

중치는 전반적인 품질수준의 결정에 크게 영향을 미치지 못한다고 반박하였다.[10]

② 지각적 품질

우선 지각적 품질(perceived quality)은 제품의 전반적인 우월성 또는 탁월성에 대한 소비자의 판단[11]이라고 정의할 수 있다. 지각된 품질은 (1) 객관적, 실질적 품질과는 구별되는 주관적 개념이며 (2) 소비자의 인지구조 내에 있어서 특정 제품속성보다는 고수준의 추상적 개념이고 (3) 일면 태도와 유사한 제품에 대한 소비자의 전반적인 평가로서 (4) 소비자의 비교구조 내의 판단, 즉 소비자가 대체재라고 인식하는 여러 제품 간의 상대적 우월성에 대한 판단이라는 특성을 지니고 있다.[12] 즉 지각된 품질은 소비자에 기초한 개념이라 할 수 있다. Peterson은 지각된 품질이라는 주관적 품질은 소비자가 지각한 품질을 의미하는 것으로서 제품의 객관적 품질에 대한 주관적 느낌이나 이미지 또는 판단을 의미한다고 하였다.[13]

그런데 일반 소비자는 이러한 객관적 품질평가보다는 지각된 제품의 품질(perceived quality)을 자신들의 구매의사결정 시 고려하게 된다. 즉 제품의 가격, 상표, 광고 등에서 지각된 이미지 등이 기반이 된 상대적인 주관적 품질을 평가하게 된다는 것이다. 주관적 품질개념이 마

---

for Consumer Product", *Journal of Consumer Research*, Vol.11(sep), 1984, pp.709-710.

10) D. J. Curry and Faulds, D. J., "Indexing Product Quality: Issue, Theory and Results", *Journal of Consumer Research*, 1986, pp.134-145.

11) V. A. Zeithaml, op. cit., 1988.

12) Ibid., pp.4-5.

13) R. A. Peterson, "The Price Perceived Quality Realationship: Experimental Evidence", *Journal of Marketing Research*, August 1970, p.286.

케팅에서 중요한 이유는 보통의 소비자들은 과학적으로 정확하게 객관적 품질을 평가할 능력이 없기 때문에 주관적 품질에 따라서 제품평가를 한다는 것이다. 주관적 판단으로서의 지각된 품질은 품질이 제품자체의 속성뿐 아니라 제품외적인 속성, 평가자, 그리고 평가가 일어나는 상황에 의해서 영향을 받을 수 있음을 의미한다. 따라서 지각된 품질은 Garvin의 품질에 대한 사용자 중심적 접근과 관련된다고 볼 수 있다.

2. 가격에 관한 개념

1) 가격의 개념

(1) 경제학적 의미

경제의 기본 목적은 사회전체의 후생을 극대화하기 위해 자원을 사회 구성원들에게 효율적으로 분배하는 것이다. 이러한 목적달성을 위해서 각각의 자원은 사회후생함수에 따라 가장 효율적인, 즉 비용절약적인 방향으로 배분되어야 한다. 시장경제 체제하에서는 가격에 의해 이들 자원이 배분될 때 효율성이 극대화된다. 즉 시장경제에서 가격은 효율적 자원배분의 길잡이가 된다. 즉 가격은 어떤 재화와 서비스가 얼마만큼 생산되어야 하는가를 결정한다. 또한 이러한 재화와 서비스가 어떻게 생산되어야 하며 누구를 위해 이들 재화와 서비스가 생산되어야 하는가도 결정한다.[14]

예컨대 가격은 소득과 소비행동에 영향을 미친다. 즉 일정한 소득수준이 있는 소비자들에게 있어서 가격은 무엇을 살 것이며 얼마만큼 살 것인가 하는 의사결정에 영향을 미치게 된다. 또한 기업의 이윤은

---

14) Kent B. Monroe, *Pricing: Marking Profitable Decision*, 2nd ed., McGraw
    -Hill Book Co., 1990, p.5.

그들의 수익과 비용의 차이에 의해 결정되며 수익은 단위당 판매가격에 판매단위수를 곱하여 얻어진다.

가격변화는 시장경제체제에서 중요한 역할을 한다. 어떤 재화나 서비스에 대한 수요량이 공급가능한 수량을 초과할 때, 가격이 상승한다. 또한 판매단위당 비용의 변화가 없다면 고가격은 고이윤을 획득할 수 있으므로 이러한 재화를 더욱 많이 생산하기 위해 자원을 투자하도록 하는 유인이 기업에 발생한다. 그리고 고가격은 혁신과 신기술개발을 자극할 수도 있다.

반면 가격이 하락하면 위와 반대의 효과가 있다. 공급가능량이 수요량보다 크다면 가격을 떨어뜨리고 생산량을 감소시키려는 압력이 있게 된다. 이러한 압력은 생산자들에게 그들 자원들을 다른 대체 안에 투입하도록 한다. 따라서 가격이 올라가면 자원은 그것을 가장 필요로 하는 생산자에게 돌아가고 불요불급한 생산자들에 의한 수요를 줄이게 된다. 이러한 경제적 맥락에서 일반적으로 가격은 필요로 하는 무엇인가를 얻기 위해 반드시 희생해야만 되는 화폐량으로 간주된다. 즉 가격은 일정한 양의 재화나 서비스를 얻기 위해 필요한 화폐(혹은 재화나 서비스)의 양을 나타내는 비율로 나타낸다. 따라서 가격은 다음과 같이 나타낼 수 있을 것이다.

$$가격 = \frac{판매자가\ 받는\ 화폐\ 혹은\ 재화나\ 서비스의\ 량}{구매자가\ 받는\ 재화나\ 서비스의\ 량}$$

이와 같이 가격은 판매자에 의해 제공되는 재화나 서비스의 구색에 대해 교환되는 구매자의 화폐 및 서비스나 재화의 양이라 할 수 있으며 또한 가격 변화로 인해 미치는 효과가 매우 크기 때문에 가격결정은 마케팅의사결정에 있어서 매우 중요한 비중을 차지하고 있다.

(2) 마케팅적 의미

소비자의 관점에서 보면 가격은 제품을 얻기 위해서 희생하거나 포기해야 하는 것을 나타낸다. 희생으로서의 가격을 정의함은 가격을 연구한 다른 조사자와 일치하는 것이다. 〈그림 2-1〉은 가격의 구성요소들을 나타내고 있다.

〈그림 2-1〉 가격의 구성

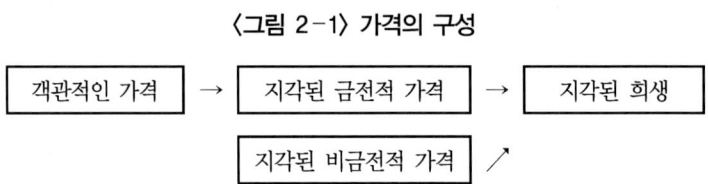

자료: Valarle. A. Zeithaml, "Consumer Perceptions of Price, Quality, and Value: A Means-End model and Synthesis of Evidence", *Journal of Marketing*, Vol.52, 1988, p.4.

가격의 구성요소들을 객관적인 가격, 지각된 금전적 가격, 지각된 희생의 세 가지 개념으로 나타내고 있다. Jacoby and Olson(1977)은 제품의 실제적인 가격인 객관적인 가격과 소비자에 의해서 입력된 가격인 지각된 가격을 구별했다. 객관적인 금전가격은 소비자에 의해서 입력된 가격과 자주 일치하지 않는다. 어떤 소비자들은 제품의 정확한 가격이 얼마라는 것을 알고 있을 수도 있지만 다른 소비자들은 그 가격을 단지 비싸거나 싸거나 하는 정도로 기억할 수 있을 것이다. 다른 사람들은 아주 가격을 기억하지 못할 수도 있다.

소비자는 항상 제품의 실제가격을 기억하거나 알지 못한다고 연구들은 밝히고 있다. 대신에 소비자는 가격을 그들에게 의미 있는 형태로 기억한다는 것이다.(Dickson and Sawyer 1985, Zeithaml 1982, 1983) 소비자의 주목수준, 인지수준, 가격에 대한 지식의 수준은 소비자가 많은 제품들에 대해서 정확한 내부적인 준거가격을 가질 필요성보다 상당히 낮게 나타날 것이다.(Dickson and Sawyer 1985, Zeithaml 1982)

제품대안 평가 시에 있어서 가격의 역할은 다차원적인데, 우선 제품에 대하여 소비자가 지불해야 하는 가격은 소비자의 부의 감소를 낳게 되며 경제학에서 일반적으로 사용하는 '제한요소로서의 가격'의 역할을 수행함과 동시에 가격은 제품품질에 대한 정보를 소비자에게 전달한다. 이것은 가격이 제품속성의 특성을 제공한다는 것이다.[15] 일반적으로 소비자들은 제품품질에 있어서 인식된 차이가 없거나, 상표에 익숙지 않을 경우 또는 새로운 제품으로서 지각된 위험이 큰 경우에 가격을 중요한 정보단서로써 사용한다. 그러나 가격은 가장 중요한 요인이기는 하지만 제품선택에 영향을 미치는 수많은 요인 중의 하나이기도 하다.[16]

제2절 가격과 객관적 품질에 대한 기존의 연구

객관적인 품질수준을 다루고 있는 대표적인 연구들은 미국시장에 대한 Oxenfeldt(1950), Friedman(1967), Morris and Bronson(1969), Sproles(1977), Riesz(1978), Sutton and Riesz(1979), Dardis and

---

15) M. Erickson, Gray & J. K. Johansson, "The Role of Price in Attribute Product Evaluation", *Journal of Consumer Research*, Vol.12(September), 1985, p.196.

16) R. P. Bagozzi, *Principles of Marketing Management*, Chicago: Science Research Associates, Inc., 1986, pp.501-502.

Gieser(1980), Curry(1985), Gerstner(1985), Faulds(1983), Tellis & Wenerfelt(1987), Faulds, Shepherd and Noh(1988)의 연구와 일본시장을 다룬 Yamada and Ackerman(1984), 그리고 Bodell, Kerton, Schuster는 캐나다 시장을, 한국시장의 문정숙, 김경미(1991), 이기춘, 송인숙(1988), 노전표(1991), 김용준(1993) 등의 연구가 있다.

이러한 연구의 일반적인 결과는 품질과 가격의 상관관계가 각 제품군별로 매우 상이하다는 것이다. 즉 몇몇의 제품범주에서는 매우 높은 正의 상관관계가 나타나지만, 여러 제품범주를 조사해 보면 매우 낮거나, 많은 경우 부의 상관관계가 나타나고 있다. 이같이 가격과 품질관계가 낮게 나타난 것에 대해 Hemenway[17]는 아래와 같이 설명하고 있다.

첫째, Consumer Reports와 같은 소비자 정보지에 의한 객관적 품질평가가 최적 결정이 아닐 수 있다는 것이다. 즉 이것은 전문기관에서 품질평가 시 사용하는 속성 및 가중치문제 때문에 전문기관이 행하는 품질평가 자체에 의구심을 갖고 있다고 설명되며, 둘째, 품질 이외에 많은 요인들이 상품의 가격결정에 영향을 미치고 있기 때문이라는 것이다. 즉 가격은 품질에 의해서만 결정되는 것이 아니고 세금이나 광고 등과 같은 요인에 의해 결정되기 때문에 가격이 높다고 해서 반드시 좋은 품질이라고 할 수 없다는 해석이다.

최초의 가격-객관적 품질에 관한 연구에서 Oxenfeldt[18]는 내구재, 의류, 식품으로 구성된 35개 제품범주에 있어서 0.82에서 -0.82에 이르는 범위와 더불어 가격과 객관적 품질 간의 평균상관관계가 0.25임

17) D. Hemenway, *Price and Quality*, Ballinger Publishing Company, 1984, pp.155-170.
18) Alfred A. Oxenfeldt, "Consumer Knowledge: Its Measurement and Extent", *Review of Economics and Statistics*, Vol.32, 1950, pp.300-314.

을 밝혔다. Morris와 Bronson(1969)는 주로 내구재로 구성된 48개 제품범주에서 0.96에서 −0.96에 이르는 범위와 평균 0.29의 상관관계를 보였다. 그러나 이 결과는 통계적으로 유의한 수준이 아니었다. 또한 Sproles(1977)도 135개 내구재에 대한 0.90에서 −0.66에 이르는 범위와 평균 0.26의 상관관계를 보였고, "당신이 지불한 것만큼 얻는다"는 소비자의 통상적인 현명함이 도전받게 되었다고 진술하고 있다. Riesz(1978)의 685개 내구재 및 비내구재 범주에 있어서 0.26의 상관관계를 보고했으며, 두 번째 연구에서 Riesz는 679개의 패키지 식품범주에 있어서는 0.88에서 −0.65의 범위와 평균 0.09의 상관관계를 밝혔다. 또한 Sutton and Riesz(1979)의 욕실제품, 화장품, 의복 등과 같이 현시효과가 큰 제품들에 대해서는 욕실제품과 화장품의 상관관계는 범위가 0.94에서 −0.71로 나타났으며 평균은 0.06이었다. 그리고 의복의 경우는 범위가 0.74에서 −0.54이고 평균은 0.13이었다. Dardis and Gieser(1980)의 연구는 Morris and Bronson의 연구를 확장하여 내구재를 중심으로 1970~1977년과 1960~1967년 기간의 상관관계를 비교하였으나 유의적인 차이를 발견하지 못하였다. Faulds(1983)의 연구에서는 주방기구를 분석한 결과 상관계수가 0.39로 나타났다. Curry(1985)가 주요 가정기구를 대상으로 상관관계를 분석한 결과는 0.69였다.

　Gerstner(1985)는 1980년에서 1982년까지 소개된 59개의 비내구재와 46개의 내구재를 조사한 연구에서 비내구재의 상관계수 평균이 0.01, 범위는 0.73에서 −1.00까지였으며, 내구재의 경우는 평균상관계수가 0.19이고 범위는 0.66부터 −0.73까지로 나타났다. Tellis and Wernerfelt(1987)의 연구에서는 기존의 9개 연구에서 사용된 1271개의 자료를 통합하여 Meta분석을 한 결과, 0.27의 상관관계를 보였다. 그리고 이러한 연구들의 공통점은 객관적 품질과 가격에 대한 자료의 한계로 인해 스피어만 서열상관계수를 객관적 가격 - 품질 간의 상관관계의 측정치로 사용하고 있다는 점이다. 그리고 일본시장을 다루고 있는 Yamada and Ackerman(1984)의 연구에서는 1972년 1월부터 1981년 12월까지 '월간 소비자'에 발표된 79개 제품을 대상으로 분석한 결과 가격과 객관적 품질의 상관계수가 0.87에서 -0.80의 범위를 가지며 평균상관계수가 -0.06으로 나타났으며, 많은 수의 내구재가 부의 상관관계가 있음을 보여 주고 있다. 또한 캐나다 시장을 다루고 있는 Bodell, Kerton, Schuster의 연구는 1978~1985년 사이의 91개 제품군 1020개 상표의 스피어만 서열상관계수를 계산한 결과 평균이 0.17, 범위가 0.94에서 -0.82까지로 나타났다. 이러한 결과에 추가하여 Bodell 등은 6개 품목의 상관관계를 일본과 미국의 결과와 비교하였는데 일본보다는 미국시장에서의 결과와 비슷한 모양을 보였다.

한국시장의 경우는 이기춘·송인숙(1988)이 월간소비자(1979~1988), 소비자시대(1986), 품질정보(1983~1987)의 자료를 이용하여 총 91개 제품군 679개 제품을 대상으로 한 연구에서 평균상관계수가 8개 통조림 상표, 7개 등산용 배낭상표, 6개 휴대용 미니카세트 상표를 대상으로 상관관계를 분석한 결과 통조림햄 0.59, 등산용 배낭 -0.14, 휴대용 미니카세트 0.77로 측정되었다.

또한 김용준(1993)의 연구는 한국소비자보호원에서 1989~1993년 사이에 발간된 '어느 회사 제품이 가장 좋은가'라는 연보를 이용하여 한국시장 내에서의 57개 제품군 511개 제품을 대상으로 가격 - 객관적 품질 상관관계를 피어슨 등간상관계수를 이용하여 도출한 결과 평균은 0.12, 범위는 0.96에서부터 -0.96까지였다. 또한 서열상관계수는 0.17로 등간, 서열상관계수의 평균을 통계적으로 차이검증을 해본 결과 두 집단 간에는 유의한 차이를 보이지 않았다.

〈표 2-1〉 국가별 가격과 품질의 상관관계 연구결과 비교

국가명	연구자	연도	자　료	품목수	서열상관계수(평균)
미국	Oxenfeldt	1950	Consumer Reports 1940~1949	35	0.26
	Friedman	1967	Consumer Reports 1961~1965	29	0.15
	Morris & Bronson	1969	Consumer Reports 1958~1967	48	0.29
	Sproles	1977	Consumer Reports 1972~1974	135	0.26
	Riesz	1978	Consumer Reports 1961~1975	685	0.26
	Sutton & Riesz	1979	Consumer Reports 1961~1978	54	0.26
	Dardis & Gieser	1980	Consumer Reports 1970~1977	105	0.28
	Curry	1985	Consumer Reports 1961~1980	15	0.68
	Gerstner	1985	Buying Guide 1980~1982	145	0.01
	Tellis & Wenerfelt	1987	Consumer Reports	1271	0.27
캐나다	Kerton	1980	Canadian Consumer 1973~1977	43	0.28
	Bodell, Kerton & Schuster	1986	Canadian Consumer 1978~1985	91	0.19
일본	Yamada & Ackerman	1984	Monthly Consumer 1972~1981	79	-0.06
한국	이기춘 송인숙	1988	월간소비자, 소비자시대, 소비자품질정보	91	0.26
	노전표	1991	소비자시대 소비자품질정보	142	0.22
	김용준	1993	소비자시대	57	0.17/0.12**

** 0.17은 스피어만의 평균상관계수, 0.12는 피어슨의 평균상관계수

제3절 가격 – 지각적 품질에 관한 기존의 연구

1. 지각적 품질에 영향을 미치는 단서의 역할

제품을 단서들의 집합으로 본다면, 제품을 평가하는 데 있어서 소비자들의 임무는 집합 내의 단서들에 관한 판단의 기초로 사용되는 것이다.(Jacoby, Olson, and Haddock 1971)

단서란 자극, 속성, 정보의 의미로 광범위하게 사용되는 개념으로, Bruner(1957)는 단서가 제품을 규명하고 평가하는 과정에서 제품에 관한 특성들을 범주화하는 데 사용된다고 주장하였으며, Miller and Dallard(1964)는 단서란 제품에 대하여 차별화수단을 제공한다고 하였다. 따라서 이들에 의하면, 단서란 제품과 같은 외부자극을 내적으로 구성하고 범주화하는 데 사용되는 소비자의 외부에 존재하는 어떤 특성이나 사건, 품질이나 대상물들을 의미한다. 즉 단서는 제품에 대한 평가를 하는 데 사용되고 제품선택 시 소비자를 안내해 주는 제품이 가진 특성이라 말할 수 있다.

단서가 중요한 것은 이것이 제품의 품질지각에 영향을 주기 때문이다. 보통의 소비자들은 정확하게 객관적 품질을 판단할 수 없으므로 제품에 관한 단서들을 이용해서 제품의 품질을 지각하고 판단하게 된다. 또한 소비자들은 단서가 현실적인 예측효용을 가지지 못했더라도 체계적으로 단서를 이용하는 경향이 있다. Tuker(1964)는 소비자의 제품선택에 관한 연구에서 붙여진 이름 이외에는 다른 어떤 요소도 차별화되지 않은 대상제품에 대해 실험대상들이 일관성 있는 선택경향을 보이는 것을 관찰해 내었다. 이것은 소비들이 제시된 단서가 제품에 대한 아무런 예측가치가 없음에도 불구하고 제품평가에 단서들을 이용하려는 경향을 보인다는 사실로 설명할 수 있다.(Dudycha and Nayor 1966) 즉 어떤 사람이 의사결정의 상황에 놓여 있을 때 제품평가에 있어서 이용할 만한 가치 있는 단서가 존재하지 않더라도 의미 없는 단서라도 연결시켜 마치 그 단서가 제품평가에 중요성을 갖는 것처럼 해석한다는 것이다. 이러한 사실은 사소한 단서의 차이에 적용될 뿐 아니라 가격이나 상표와 같이 강한 영향력이 있는 단서들에까지 적용될 수 있는 것이다. 이에 본 연구에서는 가격단서만 제시된 상황에서 지각된 품질을 평가하였으므로, 다음에서는 가격단서에 의한 소비자의 품질지각에 대해 살펴보고 또 이와 함께 다단서 상황에 대해서도 살펴보고자 한다.

2. 가격단서에 의한 선행연구

1945년 Scitovsky가 가격과 품질과의 관계를 처음으로 연구한 결과, 그는 제품의 품질에 관한 자료로 가격을 사용하는 것이 결코 불합리한 것이 아니라는 점을 지적하여, 품질의 지표로 가격을 사용하는 것은 시장에서의 가격이 경쟁적인 수요와 공급의 상호작용에 의해 결정된다는 믿음을 보여 주는 것이며, 가격과 제품품질이 긍정적인 관계가 있다고 전제하면 소비자들이 품질의 지표로 가격을 사용하는 것은 당연할 것이라 설명하였다. 그러나 이후 가격이 유일한 단서인 상황에서 가격과 지각된 품질과의 관계에 대한 여러 연구가 진행되어 왔는데, 대부분의 연구가 지각된 품질은 가격의 함수라는 것을 입증하였다. 또한 Enis & Stafford(1969)는 소비자들이 제품품질에 대해서 받는 정보들 중에서 가격이 유일한 것이라면 소비자들은 진정으로 가격에 의해 품질을 판단하는 것이 분명하다고 하였다. 그동안 연구되었던 단일단서 상황에서의 가격의 영향에 관한 논문을 요약정리한 〈표 2-2〉에서 알 수 있듯이, 가격이라는 단일단서 상황하의 모든 연구에서 가격은 지각된 품질에 정의 영향을 미치고 있다. 그러나 이들은 다른 정보단서들이 완전히 차단된 인위적인 상황에서 연구가 이루어졌기 때문에 응답자들은 자연히 정의 가격-품질관계를 나타낼 수밖에 없는 결과로 추론할 수 있는 것이다.

그런데 이렇게 가격단서만으로 소비자의 제품평가에 미치는 영향을 알아보는 데 있어서 몇 가지 분석상의 문제점이 야기되었다.

첫째, 피험자에게 판단의 기초가 되는 단일정보단서의 제공은 유의한 효과를 얻을 수밖에 없으며, 이에 따라 가격단서의 영향을 실제 상황으로 일반화시키는 것은 거의 불가능하며, 둘째, 주어진 제품대안을 피험자로 하여 강제선택하게 하는 연구방법은 상표선택에 대한 애매한 개념적 의미로 인해 별 의미를 갖지 못하는 절차에 불과하며, 셋째, 가격과 지각된 품질 간의 관계에 대한 타당성은 품질측정의 등간척도화와 동일한 가격차이가 소비자에게 동일하게 지각된다는 가정에 상당히 의존하고 있다는 점이다.

그럼에도 아래와 같은 연구에서는 가격과 제품의 품질 간에는 특정제품들 및 특정가격 범위 내에서 서로 정의 관계가 존재하는 것으로 나타나며, 이와는 반대로 가격단서와 지각된 품질과의 관계가 제품에 따라 다르고 또한 그 상관관계가 낮은 것으로 나타난 연구도 있다.[19]

---

19) Oxenfeldt 1950, Morris and Bronson 1969, Sproles 1977, Rietz 1978, 1979, Geistfelt 1982, Gerstner 1985.

1) 단일단서 상황

① Leavitt(1954)에 의해 처음 가격의 단일단서 효과가 연구되었다. 그는 가상적 선택 상황에서 가격만이 유일한 차이일 경우, 소비자들이 두 개의 상표 중 높은 가격의 상표를 선택한다는 것을 발견했다. 이것은 유사하다고 인식되는 제품보다 상이하다고 인식되는 제품들 사이에서 더욱 그러하다. 이 연구에서는 50센트에서 1달러에 이르는 상품에 한정되어 있었고, 응답자들이 실제로 상품을 보지 못하는 상황이라는 제한이 있었다.

② Full, Boring, Gonsior(1964)들은 준거점(reference point)을 도입하고, 성별, 나이, 소득수준에 따른 가상적 선택의 정보를 선택하였다. 그들은 모의구매상황(simulated purchase situation)을 이용하여, 가격과 표시된 구매가 관련이 있을 뿐 아니라 그들의 관계가 준거점수준(reference point level)의 영향을 받는다는 것을 발견했다. 준거점이 높을 경우 표시된 구매(indicated purchase)도 높고, 준거점이 낮을 경우 표시된 구매도 낮았다. 따라서 낮은 준거가격은 금지효과를 갖는데, 특히 가격이 높은 상표는 더욱 그러하다.

③ McConnell(1968)은 맥주를 실험도구로 하여 가격 – 품질관계를 연구하였다. 그는 실험결과 가격은 품질인식에 영향을 미치며, 이것은 또한 각 상표들의 순위표시(rating)와 각 상표들의 특성을 표시하는 단서선정에도 영향을 미쳤다는 것을 발견했다.

④ Lambert(1970)는 가격이라는 단일단서의 품질지각에 미치는 효과를 명확화시켰다. 그는 높은 가격의 제품을 선택하는 소비자는 제품들 사이의 변화를 크게 인지하고 나쁜 선택의 결과는 바람직하지 않다고 느끼는 사람들이라 했는데, 즉 이들 소비자는 가격이 품질과 관련되어 있다고 확신하는 사람들이다. 그러므로 높은 가격의 제품을 선

택하는 사람들은 가격이 품질의 지표라고 확신하는 사람들이고, 낮은 가격의 제품을 선택하는 사람들은 가격 - 품질관계에 확신을 가지지 못하는 사람들이라는 것을 발견했다.

⑤ Shapiro(1973)은 60명의 여성들을 대상으로 kolonge, 스타킹, 카펫, 스웨터, 안락의자 등을 이용하여 실험한 결과 가격은 일관된 품질지표이고, 가격은 제품선호를 극복하지 못하며, 소비자는 품질판단에 의해 가격을 사용하며, 가격신뢰도는 제품에 따라 변하고 높은 위험, 낮은 자신감, 다른 정보부재의 상황에서는 매우 중요하다는 것을 발견하였다.

〈표 2-2〉 단일단서 선행연구

연구자	표 본	제 품	종속변수	독립변수	주 효과
Leavitt(1954)	공군장교 학생	면도날, 왁스, 곤충망	상표선택	가격	유의적
Tull, Boring & Gonsior(1964)	소비자	왁스, 샴푸, 소금, 아스피린	상표선택	가격	유의적
McConnell(1968)	학생	맥주	지각된 품질	가격	유의적
Gardner(1970)	남자대학생	치약, 셔츠, 양복	지각된 품질	가격	유의적
Peterson(1970)	대학생	음료수	지각된 품질	가격	유의적
Olander(1970)	여성소비자	커튼, 테리천, 수건	상표선호도	가격	유의적
Lambert(1972)	학생	7가지 친숙한 제품	상표선호도	가격	유의적
Deering & Jacoby(1972)	학생	가솔린, 바지, 신발	구매의도 품질평가	가격	유의적
Sapiro(1973)	성인여성	스타킹, 향수, 카세트, 스웨터, 흔들의자	품질 (서열척도)	가격	유의적
Lauridsen(1973)	성인전문 감별사	맥주	지각된 품질	가격	유의적
Woodside(1974)	성인근로자	점심도시락	지각된 품질	가격	유의적

주) 단일단서 상황에서의 가격의 영향에 관한 연구는 가격과 지각된 품질 간의 관계에 대한 초기의 연구추세였기 때문에 1970년대 중반 이후에는 연구가 이루어지지 않았다.

2) 복수정보단서 상황

앞 장에서 본 단일단서의 연구는 해석상 여러 가지 문제점을 보이므로 그 한계를 극복하기 위해 가격 이외의 다른 관련 단서를 포함시킨 품질관계의 연구가 진행되었다. 이어서 마케팅이론가, 경제이론가들에 의해 상표명, 점포명, 광고지출 등 다른 요소들을 포함시키는 방향으로 제품평가에 관한 연구를 확대해 갔다. 즉 소비자들은 제품의 품질을 추론해내기 위해서는 여러 가지 단서를 이용하기 때문에(Olson 1993), 제품의 품질지각에 영향을 미치는 타당성 있는 연구를 위해서는 가격 이외의 복수의 독립적인 변수들이 사용되어야 한다는 것이다. 따라서 만약 외재적 단서로서의 가격이 객관적 성격보다 다르게 지각된다면 구매자는 상표명과 점포명에 대해서 유사한 지각적 처리과정을 사용할 것이라고 한다.

소비자가 어떻게 제품을 평가하는지에 대해 알려면, 가격 – 지각된 품질만의 관계를 뛰어넘어 다른 단서를 추가해야 하며 이러한 가격, 상표명, 점포명 등의 외재적 단서는 제품의 품질, 가치의 지각에 영향을 미치며 구매의도를 증가시킬 것이다.(Zeithaml 1988)

〈표 2–3〉은 복수단서 상황에서 가격이 지각된 품질에 미치는 영향에 관한 연구들을 정리해 놓았다. 여기서 보여 주는 복수단서 상황에서는 가격과 지각된 품질 간의 正의 관계를 보여 주기는 하지만, 단일단서 상황보다는 약한 정의 관계를 나타낸다.

이들 단일단서 상황에서는 품질의 지표로 가격이 유일하게 존재하였기 때문에 소비자들이 가격에 전적으로 의존할 수밖에 없었으나, 가격 이외의 제품품질에 대한 정보가 추가로 제공되는 상황에서는 가격의 영향력이 그만큼 감소될 수밖에 없다는 사실에 기인한다.

또한 〈표 2–3〉의 연구에서 보는 바와 같이 가격 이외의 단서로서 상당부분 일치하는 것이 상표명과 점포명의 효과이며 대부분 상표명과 점포명의 효과에 기존 연구들이 집중되었다. 가격과 상표명은 구매자의 품질지각에 유의한 영향력이 있으며, 조절효과를 갖는 반면 점포명은 작고 유의하지 않은 효과를 갖는다는 점이 밝혀진 바 있다.(Rao and Monroe 1986, Dodds and Monroe 1989)

또한 Dodds, Monroe and Grewal(1991)은 가격, 상표명, 점포명의 세 가지 외부단서가 제품품질지각, 가치지각, 구매의도에 영향을 미치는 세 가지 단서라 제안하였으며, Jacoby, Olson and Haddock(1971)의 연구에서는 가격단서와 상표이미지단서의 상대적인 강도를 비교한 결과 가격의 효과는 유의적이지 못한 데 반해 상표명 인지는 품질인식에 영향을 미치는 것으로 나타났다.

이상의 기존문헌의 고찰을 요약하면, 특정제품에 대해 평가를 할 때에 소비자는 대상 제품에 대한 품질지각에 의존하여 판단하게 되며, 이것이 가치의 지각, 구매의도의 단계를 거쳐 구매에 이르게 된다. 소비자는 내재적 단서들에 의한 제품평가가 어려울 때 외부적 한계인 가격, 상표명, 점포명 등을 이용하며, 이들은 각각 품질지각에 영향을 미치며 서로 상호작용을 하고, 가격과 상표명의 지각된 품질 간의 관계는 강한 正의 관계를 보이나 점포명의 경우는 상대적으로 약한 것으로 나타났다.

〈표 2-3〉 다단서 선행연구

연구자	표본	제 품	가격 조작 수준	가격 이외 독립변수	종속변수	가격의 영향	
						주 효과	상호작용
Stafford & Anis(1969)	여자대학생	카세트, 라디오	2	점포이미지	지각된 품질	유의	유의
Gardner(1971)	남자대학생	치약, 양복, 셔츠	6	상표명	지각된 품질		
Andrew & Valenzi(1973)	여자대학생	스웨터, 신발	3	상표명 점포명	지각된 품질	유의	유의
Jacoby, Olson & Haddock(1973)	남자대학생	맥주	2	상표이미지 제품차이	지각된 품질		유의
Szybillo & Jacoby(1974)	여자대학생	양말	3	점포이미지 제품차이	지각된 품질		
Gardner(1974)	대학생	양말, 칫솔 녹음기, 정장	3	상표명 점포명	지각된 품질	유의	유의 상표
Rander & O'Connor(1976)	남자대학생	셔츠, 라디오 스킨로션	3	상표명, 점포이미지	지각된 품질	유의	
Peterson, Jolivert(1976)	대학생	청량음료	3	상표명 원산지	지각된 품질		
Raju(1977)	대학생	스테레오리시버	9	상표명 친숙도	지각된 품질	유의	유의 상표
Wheatley, Walton & Chio(1977)	대학생	스키	2	상표명 사용경험	지각된 품질	유의	유의 상표
Wheatley, Chio & Goldman(1981)	여성소비자	카펫	3	물리적 제품품질	지각된 품질	유의	
Rexeisen(1982)	학생	카세트 플레이어	3	점포명 제품차이	지각된 품질 지각된 가치		
Dodd & Monroe(1985)	대학생	카세트 플레이어	6	상표명	지각된 품질 지각된 가치 구매의도	유의	
Strokes(1985)	주부	쌀	2	상표명 포장	친숙도, 지각된 품질 구매의도	유의	유의 상표
Gotlieb Sarel(1991)	대학생	VCR	9	광고 상표명	지각된 품질 구매의도		
Dodd, Monroe & Grewal(1991)	대학생	계산기, 스테레오 헤드셋	4	상표명 점포명	지각된 품질 지각된 가치 구매의도	유의	유의 상표 점포

자료: Olson, J. C., "Price as an Informational Cue: Effects in Product Evaluation", in Consumer and Industrial Buying Behavior, eds. A. G. Woodside et al., New York: North-Holland, pp.269-70에서 수정, 추가 재작성

3. 가격 − 지각적 품질관계의 조절작용에 관한 기존의 연구

가격 − 지각된 품질의 관계에 대한 연구는 정보단서로서의 가격이 품질평가에 미치는 영향을 살펴본 것뿐 아니라, 또 다른 변수가 작용하여 그 관계의 변동성을 초래할 수 있는데 이 변수를 조절변수(moderating variable)라고 한다. 이 조절변수는 제품의 가격이 품질지각에 미치는 영향에 또 다른 영향을 미침으로써 기존의 가격변수 영향을 조절(moderating)하는 작용을 하게 되는데 이 변수를 소비자특성변수, 제품범주특성변수로 나누어 살펴본다.

1) 제품특성변수

① Gardner는 구매빈도와 탐색시간이 다른 세 가지 제품에 대한 가격 − 품질관계를 연구한 결과, 가격 − 품질관계는 제품범주에 따라 달라진다는 결과를 얻었다.[20] 이 연구는 ⅰ) 높은 구매빈도/낮은 탐색시간의 제품은 편의품으로, ⅱ) 보통의 구매빈도/보통의 탐색시간 제품은 선매품으로, ⅲ) 낮은 구매빈도/높은 탐색시간의 제품은 전문품으로 간주하여 실험한 결과 전문품인 양복은 가격이 품질추출의 지표가 되지 못했으나, 편의품인 치약과 선매품인 셔츠는 가격이 품질추출의 지표로 이용되었다는 것이다. 이에 대해 Gardner는 양복의 경우 소비자는 내재적 단서(옷감의 조직이나 스타일, 바느질 같은)로 품질을 판단하지만 치약(편의품)의 경우는 포장이 관심의(외재적 단서) 대상이었기 때문에 가격이 전체제품의 총체적인 성격을 나타내 주는 결과를 보인 것이라고 하였다.

---

20) D. M. Gardner, "An Experimental Investigation of Price/Quality RelationShip", *Journal of Retailing*, Vol.46, No.3, Fall 1970, pp.25 − 41.

② Peterson & Wilson은 131명의 대학생을 대상으로 22개 제품에 대해 '제품의 가격이 높으면 그 품질도 좋다'는 말에 대한 동의정도를 6점 척도로 측정하여, 와인과 향수만을 제외하고 일반적으로 내구재가 비내구재에 비해 그 동의 정도가 높은 것으로 나타났다.[21] 이것은 품질평가의 지표로 가격을 사용하는 정도에 차이를 가져오는 제품범주가 그 제품의 가격수준에 영향을 받는다는 사실로, 품질지각이 제품범주에 따라 변화하고 있는 것이다.

③ Lichtenstein & Burton의 연구에서도 품질지각에 가격을 대리지표로(surrogate indicator)로 삼으려는 경향은 비내구재에 비해 내구재가 더욱 크다는 주장으로[22] 이들은 제품범주를 가격수준이 아닌 소비자의 사전지식이나 품질평가능력 측면과 관련시킨다.

즉 내구재의 구매빈도가 비내구재보다 훨씬 적기 때문에 소비자의 제품사용경험이나 품질평가 능력이 상대적으로 부족하게 된다. 따라서 내구재의 경우 품질평가에 가격과 같은 외재적 단서를 주로 이용하게 되고, 결과적으로 제품품질평가의 정확도는 상대적으로 구매빈도가 높은 비내구재에 비해 떨어지게 된다.

④ Zeithaml[23]에 의하면 소비자들은 어떤 제품범주에 있어서는 다른 제품범주에 비해 품질지표로써 가격에 더욱 의존한다. 일부 경우를 제외하고는 내구재가 비내구재나 소비용품에 비해 가격-품질관계가 강하게 나타나고 있다. 이러한 결과는 제품군 내에 존재하는 가격편차나

21) R. A. Peterson and W. R. Wilson, "Perceived Risk and Price-Reliance Schema and Price-Perceived Quality Mediator", in Perceived Quality: How Consumers View Stores and Merchanise, Eds., 1985. p.253.

22) D. R. Lichtenstein and S. Burton, "The Relationship Between and Objective Price-Quality", Journal of Marketing Research, Vol.26, 1989.

23) V. A. Zeithaml, op. cit., 1988.

품질편차에 기인한다고 본다. 가격편차가 작은 제품군에 있어서 소비자는 경쟁자에 비해 사소한 가격차이를 보이는 고가제품에 대해 고품질 이미지를 가지지 않는다. 반면 가격편차가 큰 제품군에는 고가제품이 고품질 이미지를 갖는다. 또한 상표 간에 품질차이가 적은 경우, 가격은 단지 희생의 지표로만 작용하나, 품질차이가 많이 나는 제품범주의 경우에 가격은 그 제품의 품질을 나타내는 지표로써 작용하는 것이다.

이상에서 살펴본 제품범주 특성변수를 종합해 보면, 일반적으로 내구재가 비내구재에 비해 가격과 지각된 품질 간의 정의 관계가 높은 것으로 나타나고 있다.

2) 소비자특성변수

가격과 지각된 품질의 관계를 소비자의 특성에 따라 일반화하고자 하는 연구들도 많이 진행되었다.

① 가격의존도식(스키마)

인간이 외부환경에서 유입되는 정보를 조직, 선택, 여과, 증폭, 축소시키는 일련의 인지과정은 타고난 몇몇 기제(mechanism)에 의하기도 하지만, 학습과 경험에 의해 생성된 도식(schemata) 또는 판단휴리스틱(judgemental heuristic)에 의하기도 한다. 각 개인은 수많은 정보를 효과적이고 의미 있는 방식으로 처리하기 위해 제한된 수의 인지도식이나 휴리스틱을 개발하고 계속적으로 사용하게 되는데 이러한 것들을 스키마(schemas)라 한다. 그러나 각 개인은 공유된 경험뿐 아니라 상이한 경험을 가지고 있기 때문에 그들이 사용하는 도식은 동일할 수도 상이할 수도 있으며, 개인이 갖고 있는 경험에는 한계가 있기 마련이고 또한 정보처리과정상에서 誤謬가 발생할 수 있기 때문에 개인이 지니게 되는 도식은 정보처리에 효율적일 수도 있지만 의사결정에 오류를 발생시킬 수도 있다. 즉 유입되는 정보가 도식의 범위와 일치하는 경우에는 도식에의 의존도(reliance on schema)가 정확한 정보처리를 가능케 하지만, 유입되는 정보가 도식의 범위와 불일치할 때는 정보처리상 많은 오류를 유발시키게 된다는 것이다.[24]

ⅰ) Shapiro는 Schemata(도식)의 개념을 가격－품질관계에 대한 연구에 처음 도입한 결과 몇몇 소비자는 가격과 품질추론(quality inference) 간에 강한 도식을 가지고 있는 반면, 어떤 다른 소비자는 그러한 도식을 가지지 않는다는 것을 발견하였다. 실제적으로 품질차이가 없는 5개 제품에 대한 품질평가의 평균이 고가제품의 경우 일관되게 높다는 것을 발견하였는데, 이러한 응답을 한 소비자의 수는 저가제품의 품질을 높게 평가한 소비자의 수와 비슷하게 나타났다.[25] 이것은 비싼 제품의 품질이 더 좋다는 가격－품질관계의 도식을 가지고 구매행동을 하는 소비자가 있는 반면에 비싼 제품의 품질이 결코 좋지 않다는 도식으로 구매행동을 하는 소비자가 있다는 것을 의미하는 것이며, 양 집단 간의 소비자의 수는 거의 같게 나타났다는 것을 말하는 것이다.

ⅱ) Peterson & Wilson은 소비자 개인특성을 퍼스낼리티유형에 한정시켜 가격－품질관계에 관련지어 온 기존의 연구들과는 다르게, 이들은 소비자의 가격의존도식(price－reliance schema)이라는 개인적 특질의 구분에 의해 가격－품질관계의 존재여부를 검증해 보고자 했다. 그 결과 가격의존도식을 가지고 있는 소비자집단(schematic)은 고가제품에 대해서는 높은 선호를 나타내었으며, 가격의존도식을 가지고 있지 않은

---

24) R. A. Peterson and W. R. Wilson, op. cit., 1985.
25) B. P. Shapiro, "Price Reliance: Existence and Sources", *Journal of Marketing Research*, Vol.10, August 1973, pp.286－294.

집단은 고가제품에 대해 상대적으로 약한 선호를 보여 주었다.[26]

iii) Lichtenstein & Burton에 의하면, 소비자의 가격-지각된 품질 관계는 가격-품질관계에 관련된 도식으로부터 영향을 받는다고 보고 있는데 이들은 4차례에 걸친 실험결과를 군집분석을 통해 보여 주었다. 그 결과 소비자가 가격-품질관계를 탐색하는 경우에 어떤 소비자는 모든 제품범주에 걸쳐서 일반적인 가격의존도식(general price-reliance schema)을 보았고, 어떤 소비자는 제품유형 특유의 가격의존도식(product-type-specific price-reliance schema)을 나타냈다. 따라서 이 연구에 의하면, 일반적인 가격의존도식을 가지고 있는 집단과 가지고 있지 않은 집단, 내구재와 비내구재 각각의 경우에만 가격의존도를 지니는 집단, 즉 4개의 가격의존도 집단으로 나누고 있다. 이들 집단을 대상으로 제품품질 평가의 정확성을 파악해 보고자 특정한 가격의존도식을 가지고 있지 않은 소비자집단이 특정의 도식을 지니고 있는 집단에 비해 제품품질평가를 정확히 할 것이라 가설화했으나 통계적으로 유의하게 지지되지 못했다.[27]

② 품질평가능력(품질편차인지정도)

i) Obermiller and J. J. Wheatley(1986)은 제품품질의 평가 및 상표선택에 가격, 경험, 제품정보가 미치는 영향에 대해 두 가지 제품을 대상으로 실험해 본 결과 실험이전에 제품 간에 확실한 차이가 있을 것이라는 믿음(belief)을 가지는 응답자가 그렇지 않은 응답자에 비해 고가의 제품을 높은 품질로 평가하는 것으로 나타났다.[28] 이 연구결

---

26) R. A. Peterson and W. R. Wilson, op. cit., 1985, pp.247-265.

27) D. R. Lichtenstein and S. Burton, op. cit., 1989, pp.429-443.

28) C. Obermiller and J. J. Wheatley, "Beliefs an Quality Difference and Brand Choice in Advances", *Consumer Research*, Vol.13., 1986, pp.75-78.

과는 소비자들이 평소에 가지고 있던 제품에 대한 강한 신념이나 믿음이 실제 구매행동으로 반영된 것이라 볼 수 있는데, 이는 제품과 관련된 특정한 도식(schema)과 비슷하다고 할 수 있다.

ⅱ) Zeithaml은 개인적 편차요소가 품질지표로서 가격의 이용에 영향을 미친다는 것으로, 개인적 편차요소로 소비자는 제품 간 품질차이에 대한 검색능력이 있다는 것이다. 만약 소비자가 품질 차이를 이해할 만한 충분한 제품지식이나 관심이 없을 경우, 가격이나 기타 외재적 단서들은 품질추출에 상당한 영향을 미치게 될 것이라는 것이다.

③ 가격지각에 따른 소비자유형(소비자의 가격지각정도)

Lichtenstein, Ridgway, Netemeyer(1993)는 소비자 유형에 따라 제품평가 과정에서 차이를 보이고 있다고 주장하였다. 이들은 가격의 부정적 지각유형으로 가치의식, 가격의식, 세일추구, 가격통달자 유형을 제시하였고, 가격의 긍정적 지각유형으로 가격-품질도식형, 품위민감 유형을 제시하였다. 이들의 특성을 살펴보면 가치의식정도가 높은 소비자는 일정한 품질과 적당한 가격이 제시되어야만 구매가능성이 커지는 집단이며 가격 의식적 소비자란 품질에 대한 고려보다는 화폐희생액인 가격에 매우 민감하여 저가 지향적인 소비 형태를 보이는 집단, 세일추구(sale proneness) 소비자는 세일형태의 가격제시 혹은 세일로 인해 구매평가에 긍정적인 영향을 보이는 소비자로 가격민감도가 큰 유형으로 볼 수 있고 가격 통달자는 여러 시장정보 중 가격 하나만을 고려하여 다른 사람에게 저가격 정보원천이 되고 싶은 소비자 집단으로 정의하고 있다. 이와는 다른 집단으로, 가격-품질도식을 가진 집단은 가격단서가 품질유추에 긍정적인 역할을 하는 것으로 지각하는 소비자로 고가격이 고품질을 나타내는 것으로 보고 추가지출을 하는 집단, 그리고 품위민감형은 사회적 의미에서 가격단서가 다른 사람에게 신호효과가 있다고 지각하는 소비자는 고가격＝고품질 지각이라는 등식에 더욱 민감할 것이라고 한다.

많은 실증적 연구가 가격의 인식에 대한 개인적 차이들을 지지한다. 이러한 개인적 차이는 소비자가 동일하게 가격을 인식하는 것은 아니며 어떤 소비자의 집단은 다른 집단보다 가격의 인식을 덜 할 수도 있는 것이다.(Zeithaml, 1985, Zeithaml and Berry 1987, Zeithaml and Fuerst 1983)

④ 사전지식(전반적 품질지각)

가격－품질관계에 영향을 미치는 조절변수로서 사전지식은 친숙도, 전문성, 사영경험의 3개념을 혼용하고 있으며, 이 중에서도 주로 친숙도와 사용경험의 개념만을 사용하는 경향이 있다.[29]

ⅰ) Raju는 스테레오, 리시버를 이용한 두 차례의 실험을 통해 제품에 대한 친숙도가 가격과 상품명이 제품품질평가에 미치는 영향과 상호 작용한다는 결과를 얻었다. 또한 친숙도는 소비자의 제품가격, 사용범위에 부의 영향을 미치며, 제품구매에 대한 확신정도에는 정의 영향을 미친다고 밝혔다.

ⅱ) Rao & Monroe의 연구에서는 정보단서로 내재적 단서와 외재적 단서를 각각 하나씩 사용하며, 품질평가상의 정보단서 이용은 소비자의 친숙도 수준에 따른 정보처리능력 차이에 기인하여 상이할 것이라고 가설화하였다. 196명의 대학생을 대상으로 여성의류에 대한 품질평가 실험을 실시하였는데, 조작된 내재적 정보단서와 가격정보를 자

---

29) 박희용, "제품의 가격과 지각한 품질 간의 관계에 조절영향을 미치는 제 변수에 관한 연구", 석사학위논문, 서울: 서강대학교 경영학과, 1991, p.21.

극자료(stimulus material)를 통해 제시되어 친숙도 수준에 따라 구분된 피험자 집단별로 품질평가 값이 측정, 분석되었다. 그 결과 제품의 품질지각에 미치는 가격의 긍정적인 영향은 제품에 대한 친숙도가 중간인 소비자, 높은 소비자, 낮은 소비자 순으로 커졌다. 이러한 결과는 가격-품질관계는 제품에 대한 친숙도 수준에 따라 U자모양의 비선형 관계를 갖게 된다는 것이다.

제4절 정보공시 및 소비자보호제도에 관한 선행연구

Kilbouine(1974)[30]에 의하면 단위가격이 소비자들에 의해 사용된다면 보다 싼 품목으로 그들의 구매행동이 변화할 것이라 하였다. 따라서 가격비용의 유용성으로 그들이 지불하는 가격이 평균적으로 감소하는 경향이 보인다고 하였다.

Isackson과 Maurizi(1971)[31]에 의하면 단위가격의 사용은 소비자들의 구매패턴에 변화를 주게 되는데, 즉 동일상품 내에서 작은 크기의 구매로부터 큰 크기로의 구매변화를 보여 주고 있다고 하였다. 또한 인구통계적 분석에 있어서 저소득층이고, 교육수준이 낮은 사람은 레이블을(lable) 사용하거나 이해하는 능력이 부족하여 단위가격정보를

---

30) William E. Kilbouine, "A Factorial Experiment on the Impact of Unit Pricing on Low Income Consumers", *Journal of Marketing Research*, Vol.11, 1974, pp.453-455.

31) Hans R. Isacson and Alex, R. Maurizi., "The Consumer Economics of Unit Pricing", *Journal of Marketing Research*, Vol.10, 1973, pp.277-285.

거의 사용하고 있지 않는다는 것을 발견하였다.

Dietrich(1976)[32])에 의하면 단위가격정보뿐 아니라 날짜표시(open dating)와 영양가표시(nutritional labeling)는 상점 내에서의 중요한 정보프로그램의 3요소라 하였다. 이 연구에서 조사대상 소비자의 94%는 날짜표시에 주의를 기울이며, 소비자의 51%는 영양표시를, 71%는 단위가격정보를 자주 이용하는 것으로 나타났다.

Zeithaml(1982)[33])은 단위가격정보를 사용하는 소비자는 평균적으로 9%의 가격은 덜 지불하게 되며, 소득과 교육수준이 높을수록 단위가격정보의 활용도가 높아 가격비교를 유효적절하게 사용할 수 있다고 하였다. Stop and Shop, Inc(1970)[34])의 연구에서 땅콩버터, 액체분말세제, 곡물에 대한 단위가격제의 시행을 실험한 결과 구매의사결정은 단위가격 요인이라기보다는 상품선호요인과 예산에 의해서 영향을 받는 것으로 나타났다. 더욱이 단위가격에 대한 인식과 사용은 저소득구매자보다는 고소득구매자들 사이에 더 많이 이용되는 것으로 나타났다.

단위가격표시제 프로그램을 가진 상점에서 구매자의 인식, 이해 사용에 관해 실험한 McElory & Aaker(1979)[35])에 의하면 Bel-Air에서 단위가격표시제에 대한 인식이 50% 이하일 것이라는 가정과는 다르게 73%나 되었으며, 단위가격표시제를 인식한 소비자의 85%가 이를 사용하였다는 것을 발견하였다. 이러한 구매자는 새로운 브랜드나

---

32) Robert F. Dietrich, "Some Signs of Our Times on the Road to Smarter Shopping", *Progressive Grocer*, 1976. pp.43.

33) Valarie A. Zeithaml, "Consumer Response to In-Store Price Information Environment, *Journal of Consumer Research*, Vol.8, 1982, pp.337-369.

34) Martin Cohen, "Report 1-203: Unit Pricing Study", *International Report of Stop and Shop, Inc.*, 1970. 6. 29. - Kent B. Monroe 재인용.

35) B. F. McElory & D. A. Aaker, "Unit Pricing Six Years After Introduction", *Journal of Retailing*, Vol.55, Fall 1979, pp.44-57.

새로운 포장크기를 평가 비교하기 위하여, 그리고 브랜드와 포장크기의 습관적 구매를 재고려하기 위하여 혹은 특별가격(special price)을 평가하기 위해 단위가격표시제를 사용하며, 이를 가장 유용한 가격비교방식으로 간주하였다.

전통적으로 보증이 소비자의 의사결정에 그다지 큰 역할을 하지 못하는 것으로 여겨져 왔다. 그러나 보증내용의 확장, 서비스 계약, 보수유지 합의서 등을 통해 생산자들은 다른 기업과의 차별화를 시도하기 시작하였다. Kelly & Conant(1991)[36]에 의하면 이러한 현상은 특히 자동차 산업에서 찾아볼 수 있는데, 일부 생산자들은 경쟁사들에 대해 경쟁우위를 갖기 위한 수단으로 보증내용을 확장하고 있다는 것이다.

또한 Mateja(1992)[37] 1993년 모델에 대해 타이어 교체, 잃어버린 차열쇠 재발급, 배터리교환, 고장 및 견인 등의 서비스에 대해 추가비용 없이 애프터서비스를 해 주겠다고 보증단위를 확대시켜, 이를 마케팅 촉진의 전략적 수단으로 이용하고자 한다는 것이다.

Boulding and Kermani(1993)[38]는 소비자의 보증에 대한 지각을 신호이론(signaling theory)을 도입하여, 개별 브랜드의 명성수준이 아닌 보증을 제공하는 기업수준에서 제품보증의 효과를 연구하였는데, 공신력이 낮은 기업은 아무리 높은 보증을 제공하더라도 소비자의 제품에

---

36) C. A. Kelly and J. S. Conant, "Extended Warranties: Consumer and Manufacture Perception", *The Journal of Consumer Affairs*, Vol.25, 1991, pp.68 – 83.

37) Majeta, J, "Got a flat? At Pontiac, It's Covered", *Chicago Tribune*, August 27, 1992, p.3. B. M. Elizabeth and E. I. Daniel, op. cit., 1996, pp.445 – 456.

38) Boulding William and Kirmani Amna, "A Consumer – Side Experimental Examination of Signaling Theory: Do Consumers Perceive Warranties as Signals of Quality?" *Journal of Consumer Research*, Vol.20, June 1993, p.115.

대한 품질인상을 높이지 못한다는 것을 보여 주고 있다. 또한 우영훈 (1992)[39]은 제품보증에 대한 인식차이를 살펴본바 소비자, 기업 모두에게 유일한 것이지만 부적절한 법규제도와 기업의 근시안적인 제품보증활동으로 인한 소비자의 불만, 피해가 문제점으로 제기되었다. 소비생활이나 기업 마케팅에서 미치는 영향이나 역할에 있어 소비자와 기업의 인식수준은 높은 편이었으나 실제적인 효과측면에서는 상반된 시각으로 인식하고 있는 것으로 나타났다.

Stephen, W. Brown, Parks, B. Dimsdale, Jr.(1973)[40]는 소비자의 합리적인 소비생활을 위한 정보획득에 세 가지 문제가 있고 이를 개선할 필요가 있다고 하였다. 세 가지 문제는 소비자들에게 정보획득에 대한 동기부여를 제공하지 못하고 제공된 정보가 소비자 개인이 얻고자 하는 정보가 아니라 일반적인 소비자 정보이므로 유익하지 못하여, 소비자가 정보에 대해 무지하기 때문에 외면한다는 것이다. 그러므로 소비자정보는 집단별로 특성에 맞게 제공되어야 하며 정보전달 매체도 집단별로 차별화해서 사용해야 한다고 하였다.

Joseph. W. Newman and Richard Statlin(1973)[41]은 내구재 구입 시 소비자정보이용에 관한 연구를 시행하여 책, 잡지, 팸플릿 이용은 교육수준이 높을 때, 재구매 시 부부와 함께 의사결정 시 의사결정 판단능력에 대한 확신이 있을 때 사용하며, 정부에서 제공한 정보를 많

---

39) 우영훈, "耐久消費財의 製品保證에 關한 硏究", 『소비자생활연구』, 제9호, 1992. 6, pp.88-95.

40) W. Brown. Stepen, Parks. B. Dimsdale, Jr., "Consumer Information: Toward an Approach for Effective Knowledge Dissemination", *Journal of Consumer Affairs*, Vol.9, 1973, pp.55-60.

41) Joseph Newman and Richard Staelin, "Information Sources of Purable Goods", *Journal of Advertising Research*, 13(April), 1973, pp.19-29.

이 이용하는 것으로 나타났다.

J. Edward Russo(1987)[42]은 새로운 技術을 이용한 우수한 상품정보
체계에 관해 연구하였다. 상품정보체계란 정보내용과 정보매체로 구성
되어 있으며, 단순히 상품에 대한 지식을 전달해 주는 것이 아니라 소비
자의 의사결정 시 필요한 총괄적이고 충분한 정보제공을 할 수 있어야
한다는 것이다. 소비자 정보지인 Consumer Reports는 불특정 다수인에
게 일정한 양의 정보를 제공함으로 개인에게 필요한 차별화된 정보가
없다는 것이다. 우수상품정보체계는 소비자의 필요에 따라 정보의 양을
조절하여 소비자 문제를 해결해 줄 수 있어야 한다는 것이다. 이러한 제
도는 인쇄매체에서 불가능한 것은 아니지만 전자매체에서는 가능하다.

Michael L. Dennis(1990)[43]는 에너지정보는 소비자가 정보를 얻는
데 저렴하거나 무료로 할 때 더욱 효과적이므로 정보는 사용자의 성
능과 사용하기에 편하게 짜여져 있을 때 효과가 크다는 것을 알았다.

Paul Hersch(1991)[44]의 소비자정보효과에 관한 보고서에 의하면,
미국 오리건 주 포틀랜드 시 수도국에서 깨끗한 물을 값싸게 제공하
기 위해 새로운 소비자 정보지를 만들어 배포하였더니 좋은 효과를
보게 되었다는 것이다. 포틀랜드 시의 여러 아시안계, 남미계를 위해
영어로 보내던 수돗물 사용요령과 요금청구서를 각 지역 언어로 바꾸
어 보냈더니 소비자의 반응이 상당히 달라짐을 보여 주었다.

---

42) J. Edward. Russo, "Toward Intelligent Product Information System for
Consumer" *Journal of Consumer Policy*, Vol.10(2), 1987, pp.109-120.

43) Michael L. Dennis, "Effective Dissemination of Energy Related Information",
American Psychologist, Oct. 1990, pp.1113-1117.

44) Paul Hersch, "Public Image? Personal Interest? Public Information? Its
All Of Them-And More", *Water Engineering & Management*, August
1991, p.14.

James H. Snider(1993)[45] 정보화 시대에 소비자주의는 규제보다는 정부에서 적극적으로 정보제공에 효력을 기울이는 것이며, 이를 위한 세 가지 조건을 제시하였다. 우선 정보망이 잘 설치되어야 하고, 또한 정확한 정보를 제공할 수 있는 기관이 있어야 하며, 마지막으로 정부에서 유입되는 정보통이 정확한지 감시, 감독하는 기관이 있어야 한다는 것이다.

Norman W. Wood(1993)[46]는 유럽인들의 삶과 작업환경 변화를 위하여 정보를 제공하는 정보확산전략에 관해 보고하였다. 정보확산전략은 승수효과를 얻기 위하여 첫째, 정보가 필요한 대상을 선정하고 둘째, 정보제공대상을 찾은 후 여론 조성자를 통해 정보를 확산시킬 수도 있고 각종 세미나, 학술잡지, 일반잡지, 지역사회도서관, 협회, 회사사보, 소식지, 우편서비스, 전화서비스, 비디오서비스를 통해 정보를 확산시킬 수 있다. 셋째, 정보확산방법은 정보제공 대상자의 선호에 따라 결정되어야 한다고 하였다.

Ross D. Petty(1995)[47]는 FTC의 소비자의 상품안전도를 높이는 방법에 관해 연구하였다. 그는 FTC가 소비자 상품의 안전도를 높이려면 소비자에게 소비자안전에 관한 정보를 제공하는 것이 무엇보다도 중요하다고 하였다.

---

45) James. H. Snider, "Consumers in the Information Age", *The Futurist*, Jan-Feb, 1993, pp.15-18.

46) Norman. W. Wood, "Information Strategies for Changing European Living and Working Conditions", *Journal of Information Sciences*, 19, 1994, pp.3-12.

47) Ross. D. Petty, "Regulation Product Safety: The Information Role of The U.S. Federal Commission", *Journal of Consumer Policy*, 18, 1995, pp.381-415.

제 3 장

가격과 객관적 품질의
상관관계

제1절 연구목적 및 배경

소비자는 욕구를 충족시키기 위해 재화를 구입, 사용한다. 소비자는 재화로부터 효용을 얻으며 그 대가로 가격을 지불한다.[48] 그런데 소비자의 입장에서는 상품 및 시장에 대해 완전한 지식과 정보를 가지고 합리적인 구매결정을 한다면 동일한 품질의 제품에 대해서는 동일한 가격이 형성되어야 하나 현실시장은 완전경쟁조건에서 많이 벗어나 이러한 관계가 이루어지기 어렵다. 이와 함께 현대의 시장경제가 더욱 글로벌화되면서 제품의 다양화, 품질평가에 필요한 정보수집의 어려움, 수집된 정보의 부정확성 등으로 소비자의 제품품질평가가 더욱 어렵게 되어 가고 있다. 따라서 대표적으로 가격은 그 제품의 품질을 나타내는 척도로 간주하여 구매의사결정을 하게 된다.[49]

그러나 가격은 물리적인 제품 그 자체의 구성요소가 아닌 비본질적인 단서이다. 그러므로 가격이라는 비본질적인 단서가 객관적인 품질과는 어떤 연관성이 있는 것인지? 즉 같은 제품군 내에서 가격이 높은 상품이 객관적인 품질이 높은 제품인가?[50]

---

48) 가격은 소비자 선택연구에 있어 중요한 변수로 다루어져 왔다. 경제학에서 가격은 소비자 선택 시 제약조건으로 설명되어 왔으며, 소비자행동이론의 연구 분야에서는 가격을 소비자의 품질평가의 대리지표로 그 영향력을 연구해 왔다.

49) 품질척도로서의 가격에 대한 연구는 크게 두 측면으로 나누어 다루어졌다. 그것은 가격-객관적 품질 관계에 대한 연구와 가격-지각적 품질 관계에 대한 연구이다. 그중 가격-객관적 품질 관계에 대한 연구는 소비자가 구매의사결정 시 제품의 가격을 그 제품의 질을 나타내는 척도로 간주하고 있다고 가정하고 실제시장과 관련하여 소비자가 가격을 품질의 척도로 사용하는 것이 좋은가를 평가한 것이다.

일반적으로 선험적인 관점에서 보면 제품의 가격은 제품의 객관적인 품질수준을 반영해야 한다. 그러나 기존 연구들은 실제시장에서 가격 – 객관적 품질 관계는 평균적으로 약한 정의 상관관계를 가진 것을 보여 주고 있으며, 그 상관관계 정도가 상품에 따라서 강한 정의 상관관계를 가진 것부터 강한 부의 상관관계를 가진 것까지 분산되어 있음을 보여 준다. 이는 소비자가 구매결정 시 가격만을 고려하여 품질 평가를 할 때는 경제적 손실을 가져오게 된다는 사실을 암시한다.[51]

따라서 본 장은 한국시장에서 1988~1997년까지 유통된 제품의 객관적 품질과 가격의 상관관계를 분석하고자 한다. 즉 본 장에서는 한국시장에서의 가격과 객관적 품질의 상관관계를 조사하고, 이어 가격과 객관적 품질의 상관관계를 설명할 수 있는 변수를 산업구조적 요인과 정보요소적 요인으로 나누어 살펴보고자 한다.

---

50) 이러한 질문에 긍정적으로 대답한다는 것은 어려운 일이 될 것이다. 더구나 한국소비자의 기업에 관한 제일 큰 불만은 제품품질에 관한 사항이라는 연구(김용자, 1992)도 있는 상황에서 가격이 품질의 척도라는 것은 의심스러운 일이기 때문이다.

51) 소비자들이 품질과 가격에 대해서 충분한 정보를 보유하고 활용하는 것은 자본주의 경쟁시장이 제대로 기능하는 데 있어서 꼭 필요하다. Akerlof(1970)은 중고차시장의, 예를 들어 소비자가 품질에 대해서 갖는 불완전 정보로 인하여 생기는 「시장실패」의 설명에서 품질에 대한 정보를 한쪽에서만 가짐으로 인해 나쁜 품질의 제품인 「레몬」이 시장에서 거래될 수 있다고 주장하였으며, Maynes와 Assume(1982)은 이러한 현상이 중고차 시장뿐 아니라 일반적인 현상이라고 설명하고 있다. 소비자들이 품질에 대한 정보가 없거나 정보가 있더라도 이를 제대로 판단할 능력이 없어서 생기는 시장의 비효율성도 「시장실패」를 일으키는 이유 중의 하나인 것이다.

제2절 실증분석의 모형설정

1. 연구모형

본 논문은 우선 가격과 품질의 객관적 품질에 대한 스피어만 서열 상관관계를 구하고, 이를 종속변수로 하여 이에 영향을 미치는 독립변수를 실증분석하고자 한다.

본 연구는 다음과 같은 모형으로 이루어진다.

본 연구 모형은 각 제품의 상관변수를 도출하여 이를 종속변수로 하고, 독립변수로는 산업구조적 요인변수(X_1, X_2, X_3, X_4, X_5, X_6)와 정보요인변수(X_7, X_8, X_9, X_{10})를 설정하여 회귀분석한다.

〈그림 3-1〉 연구모형

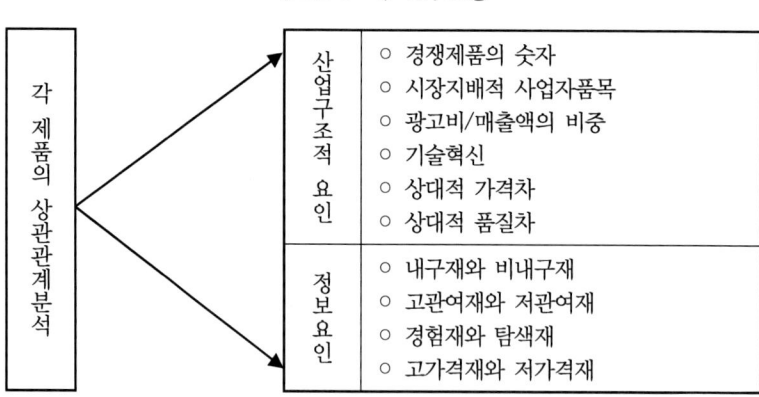

<표 3-1> 연구가설 및변수요약

구 분	가 설	측정내용
종속변수	가격-객관적 품질 서열상관계수	1: 양의 상관관계 2: 음의 상관관계
독립변수	경쟁이 심할수록 P/Q관계는 높을 것이다	1: 경쟁제품의 수 10개 미만 2: 경쟁제품의 수 10개 이상
	시장지배적 품목일수록 P/Q관계는 낮을 것이다	1: 시장지배적 품목 2: 비시장지배적 품목
	광고비/매출액 높을수록 P/Q관계는 낮을 것이다	1: 광고비/매출액 3% 이상 2: 광고비/매출액 3% 미만
	기술혁신이 많은 제품군일수록 P/Q관계는 낮을 것이다	1: 특허수 10개 미만 2: 특허수 10개 이상
	상대적 가격차 클수록 P/Q관계는 높을 것이다	1: 상대적 가격차 0.5 미만 2: 상대적 가격차 0.5 이상
	상대적 품질차 클수록 P/Q관계는 높을 것이다	1: 상대적 품질차 0.25 미만 2: 상대적 품질차 0.25 이상
	내구재일수록 P/Q관계는 높을 것이다	1: 비내구재 2: 내구재
	관여도가 높은 제품군일수록 P/Q관계는 낮을 것이다	1: 저관여재 2: 고관여재
	경험재일수록 P/Q관계는 높을 것이다	1: 탐색재 2: 경험재
	고가격재일수록 P/Q관계는 높을 것이다	1: 저가격재 2: 고가격재

2. 가설설정과 근거

본 연구는 가격과 객관적 품질의 상관관계가 각 제품군별로 차별적으로 나타나는 이유를 살펴보고자 한다.[52] 본 논문에서는 앞에서 고

---

52) 경제이론적으로 말하자면 차별적 시장효율성은 불완전 정보에 기인한다. 소비자가 제품의 가격과 품질에 대한 완전한 정보를 갖지 못하므로, 합리적인 소비행동을 할 수 없다. 그러나 소비자가 이러한 정보를 알아서

찰한 문헌연구를 바탕으로 하여 산업구조적 요인에 의한 6개의 가설과 정보요소적 요인에 의한 4개 가설을 설정하였다.

1) 산업구조적인 요인

H1: 가격과 품질의 상관관계는 경쟁이 심할수록 높을 것이다.

논거: 시장에 참여하는 구매자와 판매자의 수가 소수에 그치면 그들은 제각기 단체를 결성하거나 거래를 제한하는 방법으로 가격을 유리한 방향으로 변경시키려 할 것이다. 만일 가격이 단체 간 교섭력에 의해 좌우된다면, 가격은 힘의 균형을 반영하게 된다. 교섭력이 큰 단체나 개인은 거래규모와 상대방 신분에 따라 가격을 차별적으로 책정하려 할 것이다. 그러나 시장에 참여한 거래쌍방수가 증가하면 단체의 결성이 점차 어렵게 되고 개인의 경제력도 상대적으로 감소하게 되어 교환거래도 경쟁적이 된다. 경쟁적 시장은 무수히 많은 판매자와 구매자로 구성되며 그들 간의 경쟁에 의해서 수요와 공급의 균형상태가 결정된다. 현실사회에서는 완전경쟁, 독점, 과점 및 독점적 경쟁 등 여러 가지 형태의 시장이 있는데 이 시장형태를 구별할 수 있게 하는 기본적 요소는 그 제품의 공급자와 수요자가 많은가 적은가 하는 점이다. 그 수가 많으면 그 시장은 "경쟁적"이라 할 수 있는데 즉 경쟁기업의 수가 무수히 많고 개별기업의 생산규모가 산업전체의 공급에 비해서 무시될 정도로 적어서 개별기업이 가격순응자로서 행동하게 되는 경쟁상태를 의미하는 것이다. 그리고 소비자나 기업은 상품의 가

합리적으로 구매한다면, 독점상태가 아닌 이상 낮은 가격과 높은 품질의 제품을 마케팅하는 기업만이 존재할 것이다. 따라서 유효경쟁하에 소비자의 완전정보가 이루어진다면 차별적 시장효율성은 사라질 것이다.(Spence 1975, Tellis & Wernerfelt 1987)

격과 품질에 관한 완전정보를 가지므로 고품질(저품질) 상품은 고가격(저가격) 상품이 된다.

산업조직론의 모형에서 시장구조의 계측은 어떤 특정한 산업에서의 경쟁의 정도를 파악하는 것으로 특정기업군이 산업 내에 차지하는 매출, 자산, 고용 등의 비중을 파악하는 집중지수(상위기업 집중률, 엔트로피 지수, 허핀달 지수, 로젠블루-홀 타이드먼 지수)를 이용하나, 본 연구에서는 각 제품군에 대한 이러한 측정치를 구할 수 없어서 경제력 집중도를 간접적으로 나타내는 제품군의 제품숫자를 이용하여 설정하였다. 제품의 수가 많은 시장은 시장구조가 경쟁적일 것이고 따라서 가격과 품질의 상관관계가 높을 것이라 예측할 수 있다.

H2: 가격과 품질의 상관관계는 정부의 시장지배적 사업자품목에 속하는 제품군이 그렇지 않은 제품군보다 낮을 것이다.

논거: 완전경쟁시장에는 어떤 기업도 그들의 산출량을 변화시킴으로써, 가격에 영향을 줄 수 있는 힘을 행사할 수 없다. 각 기업은 상품 각 단위에 대하여 그것의 한계비용과 일치하는 경쟁가격을 받을 수 있을 뿐이며, 가격에 대한 어떤 통제력도 행사할 수 없다. 반면, 독점자는 한계비용이 한계수입과 일치하는 산출량 수준으로 생산을 제한함으로써, 이윤을 극대화할 수 있다. 여기서 어떤 기업이 한계비용 곧 경쟁가격보다 상당히 높은(또는 낮은) 가격을 설정할 수 있는 능력을 시장지배력이라 한다. 즉 시장지배력이란 한 기업 혹은 결합적으로 행동하는 기업들이 매출의 손실이 크지 않을 정도로 가격을 경쟁가격 이상으로 신속하게 올릴 수 있는 능력이다.[53] 따라서 이러한 시

53) Landes David and Richard A. Posner, "Market Power in Antitrust Cases", *Harvard Law Review*, Vol.94, 1981, pp.238-240.

장지배력을 가진 독과점 기업들의 횡포를 막기 위하여, 공정거래위원회에서는 일정한 시장지배력을 가진 독과점사업자를 지정하여 이들의 시장지배행위를 특별히 감시, 규제하고 있는 것이다.

따라서 본 가설에는 '시장지배적 사업자 품목'을 비경쟁적 시장구조를 지닌 제품군으로 보고 있다. 시장지배적 사업자의 지정기준은 다음과 같다. 현재 국내공급액이 1000억 원 이상인 시장에서 한 사업자의 시장점유율이 50% 이상이거나 상위 3개 사의 점유율이 75% 이상인 경우에 해당한다. 공정거래위원회는 이러한 기업과 제품에 대하여 가격남용행위, 부당공급 조절, 새로운 진출기업 진입방해, 타 사업자의 부당방해 등을 규제, 관리하고 있다. 위와 같이 시장지배적 사업자는 상위사의 시장점유율을 기준으로 정해지는 것이다. 그런데 상위사의 시장집중도가 높은 것은 규모의 경제로 인한 생산 및 유통비용과 기술적 우위에서 비롯될 수 있으며, 이러한 독과점기업은 이윤극대화를 위해 시장지배적 형태를 띠게 될 것이다. 이는 상위사가 하위사보다 저가격/고품질 제품을 생산 및 유통시킴으로써 시장집중도가 높아지고 또한 이런 산업에서는 가격과 품질의 상관관계가 낮아지게 된다는 것이다.

H3: 가격과 품질의 상관관계는 광고비/매출액 비율이 높을수록 낮아질 것이다.

논거: 광고의 사회적 기능은 상품의 속성을 소비자에게 알려서 소비자들의 탐색비용을 줄이고, 소비선택의 범위를 넓혀 주어 소비자의 실질소득을 증가시키며, 기업들은 성능이 뛰어난 상품을 개발하여 그러한 상품이 시장에 공급될 수 있다는 정보를 소비자에게 알려줌으로써 시장수요를 증가시킬 수 있다. 즉 기업은 광고매체를 통해서 품질개선

에 성공한 제품을 효과적으로 선전할 수 있는 것이다. 이에 관해 Nelson(1970)은 제품을 경험재와 탐색재로 구분하고, 탐색재의 경우는 제품구매 시 주요특성을 즉시 인식할 수 있으므로 광고가 직접적인 정보제공의 역할을 하고 있으나, 경험재의 경우는 광고가 시험구매(trial purchase)를 유도하며, 또한 경험한 품질의 결과에 따라 반복구매가 결정되므로, 광고수준이 품질과 정의 관계를 갖게 된다는 것이다. 이러한 경우 가격과 품질의 상관관계가 높아질 것이라 예상할 수 있다.

그러나 Schmalensee(1978)는 소비자가 동일가격의 상이한 품질의 제품이 존재한다는 사실을 인식하지 못하는 경우 품질과 단위당 이윤이 정의 관계를 갖게 되므로 광고와 반복구매가 소비자들의 비합리적 행위로 연결된다고 하였다. 이 경우 가격과 품질의 관계가 낮아진다고 설명할 수 있다.

이와 같이 광고는 가격과 품질의 관계에 정, 부의 양 방향으로 영향을 미칠 수 있는 것이다.54) 결국 정보전달 이상으로 설득효과를 노리는 광고지출은 희소자원의 낭비라 볼 수 있으며 그 부담은 가격인상으로 인한 실질소득의 감소로 나타난다. 따라서 광고비/매출액의 비중이 높을수록 가격과 품질의 상관관계가 낮아질 것이라 예측할 수 있다.

---

54) 이론상 완전경쟁적 시장구조나 순수독점 산업에서는 기업이 구태여 광고활동에 신경을 쓸 필요가 없을 것이나, 시장점유율을 어느 정도 확보하여 광고비의 부담을 분산시킬 수 있으며 광고효과를 크게 누릴 수 있는 과점적 시장에서는 비가격경쟁의 대표적인 예인 광고경쟁이 치열하게 된다는 것이다. 이런 경우 과당광고(excessive advertising)에 의한 비용의 증가는 결국 소비자에게 전가되어 가격인상으로 귀착된다. 과점적 기업들의 가격경쟁이 치열해질수록 초과이윤이 줄어들고 소비자의 후생이 증가하지만 가격에 대한 준협약 상태에서 전개되는 광고경쟁에서는 기업의 시장지배력이 계속 확보되므로 광고비용이 소비자에게 전가된다.

H4: 가격과 품질의 상관관계는 기술혁신이 많은 제품군일수록 낮아질 것이다.

논거: 기술혁신은 제품의 부가가치를 높이는 요소로써 생산비를 절감시키며 새로운 품질의 재화를 개발하는 과정으로, 일반적으로 기업의 수익성을 향상시킬 뿐 아니라 사회전체의 후생을 증가시키는 요소로써 대외경쟁력을 장기적으로 확보할 수 있는 유일한 원천이기도 하다.[55]

이러한 기술혁신의 효과로 나타난 제품혁신의 경우는 연구개발에 의한 가격상승과 품질개선 효과를, 공정혁신의 경우는 생산기술 발전에 의한 비용절감 효과로 가격인하와 품질개선의 효과를 가져오게 되는데 이는 가격에 대한 품질의 상대적 증가효과를 가져오게 된다. 이에 따라 기술혁신을 이룬 제품의 수가 많은 제품군일수록 가격과 품질의 관계가 낮아질 것이라는 가설을 세울 수 있다.

이러한 기술혁신은 특허제도로 유인된다. 특허제도는 기술혁신을 최초로 수행한 기업을 보호해 주는 사회적 보호장치이다. 기술혁신에는 많은 연구개발비용과 비물질적인 노력이 투입되었으므로 기술혁신의 내용을 일정기간 보호해줌으로써 기술혁신을 수행한 기업에게 독점적 지위와 이에 따른 경제적 이익을 부여함으로써 기술혁신을 촉진하자는 제도이다.[56]

---

55) 이러한 기술혁신은 현재의 기술상태에서 일어난 커다란 과학적 진보로 인해 발생된 공정과 제품의 혁신인 급진적 혁신(제품혁신)과 기술의 연속적인 개량상태에서 나타나는 점진적 혁신(공정혁신)으로 구분하고 있으나 현실적으로는 혁신을 이러한 방식에 의해 구분하기란 매우 어렵다.

56) 이러한 특허독점은 위와 같은 긍정적인 측면뿐 아니라 부정적인 측면이 있다. 우선 연구개발에서 규모의 경제성이나 학습효과가 큰 일부산업에서는 특허권이 대기업에 편파적으로 집중되고 시장지배력을 남용할 수 있는 기회를 제도적으로 제공해 주며, 또 특허권을 가진 기업이 사용권을 허가할 때 다른 부품구입도 함께 종용하여 수요독점권을 행사할 수

이런 논리에 따라 독립변수는 각 제품의 기술혁신의 수를 특허[57]와 실용신안[58] 공고건수로 설정하였다.

H5: 가격과 품질의 상관관계는 제품군 내의 상대적 가격차가 클수록 높을 것이다.

논거: 주어진 품질에서 가격차가 크다는 것은 소비자로 하여금 정보활동을 증진시켜 기업가로 하여금 상대적 고품질을 제공하게 하는 동기를 부여한다.(Tellis & wernerfelt 1987) 그리고 소비자는 가격차가 적은 제품의 경우 어느 제품을 구입하든 비슷한 품질이라 생각하며, 또한 이러한 제품의 의사결정이 가정경제에 큰 영향을 주지 않게 되므로 정보탐색을 소홀히 하여 가격과 품질의 관계가 상대적으로 낮을 수 있다고 생각한다.

따라서 본 연구에 이용하는 분석방법은 절대적 가격차를 이용한 상대적 가격차를 독립변수로 채택한다. 절대적 가격차는 제일 비싼 제품의 가격과 제일 싼 제품의 가격차로 정하였다. 상대적 가격차는 절대적 가격차를 제품군 내의 최고 가격으로 나눈 값으로 택하였다.

H6: 가격과 품질의 상관관계는 제품군 내의 품질차가 클수록 높을 것이다.

있으며, 과점산업에서는 특허상품의 가격을 고정시키고 시장을 분할하여 경쟁을 제한할 수도 있다.
57) 여기서 특허(발명)란 전자를 응용하여 처음으로 전화기를 생각해 낸 것과 같은 발명으로 특허법상 발명이란 자연법칙을 이용한 기술적 사상의 창작으로서 고도한 것을 말한다.
58) 실용신안은 송화기와 수화기가 분리되어 있던 것을 일체로 하여 편리한 것과 같은 형상이나 구조 등에 관한 고안으로 실용신안법상 고안이란 자연법칙을 이용한 기술적 사상의 창작을 말한다.

논거: 제품의 품질은 기업에 있어 경쟁지위를 확보할 수 있는 중요한 수단이다. 기업에 있어 좋은 품질은 가격만큼이나 중요한 경쟁수단이 되고, 대외적으로 제품의 신용을 결정해 주는 주요 원인이 되기 때문이다. 이러한 품질은 그 개념자체가 매우 추상적이며 소비자가 개인마다, 그리고 상품종류마다 각기 다른 의미를 갖고 있기 때문에 그 개념을 규정하기란 쉬운 일이 아니다. 일반적으로 소비자는 정보부족과 품질평가능력의 한계로 객관적 품질을 정확하게 판단하기는 어려우나 각 제품군 내의 품질차가 클 경우는 제품의 물리적 특성에 대한 차이가 분명하여 소비자로서도 쉽게 품질을 판단할 수 있다는 것이다. 따라서 제품군 내의 품질차가 클수록 가격과 품질의 상관관계가 높으리라 예측할 수 있다.

본 가설에서는 절대적 품질차를 이용한 상대적 품질차를 독립변수로 설정했다. '절대적 품질차'는 최고품질점수와 최저품질점수의 차로 정의했으며, '상대적 품질차'는 절대적 품질차를 제품군의 최고품질점수로 나눈 값으로 설정하였다.

2) 정보요소적 요인

H7: 가격과 품질의 상관관계는 내구적 특성을 가진 제품군일수록 높게 나타날 것이다.

논거: 제품을 내구재와 비내구재로 크게 구분할 경우 일시적인 소모품인 비내구재보다 내구재가 상대적으로 가격의 역할이 더 중요하다는 연구결과가 있으며, 소비자들의 정보탐색에는 시간, 노력, 화폐비용이 들기 때문에 값비싼 제품을 구매할 때 더 많은 탐색을 하는 것이 타당하며, 또 실제로 그렇게 행동하고 있다는 연구결과가 있다.(Zimmermann, Geistfeldt 1984)

따라서 소비자들은 가격 이외의 다른 단서에 의해 품질을 판단하기 어려운 제품, 즉 TV와 같이 품질을 평가하기에 기술적으로 어려움이 따르거나 카펫트와 같이 단지 제품의 시각적 관찰만으로 미래의 성능을 예측하기 어려운 내구재적 성격을 지닌 제품에 대해 가격과 품질정보를 더 추구하여 비교평가를 할 것이다. 또한 내구재는 비내구재에 비해 장기간 사용하게 되므로 고품질의 제품구입은 소비자로 하여금 적은 교체비용과 적은 유지비용의 편익을 제공하므로 소비자들은 내구재를 구입할 때보다 많은 정보를 취득하여 합리적인 의사결정을 취한다는 것이다.(Nelson 1970) 그러나 경험재의 성격을 지닌 비내구재가 소비자의 반복구매, 사용을 통한 품질정보를 더 많이 획득할 수 있으므로 가격과 품질의 상관계수가 내구재보다 더 높을 수도 있을 것이다.

  H8: 가격과 품질의 상관관계는 소비자의 관여도가 높을수록 낮을 것이다.

  논거: 관여도란 주어진 상황하에서 특정대상에 대한 개인의 관련성의 지각정도라 정의될 수 있다. Krugman(1965)은 소비자들이 시장과의 거래에 접근하는 관심의 강도에 있어서 차이를 규정짓기 위하여 관여도라는 개념을 제안하였다. 관여도는 사람, 대상 그리고 상황의 함수라 할 수 있다. 출발시점은 항상 사람의 自我를 반영하는 욕구와 가치의 형태 속에 내재된 동기이다. 관여도는 특정대상(제품, 서비스 혹은 판촉내용 등)이 욕구, 목표 그리고 가치를 만족시킬 수 있을 때 활성화된다. 그러나 한 대상이 욕구를 충족시킬 수 있는 정도는 상황에 따라 변하게 된다. 그러므로 사람, 대상, 상황의 세 요인들이 모두 고려되어야 하는 것들이다.

  관여도는 엄밀히 말하면 연속적이며 상대적인 개념이지만 보통 고관여(high involvement)와 저관여(low involvement)로 구분된다. 따라서 제품도 일반적으로 관여도가 높은 제품과 관여도가 낮은 제품으로 나뉜다. 예를 들면 승용차, 스테레오 세트와 같은 비교적 고가품이 고관여 제품에 속한다. 일반적으로 관여도는 욕구와 가치를 만족시키는 제품에 대해 높게 나타나며 선택 대안들 간에 차이가 많이 있다고 여길수록 관여도는 증가한다. 또한 구매와 사용에 있어서 지각된 위험이 존재한다면 제품과 상표에 대한 관여도가 높아진다. 여기서, 지각된 위험이란 "소비자의 어떤 행동이 그가 확실성 있게 예측할 수 없는 결과를 초래할 가능성"이라 정의할 수 있으며, 소비자의 위험지각 정도와 위험수용성이 그의 구매결정에 영향을 주게 되는데 이러한 위험을 감소시키기 위해 소비자들은 새롭거나 사용경험이 없는 제품을 구입하기보다는 그들이 이미 만족을 느끼고 있는 바로 그러한 상표를 계속해서 구매함으로써 가급적 위험을 회피하려 할 것이다. 그러므로 위험을 크게 인지하는 소비자일수록 상표애호도가 높아진다고 할 것이다.

상표애호도(brand loyalty)란 소비자가 상당한 정도의 일관성을 가지고 특정상표를 구입하는 경향을 말하는 것이다. Assel은 상표충성을 하나의 상표에 대해 호의적인 태도가 형성되어 그 상표를 일관되게 구매하는 것이라 정의했는데, 이를 상표에 대한 집착이라 정의하면 고관여제품일수록 상표충성이 높다고 할 것이다. 그러나 상표충성은 소비자가 제품에 대한 기대치를 알기 때문에 위험을 감소시킬 수 있는 방법이기는 하나 가장 인기 있는 상표나 기존의 상표를 구매하는 경우에는 많은 비용과 지출을 가져오게 된다. 따라서 고관여제품의 가격과 품질의 관계가 낮아진다는 가설을 세우게 되었다. 본 가설의 관여도 분류기준은 제품의 가격, 지각된 위험, 자아이미지, 개인적 관련성의 높고 낮음으로 정하였다.

H9: 가격과 품질의 상관관계는 소비자의 경험에 의해 구매되는 제품군일수록 높을 것이다.

논거: 선택의 구조적 견해를 기초로 한 기본적인 개념에서 보면 소비자들은 자신들의 기억 속에 저장된 규칙이나 경험이 완전하지는 못하지만 이것을 기초로 선택이 행해진다는 것이다. 또한 소비자의 사전 제품지식은 광고요인이 배제된 상태에서 제품소비 경험이 중요한 축적 요인이 된다.

경험 후에 평가가 가능하기 때문에 소비자들은 경험이 탐색보다 비용이 비싸더라도 탐색보다는 경험을 통해서 정보 얻기를 선호한다고 하였다. 그러나 특정상표의 상품을 사용하고 난 후 그 상품에 대한 경험은 그 상품의 가격에 대비하여 품질을 경험하고 그 결과로써 효용을 평가하게 된다. 따라서 소비자들은 구매 전에 이미 상품의 가격은 알고 있지만 그 제품을 사용하기 전에는 품질에 대한 평가를 할 수 없다는 것이다. 그러므로 경험에 의한 평가는 구매빈도가 높은 제품에 적당하다 할 것이다. 그리고 경험은 다른 상표를 구매하고 그 결과 어떤 상표가 최선의 상품인지를 학습함으로써만 정보의 역할이 가능한 것이지, 그 상품자체의 경험만으로는 정보의 역할이 충분치 못하다는 것이다.[59]

---

59) 주로 소비자의 경험에 의해 구매되는 제품군을 위한 상품분류에는 소비자 정보를 기준으로 한 Nelson(1970)의 분류가 있는데 그는 상품을 탐색상품(search goods), 경험상품(experience goods), 신용상품(credence goods)으로 분류하고 있다. 먼저 탐색상품이란 의류, 구두, 보석 등과 같이 소비자가 상품의 품질이나 스타일, 가격 등을 쉽게 비교하여 판별할 수 있는 것으로, 상품 그 자체가 상당한 양의 소비자 정보를 제공해 주는 상품을 말하며, 경험상품이란 세제, 가전제품, 가공식품 등과 같이 그것의 품질이나 성능에 관한 소비자 정보는 그것을 구입해서 사용해 본 경험을 통해서만 얻어질 수 있는 유형의 상품을 말한다. 그리고 신용상품은 의약품, 화장품 등과 같이 그것의 품질이나 효능 자체에 대한 논란이

구매경험은 결과적으로 평가기준 혹은 대체안에 관한 직접적인 학습행위이기 때문에, 경험재는 소비자의 반복구매에 의한 많은 정보탐색과 외부정보탐색(상표, 광고, 가격)보다는 내부정보탐색(제품의 성능, 디자인 등)에 의해 제품을 평가함으로써 다른 제품군보다 가격과 품질의 관계가 높으리라는 가설을 세울 수 있다.

H10: 가격과 품질의 상관관계는 제품군의 가격이 높을수록 높을 것이다.

논거: 일반적으로 고가격제품군은 내구재적 특성과 고관여의 특성을 지닌다 할 수 있을 것이다. 즉 고가격제품은 장기간 사용이 가능하여 구매빈도가 낮고, 소비자의 평가가 매우 어려운 기술적으로 복잡한 제품의 경우가 많으며, 소비자의 자아이미지와 관련된 욕구와 가치를 만족시킬 수 있는 소비자의 관여도가 높은 전문품의 경우가 많다. 따라서 이러한 제품들은 지각된 위험이 매우 큰 제품으로서, 소비자의 위험지각정도와 위험수용성이 그의 구매결정에 영향을 주게 됨으로써, 소비자는 관련제품에 대한 주의를 증대시킬 뿐 아니라 적극적인 정보탐색을 하게 된다는 것이다. 즉 정보를 단지 수동적으로 받아들이기보다는 획득된 정보에 관해 능동적으로 신중히 평가하게 된다는 것이다. 따라서 고가격제품군의 가격과 품질의 상관관계가 높으리라 예측할 수 있다.

그런데 본 연구대상 제품군들이 주로 소비재이므로, 고·저제품군의 분류기준을 평균가격 10만 원으로 설정하였다.

많고 사용해 본 경험을 가지고서도 그 상품에 대한 결정적 판단을 내리기 어려운. 따라서 소비자는 전문적인 전문기관에 의한 연구보고 등에 의존하지 않고서는 올바른 선택을 하기가 극히 어려운 상품을 말한다.

3. 자료의 수집 및 연구방법

본 연구에서는 설문조사, 문헌조사와 함께 2차 자료의 수집을 통해 연구가설을 검증하였다. 분석자료로는 우리나라 상품테스트 기관의 정기 또는 부정기 간행물인 한국소비자보호원의 "소비자시대"와 매년 초에 1년 동안의 상품비교 테스트 정보만을 모은 "어느 회사 제품이 제일 좋은가"라는 연보, 공업진흥청에서 품질평가를 하여 매년 발간한 "품질정보" 종합판, 한국상품정보센터에서 발행하는 "상품정보" 등의 잡지를 이용했다. 수집된 자료는 명목척도로 품질평가를 나타내고 있으므로 본 연구에서는 이를 등간척도로 치환한다.

예를 들면, 제품의 각 특성에 대한 평가가 수우미양가로 되어 있다면, 수(매우 우수)=4점, 우(우수)=3점, 미(보통)=2점, 양(미흡)=1점, 가(불량)=0점으로 주었고, A, B, C, D로 된 경우엔, A(우수)=3점, B(보통)=2점, C(미흡)=1점, D(불량)=0점 등을 부여하고, 우수, 보통, 불량으로 되어 있다면 우수=3점, 보통=2점, 불량=1점 등을 부여하고, 적합, 부적합으로 되어 있다면 적합=2점, 부적합=1점을 부여했다.

4. 분석기법

첫째, 제품의 가격과 객관적 품질의 상관관계 도출을 위한 분석기법은 스피어만 서열상관계수, 피어슨 등간상관계수를 이용하여 분석한다.

둘째, 가격과 객관적 품질관계의 예측변수들을 더미화하여 T-Test를 수행한다.

셋째, 본 연구의 가설을 검증하기 위한 통계기법으로는 로지스틱회귀분석(Stepwise Logistic Regression Analysis)방법을 사용한다.

제3절 실증연구의 결과

1. 각 제품군의 가격과 객관적 품질의 상관관계

1988~1997년까지의 191개 제품군 1804개 제품에 대해서 가격과 객관적 품질의 등간상관계수와 서열상관계수를 구했다. 〈부록 2〉에서 보면 가격과 객관적 품질의 상관계수는 산악용자전거(+1.00)에서 전기 냉장고(-0.9975)까지 제품군별로 상이한 상관관계를 보이고 있다.

〈표 3-2〉에서 보듯, 등간계수의 평균은 0.02, 표준편차 0.49를 나타내며, 서열계수의 평균은 0.068, 표준편차 0.46을 나타내고 있다.

〈표 3-2〉 등간 서열 평균

상관계수	제품군수	최솟값	최댓값	평　균	표준편차
등　간	191	-0.9975000	1.0000000	0.0190497	0.4913831
서　열	191	-0.9487000	1.0000000	0.0687995	0.4632400

본 연구에서 도출한 상관계수로 보아 가격과 품질의 상관관계는 매우 약한 관계를 나타내는 것으로 보인다. 이는 소비자보호원에서 발간하는 소비자시대의 상품 테스트 자료(88-93) 57개 제품군에 대해 가중치를 부여해 평가한 김용준(1993)의 등간상관계수평균 0.12와 180개 제품군(88-94)에 단순가중치를 부여한 이영균(1994)의 등간상관계수평균 0.10과 차이를 보이나, 이재원(1993) 일본시장(88-93)의 등간상관평균인 0.03과 유사한 결과를 보였다.

2. 각 변수들에 대한 가격-객관적 품질관계의 차이

각각의 독립변수들을 더미화하여 가격과 객관적 품질의 상관관계에 유의한 차이가 있는지 알아보기 위하여 T-Test를 실시하였다.

〈표 3-3〉에서 보듯이 더미화한 각 변수들이 가격과 객관적 품질의 상관관계에 유의한 차이를 보이는지를 알기 위해 T-Test 분석을 수행한 결과 10개의 변수 중 고관여/저관여 제품군만이 유의한 차이를 보였다. 즉 가격과 객관적 품질의 상관계수는 고관여제품군이 0.006, 저관여제품군이 0.118로 나타났으며, 그 차이는 $p < .10$ 수준에서 유의한 결과를 나타내었다.($t-value=1.66$, $sig=.097$). 즉 관여도가 낮은 제품군이 관여도가 높은 제품군보다 가격과 객관적 품질의 상관관계가 높은 것으로 나타났다.

〈표 3-3〉 독립변수들의 가격-객관적 품질 상관관계 차이분석

변 수	서열상관평균	표준편차	t	p
경쟁제품의 수(고)	.094	(.35)	-0.6390	.5236
경쟁제품의 수(저)	.054	(.51)		
시장지배품목	.001	(.46)	1.2499	.2129
비시장지배품목	.094	(.46)		
광고비/매출액(고)	-.034	(.45)	1.2234	.2227
광고비/매출액(저)	.085	(.46)		
기술혁신(고)	.116	(.44)	-1.330	.1841
기술혁신(저)	.026	(.47)		
상대적 가격차(고)	.050	(.47)	0.5563	.5787
상대적 가격차(저)	.087	(.45)		
상대적 품질차(고)	.090	(.50)	-0.5806	.5622
상대적 품질차(저)	.052	(.40)		
내구재	.072	(.43)	-0.1478	.8827
비내구재	.062	(.48)		
경험재	.054	(.45)	0.4920	.6233
탐색재	.087	(.47)		
고관여	.006	(.49)	1.6640*	.0978
저관여	.118	(.43)		
고가격	.053	(.50)	0.3488	.7276
저가격	.077	(.43)		

*$p < .10$

3. 로지스틱 회귀분석 결과

앞에서 설정한 10개의 가설을 이용해 로지스틱 회귀분석(Stepwise Logistic Regression Analysis)을 수행하였다. 독립변수로는 경쟁제품의 수, 시장지배적 사업자품목, 광고비/매출액비율, 기술혁신의 수, 상대적 가격차, 상대적 품질차, 내구재/비내구재, 경험재/탐색재, 고관여/저관여, 고가격/저가격의 10가지였다. 결과는 〈표 3-4〉와 같다.

〈표 3-4〉 로지스틱 회귀분석 결과

변수명	β 계수	표준오차	Wald통계량	유의도
절 편	4.1968	1.7870	5.5156	0.0188
상대적 품질차	0.4344	0.4043	1.1542	0.2827
경쟁제품 수	-0.5208	0.3708	1.9734	0.1601
시장지배품목	-0.3746	0.4072	0.8464	0.3576
광고비/매출액	-0.2909	0.5446	0.2853	0.5932
상대적 가격차	0.2554	0.3279	0.6069	0.4360
내구재/비내구재	-0.1297	0.4123	0.0989	0.7532
기술혁신	-0.9193*	0.3572	6.6237	0.0101
고가격/저가격	-0.00721	0.4489	0.0003	0.9872
경험재/탐색재	-0.4901	0.3946	1.5427	0.2142
고관여/저관여	-0.8434*	0.4258	3.9228	0.0476

*$p < .10$
검정통계량 $x^2 = 16.765$, $p = 0.0797$

〈표 3-5〉 두 변수를 이용한 로지스틱 회귀분석 결과

독립변수	β 계수	표준오차	Wald통계량	유의도
기술혁신	-0.7562*	0.3051	6.1452	0.0132
저관여/고관여	-0.5972*	0.3049	3.8349	0.0502

*$p < .10$
검정통계량 $x^2 = 9.279$, $p = 0.0097$

〈표 3-4〉, 〈표 3-5〉에서 보듯이, 서열상관계수를 종속변수로 하고, 10개의 독립변수를 사용한 로지스틱 회귀분석결과는, 우도비 검정통계량 p의 값이 0.0797을 나타내어 p<.10 수준에서 유의한 모형임을 보여 주고 있다. 즉 가격과 품질의 상관관계를 설명하는데 10개의 독립변수를 포함하는 로지스틱 회귀모형이 유의함을 알 수 있었다. 따라서 로지스틱 회귀식은 LOGIT Y=4.1968 −0.9193X$_4$ −0.8434X$_{10}$으로 나타났으며, 종속변수에 유의하게 영향을 미치는 것은 기술혁신, 고관여/저관여 변수임을 보여 주고 있다.

4. 가설의 검증

가설검증의 결과는 다음과 같다.

H1: 가격과 품질의 상관관계는 경쟁이 심할수록 높아질 것이다.

본 가설은 가격과 객관적 품질의 상관관계를 예측하는 데 적절하지 못한 것으로 나타나 기각되었다. 본 가설은 시장구조가 경쟁적일 때 가격과 품질의 관계가 높아진다는 것으로, 경쟁의 정도를 제품수의 많고 적음을 기준으로 하고 있다. 그러나 경쟁제품의 수가 반드시 경쟁정도의 지표라고는 할 수 없다는 것이다. 즉 경쟁제품 수가 많다고 하여 반드시 경쟁적이라고는 할 수 없는 것이다. 왜냐하면 유효경쟁(workable competition)이론에 따르면 경쟁제품의 수가 적은 경우에도 잠재적인 진입위협이 많은 경우 시장은 경쟁적 구조를 갖기 때문이다.

또한 완전경쟁보다 현실에 가까운 독점적 경쟁하에서도 제품의 수는 많을 수 있다. 제조업 시장구조는 생산제품의 수가 많아도 완전경쟁이 아닌 독점적 경쟁시장구조를 띠고 있다. 그러므로 경쟁제품의 수가 경쟁정도를 유효하게 측정하지 못함으로써 가격과 품질관계가 가설의 예측과 다른 방향으로 나타난 것으로 추정된다.

H2: 가격과 품질의 상관관계는 정부의 시장지배적 사업자품목에 속하는 제품이 그렇지 않은 제품보다 낮을 것이다.

본 가설도 가격과 객관적 품질의 상관관계에 대한 설명력이 부족한 것으로 나타나 가설이 기각되었다. 본 가설에 이용된 시장지배력의 판단기준은 시장점유율과 시장집중도였다. 시장점유율은 그러나 시장 내의 한 기업이 차지하는 비중을 나타내는 지수로 시장지배력을 판단하는 핵심적 지표가 틀림없으나 이는 시장지배력을 입증해 주는 필요조건에 지나지 않는다. 또한 시장집중률도 시장전체의 구조적 특징을 나타내 주는 지수이기는 하나, 독점력과 관련하여 절대적인 의미를 갖는 것은 아니다. 집중률이 높더라도 이 시장의 상위 대기업들끼리 치열하게 경쟁하는 약과점이라면, 이 시장에서는 경쟁적 시장성과가 나타날 것이며, 반대로 집중률이 낮을지라도 상위 대기업들끼리 견고한 담합을 유지하고 있다면, 이 시장은 강과점이 되어 오히려 독과점 시장성과가 나타날 것이다. 따라서 시장지배적 사업자품목이 독과점적 시장구조의 필요조건은 될 수 있으나 충분조건이 되는 것은 아니다.

H3: 가격과 품질의 상관관계는 광고비/매출액의 비율이 높을수록 낮아질 것이다.

본 가설은 가격과 객관적 품질의 상관관계를 예측하는 데 유의한 영향을 미치지 못하는 것으로 나타나 기각되었다. 상품의 가격은 광고활동으로 인해 상승하거나 인하될 수 있다. 광고는 설득효과를 갖기 때문에 수요의 가격탄력성을 감소시키고 진입장벽을 두텁게 하여 기업의 시장지배력을 증가시킨다. 만일 기업이 광고를 통해 상품의 품질을 차별화시키고 고정고객을 확보할 수 있다면 이 기업이 공급하는 상품에 대한 수요곡선의 탄력성이 점차 줄어들게 되어 초과이윤을 얻을 수 있다. 즉 가격은 기업의 평균비용보다 높게 관리될 수 있으며 평균비용과 같은 수준에서 관리된다 하여도 광고 이전의 균형가격보다 크게 된다. 광고경쟁으로 시장구조가 과점적이 되어 경쟁이 아무리 치열하게 전개되어도 정상이윤보다 낮은 이윤을 초래하는 방식으로 가격이 관리되지 않을 것이다. 특히 광고경쟁은 가격에 대해서 비교적 원만하게 암묵적인 교섭이 이루어지는 과점적 산업에서 활발하므로 설득효과를 노리는 광고활동은 가격인상요인으로 작용하게 된다는 것이다. 그러나 광고의 정보전달기능을 강조하면, 광고는 대량생산을 가능하게 하여 기업으로 하여금 최소효율규모 수준에서 판매규모를 결정할 수 있도록 한다는 것이다. 따라서 비용경사가 크고 최소효율규모가 큰 산업에서는 대량생산의 이점이 광고비의 부담을 상쇄하여 가격을 인하시킬 수도 있는 것이다.

H4: 가격과 품질의 상관관계는 기술혁신이 많은 제품군일수록 낮아질 것이다.

본 가설의 기술혁신 변수는 가격과 객관적 품질을 예측하는 데 유용한 변수이며, 가격과 품질관계에 부의 영향을 미치는 것으로 나타나 채택되었다.

본 가설은 특허독점에 의한 경쟁제한의 효과로 가격과 객관적 품질의 상관관계를 설명하고 있다. 신기술은 일단 개발되면, 사회적 후생(welfarea)의 관점에서 보아 가능한 한 광범위하게 이용되는 것이 바람직하다. 그러나 신기술은 본질적으로 새로운 정보이고, 또 기술정보는 공공재의 특성인 배제불가능성을 지니므로, 시장메커니즘에 맡겨 두면, 정보의 공개가 충분히 이루어지지 않게 될 뿐 아니라 신기술 개발에 대한 자원배분이 과소하게 될 우려가 있다. 따라서 시장실패(market failure)의 해결책으로, 발명가에게 일정기간 배타적인 독점권을 부여하고, 그 대가를 발명내용에 대한 상세한 공개의 의무를 부과하는 것이 특허제도이다. 그러므로 특허제도는 발명자에게 독점권 형태의 발명이득을 보장함으로써, 신기술을 촉진하는 강력한 유인역할을 한다.

그러나 특허독점이 기술혁신의 유인책이 되는 것은 사실이나 일부 부정적인 측면도 갖고 있다고 할 수 있다.[60] 우선 연구개발에서 규모의 경제성이나 학습효과가 큰 일부산업에서는 특허권이 대기업에 편파적으로 집중되고 시장지배력을 남용할 수 있는 기회를 제도적으로 제공해 준다. 특히 자본시장이 불완전 경쟁적이고 기업의 신용이 문제가 되면 신규기업이나 중소기업은 기술혁신과 상업화에 필요한 자본을 조달하기 어렵게 되며 특허권의 집중현상을 심화시킬 수 있다는 것이다.

또 특허권을 갖는 기업이 사용권을 허가할 때 다른 부품구입도 함께 종용하여 수요독점권을 행사할 수 있으며 과점산업에서는 특허상품의 가격을 고정시키고 시장을 분할하여 경쟁을 제한할 수 있다는 것이다. 따라서 본 가설에서 특허건수가 많은 제품군은 과점산업에 속하는 가전제품들로 이루어졌으므로 기술혁신의 수가 많을수록, 즉 특허의 수가 많을수록 가격과 품질의 상관관계가 낮아진다는 가설을 지지할 수 있다.

H5: 가격과 품질의 상관관계는 제품군 내의 상대적 가격차가 클수록 높을 것이다.

---

60) 윤창호·이규억, 『산업조직론』, 법문사, 1995, p.331.

본 가설은 가격과 객관적 품질의 상관관계를 예측하는 데 유용하지 못하여 기각되었다. 본 가설은 제품군 내의 상대적 가격차가 크게 되면 소비자의 정보탐색량이 많아져 가격과 객관적 품질의 관계가 높아지리라는 것이었으나, 실제로 소비자가 구매행위 시 인식하는 가격차는 상대적 가격차보다는 절대적 가격차에 영향을 받을 것으로 생각된다.

H6: 가격과 품질의 상관관계는 상대적 품질차가 클수록 높을 것이다.

본 가설은 가격과 객관적 품질의 관계를 예측하는 데 유용하지 않아 기각되었다. 본 가설에서 이용한 품질의 개념은 객관적 품질로, 이는 내구성, 신뢰성, 안전도, 성능과 같은 제품의 내재적 특성으로 간주되는 것으로 이러한 품질차는 기업 간 제조원가의 차이를 발생시킨다고 볼 수 있다. 그러나 소비자들은 제품의 품질을 정확히 파악할 정도의 충분한 지식과 정보를 갖고 있지 못하므로, 가격, 상표, 포장 등의 외재적 정보요소를 이용한 주관적인 품질판단을 하게 된다. 따라서 상대적 품질차는 가격-품질관계의 유의한 변수가 되지 못한 것으로 생각된다.

H7: 가격과 품질의 상관관계는 내구적 특성을 가진 제품군이 높게 나타날 것이다.

본 가설은 가격과 품질의 관계를 예측하는 데 유용하지 못하여 기각되었다. 본 가설에서는 내구재는 구매빈도가 낮고, 장기간 사용이 가능하며, 기술적으로 복잡하여 소비자의 품질평가가 용이하지 않은 비교적 고가의 제품군이므로, 소비자는 제품구매 시 많은 정보를 취득하여 합리적인 의사결정을 취하게 됨으로써, 가격과 객관적 품질의 관계가 높을 것이라 예상하였으나 분석결과는 그렇지 못했다. 이러한 결과는 본 연구에 이용된 제품군이 주로 생활소비재이므로 내구재로 분류된 제품군이라 하더라도 비교적 사용경험이 많고, 광고와 상표의 영향을 많이 받는 제품군이므로 가격과 품질의 상관관계의 유의한 예측변수가 되지 못한 것으로 생각된다.

H8: 가격과 객관적 품질의 상관관계는 소비자의 관여도가 높은 제품군일수록 낮을 것이다.

본 가설은 가격과 품질의 관계를 예측하는 데 유용한 변수로 나타났으며, 가격과 객관적 품질관계에 부의 영향을 미치는 것으로 나타났다. 관여도란 특정상황 내에서 제품과 상품선택에 따른 인지된 관련성 및 개인적 중요성의 정도를 말하는 것으로, 이러한 관여도 수준이 소비자의 정보탐색의 정도에 영향을 미치므로 가격과 객관적 품질의 관계에 유의한 변수로 나타난 것으로 생각된다. 일반적으로 관여도는 소비자들의 상이한 가치, 경험 또는 자아이미지 등으로 인하여 소비자 개개인은 특정한 제품이나 서비스에 관여하는 정도가 다르며, 가격, 제품의 복잡성, 소비자의 가치나 자아이미지에 관련된 제품특성, 소비자 자신이 중요하다고 느끼는 상황적 요인에 영향을 받는다. 따라서 고관여제품군은 비교적 고가품이며 구매와 사용에 있어 지각된 위험을 느끼며, 상표에 대한 관여도가 높아 상표 애호도를 형성하는 제품군이므로, 이 제품군의 가격 – 객관적 품질의 상관관계는 낮아진다 할 것이다. 이와는 반대로 저관여제품군은 소비자의 개인적 관련성이 적은, 즉 자아이미지와 관련성이 적은 비교적 가격이 낮은 제품군이라는 특성을 지녔으므로 상표애호도가 낮고 구매빈도가 높아, 소비자의 정보탐색이 용이하여 가격 – 객관적 품질의 관계가 높아지게 될 것이다.

H9: 가격과 객관적 품질의 상관관계는 소비자의 경험에 의해 구매되는 제품군일수록 높을 것이다.

본 가설은 가격과 객관적 품질을 예측하는 데 유용하지 못하여 기각되었다. 경험재는 소비자들에 있어 경험비용이 탐색비용보다 높다 하더라도 경험을 통해 정보를 얻기를 선호하는 제품들이다. 즉 특정상표의 상품을 사용하고 난 후 그 상품에 대한 경험은 그 상품의 가격에 대비하여 품질을 경험하고 그 결과로써 효용을 평가하게 된다는 것이다. 따라서 경험재에 대한 가격과 품질에 대한 소비자평가가 탐색재보다 정확할 수 있으리라 생각할 수 있으나, 경험재가 또한 내구재, 고관여의 특성을 지닐 수 있으므로 가격과 객관적 품질의 관계를 설명하는 유의한 변수가 되지 못한 것으로 생각된다.

H10: 가격과 품질의 상관관계는 고가격 제품군일수록 높을 것이다.

본 가설은 가격 – 객관적 품질의 상관관계를 예측하는 데 유용하지 못해 기각되었다. 본 가설에서는 소비자가 고가격 제품을 구입할 때 경제적 지각위험이 커지므로, 소비자의 정보탐색량이 증가되어 가격과 객관적 품질관계가 높아지리라는 것이었는데, 본 가설에서 변수 설정시 연구에 이용된 제품군이 주로 생활소비재인 이유로 연구자의 주관적 판단에 의해 10만 원을 고·저가격의 기준으로 삼았으나, 이러한 가격기준은 제품군에 따라 상이할 수 있으므로, 가격기준 변수가 가격과 객관적 품질관계의 예측변수로 유용하지 않게 나타난 것으로 생각된다.

제4절 연구요약 및 한계

1. 연구결과의 종합

첫째, 1988년에서 1997년까지의 "소비자시대", "상품정보" 등의 상품테스트자료 191개, 제품군 1804개 제품에 대한 가격과 객관적 품질의 등간계수는 0.019, 서열계수는 0.068로 매우 약한 상관관계를 보여주고 있어, 우리나라 상품시장의 가격과 객관적 품질의 상관관계는 거의 없다고 할 수 있다.

둘째, 가격과 품질의 상관관계의 예측변수를 각각 더미화하여 각 변수들 내의 가격-객관적 품질의 상관관계의 차이를 살펴본 결과 고관여/저관여 제품군만 유의한 차이를 보이고 있다.

셋째, 가격과 객관적 품질의 상관관계에 영향을 미칠 것으로 예상되는 10개의 변수를 이용해 로지스틱 회귀분석을 실시하였다. 분석결과 산업구조적 요인에 속하는 기술혁신 변수와 정보요소에 속하는 고관여/저관여 변수만이 가격과 객관적 품질의 관계를 예측할 수 있는 변수로 나타났으며, 양자 모두 가격과 객관적 품질에 부의 영향을 미치는 것으로 나타났다.

2. 연구결과의 시사점

본 연구는 가격과 객관적 품질관계를 통해 시장구조를 분석하였다. 구체적으로 살펴보면, 제품가격과 객관적 품질의 상관관계를 조사한 후, 어떤 요인이 가격과 품질의 상관관계에 영향을 미치는가에 대해 알아보았다. 따라서 본 연구가 시사하는 바는 다음과 같다.

첫째, 가격과 품질의 상관계수가 매우 약한 것으로 보아 가격이 품질의 완벽한 지표가 아니라는 것이다. 본 연구결과에서 보았듯이 1988~1997년의 상관계수가 0.019(등간), 0.068(서열)이라는 것은 시장이 효율적이 아니라는 것이며, 이로 인해 소비자는 비효율적 구매를 할 가능성이 매우 높아지게 된다. 또한 기업은 품질개선보다는 광고, 브랜드 명성, 브랜드 이미지개선과 같은 소비자의 주관적 인식에 의존하는 전략에 치중하고 있는 것으로 생각할 수 있다.

둘째, 가격과 품질의 상관관계는 각 제품군별로 매우 상이하다. 본 연구결과에서 보듯이 상관계수가 +1.00에서 −0.9975까지 매우 다양하게 분포되어 있다. 따라서 소비자의 입장에서 어떤 제품군은 가격이 품질을 나타내는 믿을 만한 신호로서의 역할을 하지만, 또 어떤 제품군은 그렇지 못하다는 것이다. 가격-객관적 품질관계를 제품유형별로 나누어 살펴본 결과 관여도의 경우만 가격과 품질의 상관관계에 유의한 차이를 보였는데, 이는 관여도가 기업의 마케팅 전략에 유용한 개념이 될 수 있음을 시사해 준다.

셋째, 회귀분석결과 기술혁신, 관여도 변수만이 가격과 품질의 관계를 예측할 수 있는 변수로 나타났으며, 부의 영향을 미치는 것으로 나타났다. 즉 기술혁신이 많은 제품군의 경우 고가격 제품의 품질이 반드시 좋은 것은 아니며, 저가격/고품질의 제품군도 많이 존재한다는 것이다. 기술혁신의 수가 많은 제품군이 가격과 품질의 상관관계가 낮은 것은 특허독점의 폐해로 설명될 수 있지만, 이러한 특허독점은 또한 발명자에게 독점권 형태의 발명이득을 보장함으로써, 신기술개발을 촉진하는 강력한 유인역할을 하게 된다. 또한 관여도 변수의 경우, 고관여제품일수록 상관관계가 낮다는 결과는 기업이 소비자의 자아이미지와 관련된 제품군에 대해서는 상표 애호도를 강화하고 있다는 근거를 제시해 주고 있다.

제 4 장

기격 – 지각적 품질의 관계

제1절 문제의 제기 및 연구목적

경제학 이론에 따르면 가격은 제품이나 서비스를 구매하는 데 드는 비용 내지 희생의 지표로 작용하기 때문에, 소비자의 선택과정에 영향을 미친다고 보고 있다. 이러한 관점은 경제학자들이 소비자가 가격을 비롯한 제품에 관한 완전한 정보(perfect information)뿐 아니라 완전한 정보처리 능력도 가지고 있으며, 소비자가 대체품들로부터 얻을 수 있는 효용을 극대화하고자 한다는 가정하에서 형성된 이론이다. 즉 소비자는 가격에 대해 완전하게 정보를 처리하므로 예산 제약 내에서 효용을 극대화시킬 수 있는 제품을 선택, 구매하게 된다는 것이다.[61]

한편 행동과학자들은 정보처리관점에 의해, 평가와 선택과정은 서로 분리된 정신적 과정(mental process)이기 때문에 가격은 선택과정에 영향을 미칠 뿐 아니라 평가과정에도 그 영향을 미친다고 보고 있다. 또한 소비자가 가격을 비롯한 제품의 여러 속성에 관한 완전한 정보를 갖는다는 것은 불가능한 일이며, 만약 완전한 정보를 갖는다 하더라도 소비자는 그러한 정보를 처리할 능력이 없다고 주장하여 경제학자들과 다른 견해를 나타내고 있다.[62]

이러한 의견에 대해 마케팅학자들은 가격과 제품에 대한 정보처리 과정을 설명할 때 평가(evaluation)라는 것을 제품품질에 대한 판단으로 보고, 선택(choice)이라는 것은 특정가격에서 제품을 구매하고자

---

61) K. B. Monroe and R. Krishnan, "The Effect of Price on Subjective Product Evaluation", in Perceived Quality : *How Consumers View Stores and Merchandise*, 1985, p.209.

62) Ibid, pp.209-210.

하는 의향으로 간주하고 있다. 그리고 소비자는 제품속성에 대한 완벽한 정보를 가지지 못하므로 이용 가능한 정보단서(information cues)들을 통해서 어떠한 추론을 하게 되는데 이때 주로 이용되는 단서가 바로 가격이라고 주장하고 있다. 따라서 가격은 제품의 품질을 나타내는 지표로 사용되었으며, 높은 제품가격은 높은 품질의 지각을 유도한다는 가격과 품질지각의 관계를 연구하게 되었다.

처음 Scitovsky가 소비자는 제품품질에 대한 완전한 정보를 갖지 못한다고 할지라도 입수가능한 정보를 가지고 품질지각을 하게 되고, 특히 소비자가 제품에 대한 품질을 잘 모를 경우 이용 가능한 가격정보를 품질판단의 기준으로 삼는 것은 합리적인 일이라고 주장한 이래,[63] 많은 연구결과는 소비자들이 가격단서를 제품품질 평가 시에 품질의 지표로 널리 사용하고 있음을 보여 준다. 그러나 대부분의 가격과 지각된 품질관계에 대한 연구에서는 단순히 가격이 지각된 품질과 정의 관계를 갖는다는 사실이 발견되었지만, 이들 결과는 일반적이지도 확고하지도 못하며, 상당히 다양한 양상으로 나타나고 있다. 더욱이 이들 결과가 실제 구매상황에서 소비자들의 행동에 직접적으로 적용되었거나 적용될 수 있다는 근거도 없었다.

즉 소비자는 제품의 품질을 평가할 때, 가격이 품질의 진단적인 가치를 지니기도 하고 그렇지 않기도 하다. 따라서 가격 – 품질관계에 대한 연구초점은 어떠한 조건하에서 가격정보가 제품품질에 대한 추론을 형성하는가 하는 것, 즉 가격정보단서와 품질추론 간의 관계를 조절하는 변수의 파악과 그 변수의 조절영향에 관한 연구가 필요한 것이다.

---

63) T. Scitovsky, "Some Consequence of Habits of Judging Quality by Price", *Review of Economic Studies*, Vol.12, 1945, pp.100–105., K. B. Monroe, "Buyers' Subjective Perception of Price", *Journal of Marketing Research*, Vol. X, February 1973, p.72에서 재인용.

이에 관해 Zeithaml(1988)이 가격을 품질지표로 사용하는 조건들을 다음과 같이 구체적으로 정리하였는데,[64] 이들은 첫째, 가격 이외의 다른 단서의 이용 가능성 둘째, 제품군내의 가격차이 셋째, 제품범주 내의 제품의 품질차이 넷째, 소비자의 가격인지수준 다섯째, 제품군 내의 품질차이를 감지하는 소비자의 능력이라고 하였다. 이들 요소는 다음과 같이 세 그룹으로 분리할 수 있다.

첫째, 정보요소로 소비자가 다른 이용 가능한 정보가 있을 때, 즉 품질에 대한 내재적 정보에 접근할 수 있거나 광고, 브랜드네임이 제공되는 경우 소비자는 가격 대신 이들 단서를 더 선호할 수 있다는 것이다. 둘째, 개인적 요소로 제품군 내의 가격변화와 품질차이에 대한 소비자의 인식수준의 차이로 설명할 수 있다. 소비자가 가격을 제대로 파악하지 못하거나, 소비자가 품질의 차이를 이해할 만한 충분한 지식을 갖지 못한 경우 가격과 외부정보단서가 더욱 유용한 것이다. 셋째, 제품범주요소로 어떤 제품군은 다른 제품군보다 품질신호로 가격에 더욱 의존하게 된다. 이는 제품범주에 따른 가격과 품질의 차이에 기인하기 때문이다. 이와 같이 가격과 품질의 관계는 상황에 따라 다양한 형태로 나타나며 일반적인 관계로만은 설명하기 어렵다 할 것이다.

따라서 본 장에서는 소비자가 가격을 품질의 지표로 생각하는지, 또한 이들 관계에 소비자의 개인적 요인과 제품범주요인이 가격 - 지각된 품질관계에 조절영향을 미치는지에 관해 살펴보고, 이와 더불어 가격 - 객관적 품질관계와 가격 - 지각된 품질관계가 어떤 연관관계를 갖고 있는지를 밝혀내고자 한다.

---

64) Valarie. A. Zeithaml, op. cit., 1988, pp.2 - 22.

제2절 실증분석의 연구모형설정

1. 실증연구의 분석모형

앞 장의 가격-객관적 품질관계에 대한 연구결과는, 실제시장에서 가격과 품질의 관계가 매우 낮아 소비자가 가격을 품질로 사용할 경우 경제적 손실의 가능성이 클 것이라는 것을 보여 주고 있다. 따라서 본 장에서는 실제로 소비자가 상품을 구매할 경우 가격을 품질의 척도로 생각하고 있는지에 관해 알아보고, 이들 관계가 소비자의 개인적 특성과 제품유형에 의해 영향을 받는지를 살펴보고자 한다.

〈그림 4-1〉 실증분석의 연구모형

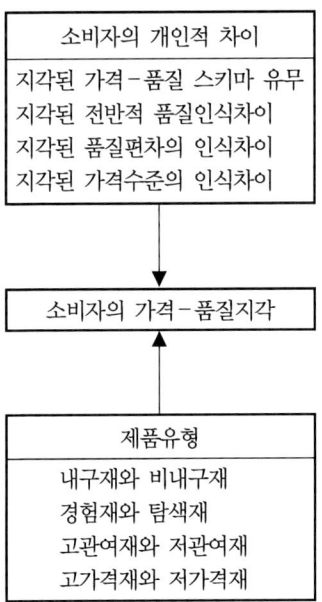

2. 연구가설의 설정과 근거

1) 일반적 가격과 지각적 품질의 관계

H1: 가격과 지각된 품질은 정의 관계에 있다.

논거: 시장에서 소비자의 구매결정은 제품 및 그 속성에 관해 주로 불확실한 상황에서 이루어진다. 이러한 불확실성의 감소를 위해 소비자들은 시장에서 제품관련 정보를 탐색하고 처리하여 정확한 인식을 형성하려고 노력하는 것으로 알려져 있다. 따라서 제품은 어떤 단서들의 집합으로 해석할 수 있으며, 소비자들은 그 제품에 관한 판단기준으로 그 제품의 단서들을 이용한다. 소비자들은 제품의 품질평가과정에서 정보수집의 비용이성과 수집된 정보의 비정확성 등의 장애요인으로 정확한 의사결정을 하기 어렵다. 따라서 그들은 비교적 객관적 정보인 물리적 제품, 그 자체의 구성요소와 같은 내재적 단서만으로 제품을 평가하는 것이 아니라, 제품외적인 가격, 상표명, 광고수준, 점포 등의 외부적 단서들을 주관적으로 처리하여 제품을 평가하는 경향이 있다. 제품을 구성하는 다양한 단서들 중 품질추론의 단서로 가장 많이 관심을 받아 온 것이 가격변수인데, 소비자들이 가격을 품질지표로 생각한다는 근거로 첫째, 과거의 경험으로 볼 때 낮은 가격보다는 높은 가격이 높은 품질을 반영한다고 볼 수 있으며, 둘째, 가격이 회사가 소비자에게 보내는 하나의 신호로 간주하기 때문이다. 즉 소비자들은 가격이 원가를 반영한다고 생각하며, 원가가 많이 든 제품일수록 고품질일 것으로 생각하는 경향이 있다[65]고 한다. 따라서 가격과 품질지각은 정의 관계에 있다고 예상할 수 있다.

---

65) 유필화, 『가격정책론』, 박영사, 1991, p.215.

2) 제품유형에 따른 가격 - 지각된 품질의 차이

H2: 가격 - 지각된 품질의 관계는 비내구재보다 내구재가 더욱 높을 것이다.

논거: 본 가설은 제품유형에 따른 소비자의 가격 - 지각된 품질의 차이에 관한 것이다. 객관적 가격 - 품질에 관한 많은 연구에서 가격이 내구재나 비내구재에 대한 품질의 좋은 예측자가 아니라는 결과를 보여줌에도 불구하고, 소비자들은 비내구재보다 내구재에 더 강력한 가격 - 품질관계를 기대하고 있는 것으로 나타났다.[66] 즉 소비자들이 시장에서 접하게 되는 제품군은 너무나 많아, 소비자들이 모든 제품에 대한 관련정보를 수집한다는 것은 시간과 비용상으로 불가능하며, 또한 관련정보를 수집할 수 있어도 정확하게 정보를 판단할 능력을 갖추지 못했으므로 소비자는 자신에게 중요하다고 생각되는 제품에 대한 정보탐색에 많은 시간과 노력을 기울여 합리적인 구매선택을 하려 할 것이다. 이에 내구재는 비내구재에 비해 평균적으로 더 적게 구매할 가능성이 있고 또한 내구재의 가격이 비내구재에 비해 상대적으로 비싸므로 소비자가 지각된 위험을 크게 느낄 것이며, 내구재는 소비자의 평가가 어려운 매우 복잡한 제품들로 여겨지기 때문에 소비자의 품질평가 능력과 지식의 한계로 내구재에 대한 품질의 지시자로 가격을 이용할 가능성이 더욱 크다는 것이다. 내구재 제품들에 대한 품질의 지시자로서 가격을 더 많이 사용하는 특정이유가 무엇이든 간에, 가격에 대한 소비자의 의존은 내구재제품들의 경우보다 높아지게 된다고 예상할 수 있을 것이다.

---

66) D. R. Leichtenstein & S. Burton, op. cit., 1989, pp.245 - 246.

H3: 가격 - 지각된 품질관계는 탐색재보다 경험재가 더욱 낮을 것이다.

논거: 품질판단기준으로 외재적 단서인 가격의 영향은 경험재보다 탐색재가 더욱 클 것이라는 것이다. 소비자 정보를 기준으로 한 Nelson(1970)의 상품분류에서는 소비자들이 주요특성을 구매 즉시 파악할 수 있는 탐색재와 구매하여 소비를 해 본 후에야 그 주요특성을 파악할 수 있는 경험재로 분류하였다. 탐색상품은 의류, 보석, 구두와 같이 소비자가 상품의 품질이나 스타일, 가격 등을 쉽게 비교하여 판별할 수 있는 것으로 그 상품자체가 상당한 양의 소비자정보를 제공해 주는 상품이며, 경험상품이란 세제, 가전제품, 가공식품과 같이 그것의 품질이나 성능에 관한 소비자정보는 구입 후 사용경험을 통해, 즉 여기서의 경험은 다른 상표를 구매하고 그 결과 어떤 상표가 최선의 상품인지를 학습함으로써 얻어질 수 있는 유형의 상품을 말한다. 그러므로 경험재는 소비자의 반복구매에 의한 많은 정보탐색과 특히 내부정보탐색(제품의 성능, 기능 등)에 의해 제품을 평가함으로써 소비자의 주관적 판단에 의존해 품질을 판단하는 탐색재보다는 품질의 지각에 대한 가격의존도가 낮을 것으로 예상된다.

H4: 가격 - 지각된 품질관계는 고관여제품군이 저관여제품군보다 높을 것이다.

논거: 관여도란 특정 상황 내에서 제품과 상표선택에 따른 인지된 관련성 및 개인적 중요성의 정도를 말한다. Krugman(1965)은 소비자들이 시장과의 거래에 접근하는 관심의 강도에 있어서 차이를 규정짓기 위해 관여도라는 개념을 제안하였다. 관여도는 특정대상이 욕구, 목표 그리고 가치를 만족시킬 수 있을 때 활성화된다. 그러나 한 대상이 욕구를 충족시킬 수 있는 정도는 상황에 따라 변하게 된다. 그러므

로 사람, 대상, 상황의 세 요인들이 모두 고려되어야 하는 것들이다.

Rothschild의 경우는 관여의 구성요소를 가격(price), 구매기간(length of purchase cycle), 제품다변화 정도(similarity of choice), 지각된 위험(perceived risk) 등 네 가지 요소로 구성된다고 보았다.[67]

따라서 가격이 높을수록, 구매기간이 길수록, 제품선택 대안이 상이할수록, 지각된 위험이 높을수록 고관여제품으로 간주된다. 예를 들면 승용차, 스테레오 세트 등과 같이 개인적인 관련성이 높은 제품이기도 하다. 즉 관여도는 욕구와 가치를 만족시키는 제품에 대해 높게 나타나며 선택대안들 간에 차이가 많이 있다고 여길수록 관여도는 증가하며, 또한 구매와 사용에 있어서 지각된 위험이 존재한다면 제품과 상표에 대한 관여도가 높아진다. 소비자는 이러한 위험을 감소시키기 위해 새롭거나 사용경험이 없는 제품을 구입하기보다는 그들이 이미 만족을 느끼고 있는 상표를 계속해서 구매함으로써 가급적 위험을 회피하려 할 것이다. 즉 고관여제품은 상표애호도가 높은 제품군이 될 것이다. 소비자에게 인정받는 상표는 소비자가 구매를 결정할 때 가격의 영향을 줄이고 상품의 차별적 특성을 강조할 수 있다. 즉 상표는 상품의 지각된 품질을 높이는 역할을 하게 된다는 것이다. 따라서 상표의 신뢰도가 높은 고관여제품의 가격 – 지각된 품질의 관계가 더욱 높을 것이다.

H5: 가격 – 지각된 품질관계는 고가격제품군이 저가격제품군보다 높을 것이다.

논거: 가격수준과 관련하여 Olson(1977)은 소비자가 상대적으로 비싼 제품에 대하여 가격을 품질의 척도로 이용할 것이라 주장했으며,

---

67) M. L. Rothschild, "Advertising Strategies for High and Low Involvement Situation", *Attitude Research Plays for High Stakes*, American Marketing Association, 1979, pp.74–78.

Peterson & Wilson(1985)의 연구에서는 연구대상품목 중 와인과 향수를 제외하고는 일반적으로 비내구재나 소비재보다 내구재의 경우 가격과 품질 간의 강한 관련성을 보여 준다고 파악하였다. 즉 품질평가의 지표로 가격을 사용하는 정도에 차이를 가져오는 제품범주가 그 제품의 가격수준과 밀접한 관련을 지니고 있음을 발견하였다. 그러므로 품질지각이 제품가격의 높고 낮음에 영향을 받는다는 사실은 품질지각이 제품범주에 따라 변화함을 내포하고 있는 것이다. 고가격제품군이 가격-품질 간에 높은 관련성을 보인다는 이러한 주장의 근거는 가격수준이 높아짐에 따라 평가오류의 위험이 증가될 것이며, 또 구매빈도가 낮음으로 인해 제품에 대해서는 친숙하지 못하기 때문에 소비자들이 제품의 품질추론 시 가격단서에 보다 더 의존하기 때문이라 생각할 수 있다.

3) 소비자 집단에 따른 가격-지각된 품질의 차이

본 연구에서는 스키마유무, 품질편차인식정도, 품질평가정도, 가격수준인지정도를 소비자특성변수로 정하였다.

H6: 가격-지각된 품질관계는 가격-품질 스키마가 높은 집단이 가격-품질 스키마가 낮거나 중간정도인 집단보다 높을 것이다.

논거: 실제 시장에서 소비자들은 매우 많은 제품정보를 입수하게 된다. 그러나 소비자들은 이 같은 모든 제품정보를 처리할 인지적 처리능력은 제한되어 있다. 따라서 소비자들은 시간이 지나고 시장경험을 계속함에 따라 쏟아지는 정보를 효율적으로 처리하기 위해 시장요인들의 운영과 상호작용에 관한 추상적인 아이디어들의 레퍼토리를 개발하는데 이를 '스키마'라 한다.

그런데 기존의 가격-지각된 품질 관계에 대한 연구들이 제품의 지표로 가격을 활용하는 것이 상황이나 제품범주에 따라 매우 다양하다는 것을 보여 주고 있으며 몇몇의 연구에서는 일부 소비자들이 다른 소비자들과는 매우 다르게 상황이나 제품범주에 상관없이 가격을 품질의 일반적인 지표로 사용하고 있는 것으로 나타났다. 따라서 본 가설에서는 이러한 행동유형을 갖는 소비자를 구분하기 위하여 가격-지각된 품질의 스키마 개념을 사용하였다.

가격-지각된 품질의 스키마는 전체 제품범주에 대하여 제품의 가격수준이 품질수준과 긍정적으로 관련되어 있다는 일반화된 신념으로 정의될 수 있으므로, 소비자가 자신의 경험을 통해 가격이 품질의 정확한 예측치라는 것을 학습하였거나 또는 스스로가 학습하였다고 믿는다면 그 소비자는 제품의 가격수준과 품질수준이 긍정적으로 연관되었다는 가격-지각된 스키마를 갖게 되며 다른 소비자들과 달리 제품의 품질을 추론할 때 가격단서를 품질추론의 절대적 지표로 사용하게 된다. 즉 시장에서 소비자들의 경험은 개인에 따라 상당히 차이가 있을 수 있으며 또한 동일한 경험에 대해서도 개인마다 경험을 기억하고 학습하여 자신만의 신념으로 개발하는 능력의 차이가 있으므로 소비자의 가격-지각된 품질의 스키마는 개인에 따라 다양하게 나타날 것이다.

따라서 가격-지각된 품질 스키마는 소비자개인에 따라 다르며, 이것이 정보처리상의 다른 결과를 가져올 수 있으므로, 본 가설에서는 스키마를 기준으로 소비자를 세 집단(스키마가 높은 집단, 중간인 집단, 낮은 집단)으로 분류하고, 이들 소비자집단의 지각된 가격-품질 관계는 유의한 차이를 보일 것으로 예상하고 있다.

H7: 가격-지각된 품질관계는 품질편차를 크게 인식하는 소비자집단이 품질편차를 적게 인식하는 소비자집단보다 높을 것이다.

논거: 본 가설은 소비자의 품질편차 인식정도에 따라 가격-지각된 품질관계가 유의한 차이를 보일 것으로 예상한다. 품질편차인식은 소비자의 개인적 특성의 차이에 기인한 것으로, 소비자의 평소 제품에 대한 신념이나 믿음으로 설명할 수 있다. 즉 지각된 품질편차를 크게 인식하는 소비자들은 각 제품 간에 품질의 확실한 차이가 있을 것이라는 믿음을 가진 집단으로 상표나 가격과 같은 외재적 정보요소에 영향을 많이 받는 소비자집단이다. 따라서 고가의 제품을 고품질로 인식하므로 품질편차를 적게 인식하는 소비자들보다 품질판단에 대한 가격의 의존도가 높아지게 된다고 생각할 수 있다. 그러므로 품질편차를 크게 인식하는 소비자가 품질편차를 적게 인식하는 소비자들보다 가격과 품질의 관계를 높게 인식할 것이다.

H8: 가격-지각된 품질관계는 품질수준을 높거나 낮게 평가하는 소비자집단이 품질수준을 중간정도로 인식하는 소비자집단보다 낮을 것이다.

논거: 본 가설은 소비자가 품질수준을 어떻게 평가하는가에 따른 각 소비자집단의 가격-지각된 품질의 차이를 살펴보고자 한 것이다. 우선, 소비자가 제품에 대한 품질을 높거나 낮게 평가한다는 것은 제품에 대한 친숙도가 높다는 것으로 이 제품에 대한 사용경험과 사전지식이 풍부한 소비자라 할 수 있으나, 품질수준을 중간정도로 평가하는 소비자는 제품에 대한 친숙도가 낮은, 즉 사용경험이나 사전지식이 부족한 소비자라 할 수 있다. Rao and Monroe에 의하면,[68] 품질평가

---

68) A. R. Rao and K. B. Monroe, "The Moderating Effect of Prior

상의 정보단서이용은 소비자의 친숙도 수준에 따른 정보처리능력 차이에 기인하여 상이해질 것이라 하여, 제품에 대한 친숙도가 낮은 소비자들은 제품평가의 지표로 가격단서만을 이용하며, 친숙도가 중간인 소비자들은 내재적 정보단서에만 의존하여 품질을 평가하려는 경향이 있다. 친숙도가 높은 소비자들은 가격과 내재적 단서 모두를 품질지표로 이용한 것으로 나타났다. 따라서 품질평가수준을 기준으로 분류된 소비자집단 간의 가격 – 지각된 품질 값이 유의한 차이를 보일 것으로 예상된다.

H9: 가격 – 지각적 품질관계는 전반적으로 가격수준을 높게 인식하는 소비자집단이 가격수준을 낮게 인식하는 소비자집단보다 높을 것이다.

논거: 소비자는 품질을 판단할 때 주변의 이용 가능한 단서에 의존한다. 이 과정에서 중요한 것이 가격의 역할인데 실제가격(actual price)은 소비자가 자극으로 받아들이는 상품의 외재적 특성이다. 따라서 가격은 객관적이고 외재적인 특성과 가격의 지각과정을 통한 주관적이고 내재적 속성을 동시에 가지고 있으므로, 이는 소비자에게 중요한 의미를 지니는 것이다. 이러한 정보의 양면성은 똑같은 가격을 제시해도 어떤 소비자는 그것을 비싸게 인식하고 다른 소비자는 싸게 지각한다는 것을 의미한다. 가격지각에 따른 소비자유형을 살펴보면, 가격의 부정적 지각유형(가격을 낮게 지각하는 소비자)과 가격의 긍정적 지각유형(가격을 높게 지각하는 소비자)으로 나누어(Lichtenstein, Ridgway, Netemeyer 1993) 생각할 수 있다.

Knowledge on Cue Utilization in Product Evaluation", *Journal of Consumer Research*, Vol.15, September 1988, pp.253 – 264.

첫째, 가격수준을 낮게 지각하는 소비자는 가치 의식적, 가격 의식적, 세일 추구적, 가격통달자로 설명할 수 있는데, 여기서 가치의식이란 품질과 관련하여 지불된 가격에 대한 관심을 보이는 정도로 가치의식 정도가 높은 소비자는 구매의사결정에 있어 일정한 품질과 적당한 가격이 제시되어야 비로소 구매할 가능성이 커지게 되는 소비자, 또한 가격의식이란 소비자가 단지 저가격을 지불하는 데만 초점을 두는 정도를 의미하는 것으로 가격의식도가 높은 소비자란 품질에 대한 고려보다는 화폐 희생액인 가격에 매우 민감하여 저가지향적인 소비행태를 보이는 소비자로 설명된다. 또한 세일 추구적 소비자는 세일 형태의 구매가격에 의해 보다 호의적인 가격평가가 생겨나므로 가격 민감도가 큰 유형으로 볼 수 있으며, 또한 시장통달자란 Feick와 Price가 제시한 개념으로, 이는 시장정보 중 가격 하나만을 고려하여 다른 사람에게 저가격정보의 원천이 되고 싶은 욕구를 반영하는 것으로 따라서 개인이 여러 종류의 상점과 점포 중 최저가를 찾을 수 있는 가격이 정보 원천이며 소비자들 간의 대화를 주도하며, 시장의 가격정보에 대한 소비자의 요청에 응하는 정도로서 또한 가격민감도가 큰 유형이라 할 수 있는데 이렇게 가격에 민감한 소비자는 가격을 품질의 신호로 간주하는 정도가 낮다고 생각할 수 있다.

둘째, 가격을 높게 지각하는 유형은 긍정적인 가격-품질 스키마를 가진 소비자이며, 또한 품위 민감형 소비자로 설명할 수 있다. 여기서 긍정적인 가격-품질 스키마를 가진 소비자는 가격단서의 수준과 제품품질수준과는 정의 관계가 있다는 일반화된 믿음으로, 이러한 도식을 가진 소비자는 가격이 품질 추론에 긍정적인 역할을 하는 것으로 지각하는 소비자로, 고가격이 고품질을 나타낸다고 생각하여 추가적인 지출을 하는 소비자로 여겨지며, 또한 품위 민감형은 사회적 의미로 고가격이 다른 사람들에게 구매자에 관한 신호효과가 있다는 신분 과시적 감정에 바탕을 둔 가격단서에 의해 긍정적으로 지각하는 소비자로 생각할 수 있다. 따라서 가격 - 지각품질의 관계가 높으리라 예상할 수 있다.

4) 인구통계학적 변인에 따른 가격 - 지각된 품질의 차이

H10: 가격 - 지각된 품질관계는 소비자의 인구통계적 특성(성별, 연령, 학력, 소득수준)에 따라 유의한 차이를 보일 것이다.

소비자의 인구통계적 특성이란 연령, 성별, 가족크기, 소득수준, 직업, 교육정도, 가족생활주기, 종교, 인종, 국적 등을 말한다. 이러한 인구통계변수가 널리 이용되는 이유는 인간이 태어나서 죽을 때까지 수많은 재화와 용역을 소비하고 생산하므로 인구변수와 제품의 매출액과의 상관관계가 높고, 이러한 변수를 이용하면 타 변수에 비해 소비자의 차이를 쉽게, 인식 측정할 수 있기 때문이다.[69] 따라서 가격 - 지각된 품질관계도 소비자의 인구통계적 특성에 따라 유의한 차이를 보일 것이라는 예상을 하게 된다. 본 가설에서는 성별, 연령, 학력, 소득수준에 따른 특성을 살펴보고자 한다.

3. 변수의 측정 및 연구방법

1) 변수의 측정방법

본 연구의 실증분석에 기초가 되는 변수들의 실제적 측정을 위해서 다음과 같은 측정방법을 이용한다.

---

69) 임종원, 『현대마케팅 관리론』, 무역경영사, 1987, p.164.

첫째, 소비자의 품질지각의 측정은 소비자가 품질을 평가하는 기준으로서 가격에 어느 정도 의존하고 있는가에 관한 것으로 "가격이 높을수록 품질이 높다."라는 문장에 대한 의견에 동의척도를 7점 척도를 이용하여 측정하였다.

(1점＝전혀 아니다, 4점＝보통이다, 7점＝정말 그렇다)

둘째, 가격－품질 스키마는 Lichtenstein, Ridgway & Netemeyer(1993)가 사용한 방법을 수정하여 측정하였다. 4가지 항목은 다음과 같다.

① "대체로 상품의 가격은 품질에 비례한다."

② "싼 게 비지떡, 물건 모르면 돈 많이 주라"는 옛말은 맞는 말이다.

③ "최상의 품질을 위해선 항상 가격을 더 지불한다."

④ "가격은 품질의 좋은 지표가 되고 있다."

셋째, 각 제품군에 대한 소비자의 전반적인 품질평가 정도는 "아래 각 제품군의 경우, 전반적인 품질이 어느 정도라 생각하십니까?"에 대한 동의정도를(1점＝매우 나쁘다, 4점＝보통이다, 7점＝매우 좋다)로 측정하였으며,

넷째, 소비자의 품질편차 인식정도는 "대체로 각 제품군 내의 품질차이가 어느 정도라 생각하십니까?"의 동의정도를 7점 척도(1점＝거의 없다, 4점＝보통이다, 7점＝매우 크다)로 측정하였고,

다섯째, 소비자의 가격수준의 인식정도는 "귀하가 느끼시기에 각 제품의 가격수준이 어느 정도라 생각하십니까?"의 동의정도를 7점 척도(1점＝매우 낮다, 4점＝보통이다, 7점＝매우 높다)로 측정하였다.

2) 제품의 선정

이 연구는 소비자들이 실제시장에서 가격이 어느 정도 품질과 관련된다고 지각하는지를 살펴보고, 또한 제품유형과 소비자특성의 차이가

가격과 지각된 품질관계에 영향을 미치는지를 살펴보고자 한다. 수많은 제품들이 실제시장에서 판매되고 있으나, 시간상, 지면상의 제약으로 이들 제품 모두를 연구대상으로 삼을 수는 없기 때문에 제품의 선정이 매우 중요하다 할 것이다. 그러므로 본 연구에서는 실험대상제품을 다음의 기준에 의해 24개 제품군으로 선정하였다.

이 기준으로는,

① 제품유형별 비교가 용이한 제품군으로 선정하였고

② 제품유형에 따른 가격수준의 차이를 고려하였고

③ 선정된 실험대상이 일반소비자들이므로 이에 적합한 제품들, 즉 비교적 자주 구매하거나 널리 알려진, 그리고 품질평가가 비교적 용이한 제품군을 선정기준으로 삼았다.

3) 실험대상의 선정

본 연구의 선정대상은 아파트에 거주하는 서울, 경기지역의 20세 이상 60세 이하의 남녀 300명으로 구성되었다. 본 연구에서 남녀 모두를 표본대상으로 선정한 이유는 활용된 제품군이 주로 가전제품이나 가정용품이긴 하지만, 이들의 실질적인 구매자나 구매의사결정에 남성의 참여가 크게 확대되는 추세에 근거한 것이다. 표본추출방법은 비확률표본추출방법 중에서 편의표본추출방법을 이용하였다.

4. 통계분석기법

본 연구에서 이용한 설문지의 내용은 제품군에 대한 소비자의 ① 가격－품질 지각정도와 ② 전반적 품질 인식정도 ③ 품질편차 인식정도 ④ 가격수준 인식정도 ⑤ 가격－품질스키마의 유무 ⑥ 인구통계학적 특성으로 분류할 수 있다.

①, ②, ③, ④, ⑤의 경우는 7점 척도로, ⑥의 경우는 명목척도를 이용하였다.

본 연구에서 이용된 통계기법은 다음과 같다.

1) 응답자의 일반적 특성을 알아보기 위해 빈도분석을 하고

2) 가설검증을 위한 기법으로는 T-Test, Anova분석의 통계적 기법을 이용하였다.

이상의 통계분석은 SPSS 7.0을 통해 분석하였다.

제3절 연구결과

1. 일반적 분석결과

24개 제품군에 대한 가격-지각된 품질의 관계는 다음 〈표 4-1〉과 같다.

〈표 4-1〉에서 보듯이 전반적으로 각 제품군에 따른 가격-지각품질의 평균의 차이가 매우 적게 나타나고 있다.

〈표 4-1〉 24개 제품군의 가격-지각적 품질

제 품 군	제품유형				평 균	표준편차
1) 컴퓨터용 모니터	D	E	HI	HP	3.86	(1.33)
2) 전기주전자	D	E	LI	LP	3.52	(1.28)
3) 여행용 가방	D	S	HI	HP	3.53	(1.58)
4) 알칼리건전지	ND	E	LI	LP	3.62	(1.57)
5) 전지분유	ND	E	HI	LP	3.79	(1.38)
6) 주방용 세제	ND	E	LI	LP	3.45	(1.56)
7) 오리털이불	D	S	HI	HP	4.00	(1.49)
8) 압력솥	D	E	HI	HP	4.12	(1.54)
9) 등산화	D	S	HI	LP	3.83	(1.75)
10) 전기보온밥솥	D	E	LI	HP	4.00	(1.55)
11) 전기다리미	D	E	LI	LP	3.85	(1.50)
12) 고탄력팬티스타킹	ND	E	LI	LP	3.56	(1.86)
13) 주택용 보통침대(1인용)	D	E	HI	HP	3.85	(1.52)
14) 형광등	ND	E	LI	LP	3.55	(1.59)
15) 비디오폰	D	E	LI	HP	3.84	(1.41)
16) 가스난로	D	E	HI	HP	3.87	(1.41)
17) 통조림햄	ND	E	LI	LP	3.59	(1.36)
18) 농후발효유	ND	E	LI	LP	3.65	(1.41)
19) 화장비누	ND	E	HI	LP	3.83	(1.47)
20) 식품포장용 랩	ND	E	LI	LP	3.40	(1.38)
21) 25인치 컬러TV	D	E	HI	HP	3.99	(1.64)
22) 치약	ND	E	LI	LP	3.62	(1.48)
23) 여성용 내의	ND	S	LI	LP	3.58	(1.73)
24) 섬유유연제	ND	E	LI	LP	3.66	(1.34)

* D, ND: 내구재, 비내구재
* E, S: 경험재, 탐색재
* LI, HI: 고관여, 저관여
* LP, HP: 저가격, 고가격

2. 연구가설의 검증

(1) 일반적 가격 – 지각적 품질의 관계

H1: 가격과 지각된 품질은 정의 관계에 있다.

본 가설을 위해 아파트에 거주하는 서울, 경기지역의 남녀 300명을 대상으로 가격 – 지각품질관계를 "가격이 높을수록 품질이 높다"는 의견에 대한 동의점수의 평균값으로 이 가설을 설명하고자 하였다. 따라서 24개 제품군에 대한 300명 각 소비자의 가격 – 품질관계의 평균값을 구하였다. 7점 척도로 질문을 하였으므로, 가격 – 품질관계의 평균이 4 이상이면 가격이 품질을 반영하는 것으로, 4 미만이면 가격이 품질을 반영하지 않는 것으로 간주하였다. 결과분석을 위해 One Sample T – Test로 분석을 행하였다. 이에 대한 결과로 가격 – 지각된 품질의 평균은 3.73, 표준편차 .7749($t = -5.99$ P $<$ .001)로 나타났다. 즉 가격 – 지각된 품질은 4점보다 통계적으로 유의하게 적었다. 다시 말하자면 가격이 품질을 반영하지 못하는 것으로 나타나, 본 가설은 기각되었다. 이러한 결과는 소비자들은 대체로 가격만이 품질의 척도는 아니라고 지각하고 있는 것으로 나타났는데 이는 소비자들이 가격 이외의 다른 평가요소도 이용하여 품질을 판단하고 있다고 생각할 수 있다. 또한 기존의 연구에서 보았듯이 가격과 지각된 품질의 관계는 일반적이지도 확고하지 못하며 다양한 양상으로 나타나고 있다는 연구결과와 마찬가지로, 가격 – 지각된 품질 관계에 영향을 미칠 수 있는 상황적 측면에 대한 고려가 없었기 때문으로 생각된다.

(2) 제품유형별 가격 – 지각된 품질

① 제품유형별 가격 – 지각된 품질의 관계 분석결과

제품유형별 가격 – 지각된 품질의 관계를 분석한 결과는 〈표 4 – 2〉
와 같다.

〈표 4 – 2〉 제품유형별 가격 – 지각적 품질의 차이

제품유형	평균가격	평균	표준편차	t	p
내구재	190,100	3.83	(.86)	5.10*	.000
비내구재	3,950	3.61	(.85)		
경험재	107,600	3.73	(.76)	.21	.836
탐색재	90,500	3.72	(1.12)		
고관여	206,300	3.84	(.97)	3.43*	.001
저관여	34,700	3.70	(.78)		
고가격	281,500	3.87	(.92)	5.36*	.000
저가격	16,400	3.66	(.79)		

* p < .05

H2: 가격 – 지각된 품질의 관계는 비내구재보다 내구재가 더욱 높을
것이다.

본 가설의 검증을 위해 Paired T – Test를 수행하였다. 결과는 〈표
4 – 2〉와 같다.

〈표 4 – 2〉에서 보듯이 가격 – 지각된 품질평균은 내구재 3.83, 비내
구재 3.61이며 p < .05 수준에서 통계적으로 유의한 차이를 보였다. 즉
내구재의 경우, 비내구재보다 품질의 지시자로 가격을 이용할 가능성
이 더욱 크다는 것을 보여 준다. 따라서 본 가설은 지지되었다. 위 결

과는 품질지각에 가격을 대리지표(surrogate indicator)로 삼으려는 경향은 비내구재에 비해 내구재의 경우가 더 크다. 이러한 결과는 Lichtenstein & Burton의 주장과 같이[70] 소비자의 사전지식이나 품질평가 능력측면과 관련하여 설명할 수 있다. 즉 내구재의 경우에는 구매빈도가 비내구재에 비해 훨씬 적기 때문에, 내구재의 가격이 비내구재보다 높고, 내구재가 소비자의 평가가 매우 어려운 복잡한 제품이므로, 소비자의 제품 사용 경험이나 품질평가능력이 상대적으로 부족하고 지각된 위험도 높아지게 된다. 따라서 내구재의 경우 품질평가에 가격과 같은 외재적 단서를 주로 이용하게 되고 결과적으로 제품품질의 평가에 상대적으로 가격의 의존도가 높아진다고 설명할 수 있다.

H3: 가격 - 지각된 품질관계는 경험재보다 탐색재가 더욱 높을 것이다.

본 가설 검증을 위해 Paired T-Test를 수행한 결과는 〈표 4-2〉와 같다.

〈표 4-2〉에서 보듯이 가격 - 지각된 품질평균이 경험재(3.73), 탐색재(3.72)로, p < .05 수준에서 통계적으로도 유의한 차이를 보이지 않았다. 즉 소비자의 가격 - 지각된 품질관계는 경험재와 탐색재 간에 차이가 없는 것으로 나타났다. Nelson(1970)은 제품군을 탐색재(search good)와 경험재(experience good)로 구분하여 설명하기를 탐색재는 (마룻바닥장식재, 정원용품, 카메라, 가구 등) 제품의 가격, 스타일, 품질 등의 주요특성들을 구매하는 즉시 파악할 수 있으나, 경험재(자동차, 타자기, 자전거, 악기)는 구매하여 소비를 해 본 후에야 그 주요특성을 파악할 수 있으며 탐색재에 비해 비교적 구매빈도가 높은 제품

---

70) D. R. Lichtenstein & S. Burton, op. cit., 1989.

이라 할 수 있다. 따라서 구매빈도가 높은 제품은 내부정보탐색을 통해 소비자가 품질을 정확히 판단할 기회가 많아지게 됨으로써 품질판단 시 가격의존도가 낮아질 수 있으며, 또한 탐색재의 경우는 가격, 색상, 스타일 등의 주관적인 요소로 품질을 평가함으로써, 가격에 의지하여 품질을 판단하려는 정도가 높다고 하였지만 본 연구에서는 유의한 차이를 보이지 않았다. 이는 경험재로 분류된 제품군 중에는 탐색재로 분류된 제품군보다 가격이 높은 제품군이 많으므로, 품질지각요소로서의 가격의 영향력이 높아졌기 때문으로 생각된다.

H4: 가격 – 지각된 품질관계는 고관여제품군이 저관여제품군보다 높을 것이다.

본 가설을 검증하기 위해 Paired T – Test를 수행한 결과는 〈표 4 – 2〉와 같다.

〈표 4 – 2〉에서 보듯이 가격 – 지각된 품질평균이 고관여(3.84), 저관여(3.70)로, $p < .05$ 수준에서 통계적으로 유의한 차이를 보였다. 즉 고관여제품군의 가격 – 지각된 품질평균이 저관여제품군보다 높았다.

이는 제3장의 가설에서도 살펴보았듯이 고관여제품군은 비교적 개인적 관련성이 높은 제품으로 가격이 높고 지각된 위험이 큰 제품군이므로, 소비자는 위험을 회피하기 위해 새롭거나 사용경험이 없는 제품보다는 그들이 이미 만족을 느끼고 있는 상표를 계속해서 구매하게 되는 경향이 있다.

그런데 상표는 가격, 광고, 포장과 같은 가격 – 품질 관계의 외재적 평가요소로 상표는 그 자체로서 제품을 차별화하여 비가격경쟁을 가능하게 하기 때문에 가격변동의 여지를 감소시켜 가격안정기능을 수행하게 된다. 따라서 가격 – 지각된 품질관계가 고관여제품군이 저관여

제품군보다 높게 나타난 것으로 보인다.

H5: 가격-지각된 품질의 관계는 고가격제품군이 저가격제품군보다 높을 것이다.

본 가설을 검증하기 위해 Paired T-Test를 수행한 결과는 〈표 4-2〉와 같다.

〈표 4-2〉에서 보듯이 가격-지각된 품질평균은 고가격제품군이 (3.87), 저가격제품군이 (3.66)으로, p<.05 수준에서 통계적으로 유의한 차이를 보였다. 즉 고가격제품군이 저가격제품군보다 가격과 품질의 관련성이 높게 나타났다. 이 결과는 고가격제품군은 구매빈도가 낮아 소비자의 제품사용경험이나 평가능력이 상대적으로 부족하고, 경제적 위험도 큰 제품군이므로 이를 회피하기 위해 유명상표나 가격을 품질의 지표로 의존하게 되기 때문이다. 이러한 결과는 내구재와 고관여재의 경우와 유사하다 할 수 있다.

② 24개 제품군 간의 가격-지각된 품질의 상호 비교

24개 제품군 각각에 대한 가격-지각된 품질의 상호 비교를 위해 T-Test 분석을 수행한 결과는 〈표 4-3〉, 〈표 4-4〉와 같다.(부록 참조)

〈표 4-3〉, 〈표 4-4〉에서는 24개 제품군 각각에 대한 가격-지각된 품질에 유의한 차이가 있는지를 상호 비교해 보았다. 분석결과 유의한 결과는 얻지 못하였다. 그리고 각각의 제품군은 전반적으로 제품유형에 따른 유의한 차이를 보이지 않았다. 그러나 내구재의 특징을 지닌 오리털이불, 압력솥, 전기보온밥솥, 25인치 컬러TV가 비내구재, 저가격, 경험재의 특성을 지닌 제품군인 주방용 세제, 농후발효유, 통조림

햄, 섬유유연제 등과 유의한 차이를 보이므로, 이러한 제품군은 제품 유형에 다소 영향을 받는 것으로 나타났다. 비내구재에 속하는 알칼리 건전지, 주방용 세제, 형광등, 통조림 햄, 농후발효유, 치약, 여성용 내의, 섬유유연제도 내구재, 고가격재, 고관여재에 속하는 오리털이불, 압력솥, 전기보온밥솥, TV 제품군들과 유의한 차이를 보여 이들의 가격-지각된 품질의 관계도 제품유형에 다소 영향을 받는 것으로 나타났다. 그러나 일반적으로 내구재로 분류되는 전기주전자가 비내구재의 특성을 지닌 알칼리성 건전지, 주방용 세제, 섬유유연제와 유의한 차이가 없는 것으로 나타났고 화장비누가 내구재와 유의한 차이를 보이지 않는 것은, 전기주전자가 내구재로 분류될 수는 있으나, 품질의 평가가 비교적 용이한, 저가격제품군이므로 비내구재와 유의한 차이를 보이지 않은 것으로 생각되며, 화장비누는 소비자에게 고가격 이미지를 제공하는 고관여제품군이기 때문이라고 생각된다.

이와 같이 가격과 지각된 품질의 관계를 각각의 제품군 간 상호 비교를 통해 살펴본 결과, 제품유형별 가격-지각된 품질과는 다소 다른 형태를 보여 주는데, 이는 각 제품군이 여러 제품유형의 특징을 동시에 지니고 있기 때문이라 생각된다.

<표 4-3> 24개 제품군별 가격-지각된 품질의 차이 성별비교결과

	모니터	전기주전	여행가방	건전지	분유	주방세제	오리이불	압력솥	등산화	전기밥솥	전기다리	스타킹
전기주전	3.74***											
여행가방	3.01***	-0.10										
건전지	2.17**	-0.95	-0.76									
분유	0.72	-2.71**	-2.55**	-1.71								
주방세제	3.70***	0.70	0.69	1.51	3.49***							
오리이불	-1.31*	-4.47***	-4.48***	-3.22***	-1.99*	-4.77***						
압력솥	-2.67***	-5.69***	-5.25***	-4.39***	-3.26***	-5.80***	-1.32					
등산화	0.27	-2.71**	-2.62**	-1.56	-0.31	-2.83***	1.56	2.78***				
전기밥솥	-1.36	-4.73***	-4.28***	-3.18***	-1.98*	-4.48***	0.00	1.26	-1.71			
전기다리	0.09	-3.21***	-2.66**	-2.07*	-0.51	-3.52***	1.42	2.65**	-0.16	1.52		
스타킹	2.54**	-0.28	-0.21	0.49	1.94*	-0.77	3.56***	4.76***	2.23**	4.22***	2.33*	
침대	0.03	-3.00***	-2.95***	-2.03*	-0.63	-3.41***	1.46	2.67**	-0.24	1.46	-0.06	-2.59**
형광등	2.84***	-0.22	-0.12	0.63	2.26*	-0.78	3.98***	5.11***	2.70**	4.19***	2.47**	0.09
비디오포	0.21	-3.16***	-2.75***	-1.92	-0.47	-3.42***	1.61	2.81**	-0.10	1.75	0.09	-2.49**
가스난로	-0.14	-3.44***	-3.19***	-2.19*	-0.81	-3.61***	1.35	2.52***	-0.43	1.35	-0.21	-2.84***
통조림햄	2.74***	-0.69	-0.53	0.26	1.91	-1.31	4.05***	4.88***	1.95*	3.71***	2.30*	-0.29
농후발효	1.97*	-1.31	-1.04	-0.32	1.34	-1.93*	3.36***	4.48***	1.44	3.20***	1.69	-0.75
화장비누	0.22	-3.05***	-2.51**	-1.97*	-0.42	-3.63***	1.51	2.58**	-0.05	1.47	0.12	-2.23*
식품랩	4.40***	1.23	1.18	2.18*	3.84***	0.54	5.85***	6.46***	3.38***	5.18***	4.14***	1.18
25TV	-1.23	-4.12***	-4.11***	-3.06***	-1.89	-4.01***	0.06	1.22	-1.49	0.07	-1.20	-3.90***
지약	2.17*	-1.01	-0.76	0.00	1.54	-1.56	3.50***	4.36***	1.71	3.15***	1.97*	-0.47
여성내의	2.43*	-0.46	-0.43	0.33	1.87	-0.90	3.87***	4.79***	2.27*	3.97***	2.22*	-0.20
섬유유연	2.03*	-1.55	-1.26	-0.43	1.27	-2.18*	3.21***	4.42***	1.49	3.13***	1.69	-0.93

df=299 p<.05 ** p<.01 *** p<.001

<표 4-4> 24개 제품군별 가격-지각된 품질의 차이 쌍별비교 결과

	침대	형광등	비디오포	가스난로	통조림햄	농후발효	화장비누	식품렙	25TV	치약	여성내의
형광등	2.97***										
비디오포	0.18	-3.07***									
가스난로	-0.17	-3.22***	-0.41								
통조림햄	2.38*	-0.43	2.34*	2.91***							
농후발효	1.87	-0.99	1.84	2.21*	-0.79						
화장비누	0.19	-2.52**	0.03	0.35	-2.60**	-2.07*					
식품렙	4.12***	1.25	4.01***	4.57***	2.14*	2.81**	4.60***				
25TV	-1.41	-4.07***	-1.51	-1.21	-3.64***	-3.08***	-1.44	-5.17***			
치약	2.06*	-0.68	1.98*	2.40*	-0.28	0.38	2.30*	-2.40*	3.24***		
여성내의	2.72**	-0.28	2.52**	2.81**	0.14	0.66	2.11*	-1.43	4.04***	0.36	
섬유유연	1.89	-1.16	1.80	2.24*	-0.79	-0.11	1.86	-2.99***	3.00***	-0.46	-0.87

df=299. * $p < .05$ ** $p < .01$ *** $p < .001$

(3) 소비자특성에 따른 가격 - 지각된 품질관계

첫째, 스키마, 품질편차 인식정도, 품질 평가정도, 가격수준 인지정도를 분류기준으로 하여 각각의 평균과 표준편차를 구한 후, 평균 ±0.5SD를 기준으로 소비자들을 상·중·하 집단으로 구분하였다. 각각의 분류 기준은 〈표 4-5〉와 같다.

〈표 4-5〉 소비자집단의 분류기준

문 항	평균	표준편차 (0.5SD)	상 (사례수, %)	중 (사례수, %)	하 (사례수, %)
스키마	4.23	1.09(0.55)	4.78 (98, 32.6%)	4.78~3.68 (121, 40.2%)	3.68 (82, 27.2%)
품질편차인식	3.63	0.92(0.46)	4.09 (95, 31.6%)	4.09~3.17 (115, 38.2%)	3.17 (91, 30.2%)
품질평가정도	4.28	0.66(0.33)	4.61 (93, 30.9%)	4.61~3.95 (121, 40.2%)	3.95 (87, 28.9%)
가격수준인지	4.33	0.66(0.33)	4.66 (98, 32.6%)	4.66~4.00 (113, 37.5%)	4.00 (90, 29.9%)

둘째, 스키마, 품질편차 인식정도, 품질 평가정도, 가격수준 인지정도에 따른 전체 제품군에 대한 소비자집단의 가격 - 지각된 품질관계를 살펴보기 위해 4원 변량분석을 수행하였다. 결과는 〈표 4-6〉과 같다.

〈표 4-6〉 스키마, 품질편차 인식정도, 품질평가 정도, 가격수준 인지에 따른 전 제품에 대한 가격-지각된 품질의 4원변량분석 결과

변 량 원	분 산	자유도	평균분산	F값	유의도
스키마집단(A)	5.56	2	2.78	5.24**	.01
품질편차인식정도집단(B)	7.23	2	3.62	6.83***	.00
품질평가정도집단(C)	0.32	2	0.16	0.31	.74
가격수준인지집단(D)	1.58	2	0.79	1.49	.23
A×B	0.18	4	0.05	0.09	.99
A×C	2.94	4	0.74	1.39	.24
A×D	2.73	4	0.68	1.29	.28
B×C	2.91	4	0.73	1.37	.24
B×D	1.10	4	0.27	0.52	.72
C×D	0.75	4	0.19	0.35	.84
A×B×C	3.80	8	0.48	0.90	.52
A×B×D	3.32	8	0.41	0.78	.62
A×C×D	5.12	8	0.64	1.21	.30
B×C×D	1.43	8	0.18	0.34	.95
A×B×C×D	5.16	14	0.37	0.70	.78
오 차	117.07	221	0.53		
전 체	179.52	229			

** $p < .01$ *** $p < .001$

전체 제품에 대한 4원변량분석 결과, 스키마집단에 따른 주 효과와 (F: 2,221 =5.24, p < .01), 품질편차인식정도에 따른 주 효과가 유의하게 나타났으며(F: 2,221 =6.83, p < .001), 2원 상호작용, 3원 상호작용, 4원 상호작용은 유의하지 않았다. 즉 위의 4가지 기준에 의해 분류된 소비자집단의 가격-지각된 품질 값은 다른 각각의 분류기준에 의해 영향을 받지 않는다는 것을 보여 주고 있다.

셋째, 스키마, 품질편차 인식정도, 품질 평가정도, 가격수준 인지정도에 따른 제품유형별 소비자집단의 가격-지각된 품질관계를 살펴보기

위해 4원 변량분석을 수행하였다. 결과는 〈표 4-7〉, 〈표 4-8〉와 같다.

〈표 4-7〉 제품유형에 따른 가격-지각적 품질의 4원변량분석

제품유형	경험재		탐색재		비내구재		내구재	
변량원	F값	Sig	F값	Sig	F값	Sig	F값	Sig
스키마집단(A)	5.26**	.01	3.11*	.05	4.03*	.02	4.32**	.01
품질편차인식집단(B)	4.66**	.01	7.94***	.00	5.25**	.01	5.70***	.00
품질평가집단(C)	0.46	.63	0.14	.87	0.69	.50	0.11	.90
가격수준인지집단(D)	1.63	.20	1.65	.19	0.99	.37	1.36	.26
A×B	0.42	.79	1.18	.32	0.84	.50	0.40	.81
A×C	1.22	.30	2.07	.09	1.12	.35	1.16	.33
A×D	1.64	.17	0.52	.72	1.62	.17	0.71	.59
B×C	1.19	.32	1.39	.24	0.78	.54	1.68	.16
B×D	0.76	.55	0.21	.93	0.71	.58	0.33	.86
C×D	0.48	.75	0.15	.96	0.15	.96	0.44	.78
A×B×C	0.65	.74	1.18	0.8	0.51	.85	1.22	.29
A×B×D	0.90	.52	0.68	.71	1.18	.31	0.40	.92
A×C×D	1.32	.24	0.85	.56	0.99	.44	1.24	.28
B×C×D	0.53	.83	0.24	.98	0.46	.88	0.33	.95
A×B×C×D	0.72	.75	0.93	.52	1.03	.42	0.83	.64

* $p < .05$　** $p < .01$　*** $p < .001$

제품을 유형별로 분류하여 4원변량분석을 실시한 결과도, 전체 제품군의 경우와 마찬가지로 주 효과만 유의하였다. 내구재, 비내구재, 경험재, 탐색재, 저관여재, 고가격재, 저가격재 모두 스키마집단, 품질편차집단에 의한 주 효과가 유의하였고, 고관여재의 경우는 스키마집단, 품질편차 인식집단, 가격인지 수준집단에 의한 주 효과만 유의하게 나타났으나, 이들 제품유형별 가격-지각된 품질관계도 2원 상호작용, 3원 상호작용, 4원 상호작용은 유의하지 않았다.

제품유형	고관여		저관여		고가격		저가격	
변량원	F값	Sig	F값	Sig	F값	Sig	F값	Sig
스키마집단(A)	3.48*	.03	5.35**	.01	3.77*	.02	4.96**	.01
품질편차인식집단(B)	4.21*	.02	6.96***	.00	5.63***	.00	6.06***	.00
품질평가집단(C)	0.12	.88	0.46	.63	0.23	.80	0.45	.64
가격수준인지집단(D)	3.38*	.04	0.98	.38	2.00	.14	1.02	.36
A×B	0.36	.83	0.17	.95	0.54	.70	0.25	.91
A×C	1.26	.29	1.29	.28	0.87	.48	1.57	.18
A×D	1.90	.11	1.15	.34	0.88	.47	1.35	.25
B×C	1.25	.29	1.25	.29	1.37	.25	1.08	.37
B×D	0.54	.71	0.46	.77	0.23	.92	0.65	.62
C×D	0.44	.78	0.48	.75	0.31	.87	0.32	.86
A×B×C	1.34	.23	0.85	.56	1.15	.33	0.73	.66
A×B×D	0.68	.71	0.81	.59	0.79	.61	0.84	.57
A×C×D	0.77	.63	1.29	.25	0.95	.48	1.21	.29
B×C×D	0.93	.50	0.37	.94	0.33	.95	0.49	.86
A×B×C×D	0.68	.79	0.95	.51	0.89	.57	0.84	.63

* $p < .05$ ** $p < .01$ *** $p < .001$

넷째, 각 분류기준에 따른 소비자집단 간의 가격-지각된 품질에 차이가 있는지를 알아보기 위하여 일원변량분석하였다. 그 결과는 아래의 〈표 4-9〉, 〈표 4-11〉, 〈표 4-13〉, 〈표 4-15〉와 같고, 또한 각 분류기준에 따른 24개 제품군 각각에 대한 소비자집단별 가격-지각된 품질에 유의한 차이가 있는지를 알아보기 위해서 일원변량분석을 하였다. 그 결과는 〈표 4-10〉, 〈표 4-12〉, 〈표 4-14〉, 〈표 4-16〉과 같다.

H6: 가격-지각된 품질의 관계는 스키마가 높은 집단이 스키마가 낮은 집단보다 높을 것이다.

항 목	저집단 (N=82)	중집단 (N=120)	고집단 (N=98)	F
가격 - 지각품질 전체	3.43(.72)[a]	3.75(.73)[b]	3.96(.80)[b]	11.26*
내구재	3.52(.82)[a]	3.89(.83)[b]	4.02(.88)[b]	8.24*
비내구재	3.32(.77)[a]	3.59(.82)[a]	3.89(.87)[b]	10.68*
경험재	3.48(.71)[a]	3.72(.72)[ab]	3.96(.78)[b]	9.63*
탐색재	3.28(1.02)[a]	3.83(1.07)[b]	3.96(1.15)[b]	9.65*
고관여	3.49(.90)[a]	3.95(.92)[b]	4.00(1.02)[b]	7.68*
저관여	3.41(.73)[a]	3.70(.73)[b]	3.95(.81)[b]	11.28*
고가격	3.56(.92)[a]	3.92(.86)[b]	4.06(.95)[b]	7.12*
저가격	3.37(.71)[a]	3.67(.74)[b]	3.91(.82)[b]	11.56*

(단 a, b, c는 분류 기호임) * $p < .05$

〈표 4-9〉에서 볼 수 있듯이 총 300명의 소비자들 중 스키마의 평균이 가장 낮은 82명의 소비자집단(저집단)의 가격 - 지각된 품질평균이 3.43, 스키마 평균이 중간인 120명의 소비자집단(중집단)의 가격 - 지각된 품질평균이 3.75, 98명의 가장 높은 스키마 평균을 보이는 소비자집단(고집단)의 가격 - 지각된 품질평균이 3.96으로 나타났으며, $p < .05$ 수준에서 통계적으로 유의한 차이를 보여 본 가설은 지지되었다. 이러한 결과는 스키마 평균이 높은 집단일수록 가격 - 지각된 품질평균이 높다는 것을 보여 주고 있어, 긍정적 스키마를 가진 소비자들일수록 제품의 품질을 추론할 때 가격수준과 품질수준이 긍정적으로 연관되어 있다는 믿음을 가지고 가격단서를 품질추론의 절대적 지표로 사용하고 있다는 것을 보여 주고 있다.

그리고 이러한 차이가 어떤 집단의 차이에 의한 것인가를 알아보기 위해 Tukey의 HSD사후검증절차를 적용해 본 결과 저집단과 중집단,

저집단과 고집단 간에 차이를 보였으나, 중집단과 고집단은 차이를 보이지 않았다. 또한 위의 세 집단에 따른 제품유형별 가격-지각된 품질의 차이도 전체 결과와 동일한 형태로 모두 통계적으로 유의한 차이를 보였다. 이러한 결과는 소비자들이 스키마에 의해 가격과 품질의 관계를 다르게 지각하는 이질적 집단으로 분류될 수 있으며, 또한 이 관계는 제품의 유형에 영향을 받지 않는다고 할 것이다.

또한 24개 제품군 각각에 대한 스키마집단의 가격-지각된 품질의 관계를 살펴보았는데, 〈표 4-10〉에서 보듯이 전반적으로 각 제품군의 가격과 지각된 품질의 값은 스키마가 높은 집단일수록 높아 전체 제품군의 경우와 동일하였으며, 이들 중 가격과 지각된 품질에 유의한 차이를 보이는 제품군은 오리털이불, 압력솥, 등산화, 주택용 보통침대, 형광등, 비디오폰, 통조림 햄, 농후발효유, 화장비누, 25컬러TV, 치약, 여성용 내의 등 13개 제품군이었다. 이들 중 비내구재의 특징을 지닌 통조림햄, 농후발효유는 저·중집단과 고집단 간에 유의한 차이를 보였고, 내구재의 특징을 지닌 오리털이불, 압력솥, 등산화, 주택용 보통침대는 저집단과 중·고집단 간에 유의한 차이를 보였으며, 형광등, 화장비누, 25컬러TV, 치약, 섬유유연제는 고집단과 저집단 간에 유의한 차이를 보였다. 이러한 결과는 전체 제품군에 대한 결과와 유사한 형태를 보여 주고 있다.

<表 4-10> 각 제품군의 스키마집단에 따른 가격-지각된 품질

항 목	저집단 (N=82)		중집단 (N=120)		고집단 (N=98)		F
	평균	표준편차	평균	표준편차	평균	표준편차	
컴퓨터용 모니터	3.63	(1.25)	4.00	(1.35)	3.87	(1.35)	1.86
전기주전자	3.39	(1.29)	3.48	(1.21)	3.69	(1.36)	1.39
여행용 가방	3.23	(1.67)	3.63	(1.44)	3.66	(1.64)	2.09
알칼리건전지(LR06)	3.40	(1.73)	3.52	(1.43)	3.93	(1.55)	2.99
전지분유(1000g)	3.61	(1.33)	3.84	(1.26)	3.88	(1.53)	.99
주방용 세제	3.29	(1.59)	3.49	(1.52)	3.54	(1.58)	.63
오리털이불(1200~600g)	3.59^a	(1.51)	4.13^b	(1.31)	4.19^b	(1.62)	4.53*
압력솥(3~6ℓ)	3.73^a	(1.50)	4.27^b	(1.46)	4.28^b	(1.63)	3.71*
등산화	3.20^a	(1.61)	3.98^b	(1.67)	4.17^b	(1.82)	8.10***
전기보온밥솥(1.8L)	3.79	(1.64)	4.03	(1.43)	4.13	(1.60)	1.13
전기다리미	3.88	(1.55)	3.88	(1.47)	3.79	(1.51)	.12
고탄력팬티스타킹	3.21	(1.96)	3.64	(1.90)	3.74	(1.69)	2.09
주택용 보통침대(1인용)	3.43^a	(1.44)	3.94^b	(1.49)	4.10^b	(1.57)	4.85**
형광등	3.12^a	(1.52)	3.54^{ab}	(1.56)	3.91^b	(1.62)	5.61**
비디오폰	3.48^a	(1.56)	3.87^{ab}	(1.29)	4.10^b	(1.38)	4.54*
가스난로	3.68	(1.40)	3.88	(1.30)	4.01	(1.53)	1.22
통조림햄(런천미트 350g)	3.26^a	(1.32)	3.48^a	(1.25)	4.02^b	(1.42)	8.19***
농후발효유(100g)	3.29^a	(1.21)	3.57^a	(1.31)	4.06^b	(1.60)	7.26***
화장비누	3.49^a	(1.43)	3.83^{ab}	(1.42)	4.13^b	(1.51)	4.14*
식품포장용 랩(30cm×20cm)	3.33	(1.38)	3.23	(1.17)	3.67	(1.56)	2.96
25인치 컬러TV	3.66^a	(1.74)	3.89^{ab}	(1.55)	4.40^b	(1.59)	5.07**
치약	3.27^a	(1.54)	3.54^{ab}	(1.33)	4.01^b	(1.53)	6.09**
여성용 내의	3.06^a	(1.72)	3.68^b	(1.70)	3.88^b	(1.71)	5.50**
섬유유연제	3.33^a	(1.32)	3.69^{ab}	(1.22)	3.91^b	(1.43)	4.34**

(단 a, b, c는 분류 기호임) * $p<.05$ ** $p<.01$ *** $p<.001$

H7: 가격-지각된 품질의 관계는 품질편차 인식정도가 높은 집단이 품질편차인식정도가 낮은 집단보다 높을 것이다.

〈표 4-11〉 품질편차 인식정도 집단에 따른 가격-지각된 품질의 차이

항 목	저집단 (N=91)	중집단 (N=115)	고집단 (N=94)	F
가격-지각품질 전체	3.39(.78)[a]	3.71(.59)[b]	4.09(.81)[c]	21.83*
내구재	3.48(.87)[a]	3.86(.71)[b]	4.14(.91)[c]	15.15*
비내구재	3.28(.84)[a]	3.54(.68)[a]	4.03(.88)[b]	21.19*
경험재	3.42(.78)[a]	3.70(.59)[b]	4.07(.78)[c]	19.39*
탐색재	3.28(1.06)[a]	3.74(.98)[b]	4.14(1.17)[c]	15.13*
고관여	3.47(.92)[a]	3.88(.80)[b]	4.15(1.09)[b]	12.21*
저관여	3.36(.80)[a]	3.67(.60)[b]	4.08(.81)[c]	22.10*
고가격	3.51(.93)[a]	3.90(.75)[b]	4.18(.99)[b]	13.20*
저가격	3.32(.78)[a]	3.62(.62)[b]	4.05(.82)[c]	22.63*

(단 a, b, c는 분류 기호임) * $p < .05$

　〈표 4-11〉에서 보듯이 총 300명의 소비자들 중 품질편차를 작게 인식하는 91명의 소비자집단(저집단)의 가격-지각된 품질평균값이 3.39, 품질편차를 중간정도로 인식하는 115명의 소비자집단(중집단)의 가격-지각된 품질평균값이 3.71, 품질편차를 크게 인식하는 94명의 소비자집단(고집단)의 가격-지각된 품질평균값이 4.09로 나타났으며 $p < .05$ 수준에서 유의한 차이를 보여, 본 가설은 지지되었다. 즉 가격-지각된 품질평균값이 고집단〉중집단〉저집단의 순으로 나타났는데 품질편차를 크게 인식하는 소비자집단이 품질편차를 적게 인식하는 소비자집단보다 가격-지각된 품질평균이 높은 것으로 나타나, 품질편차를 크게 인식하는 소비자들일수록 가격-지각된 품질관계가 높다는 것을 보여주고 있다. 즉 품질편차를 크게 인식하는 소비자들일수록 평소의 제품에 대한 신념이나 믿음을 가지고 구매행위를 하게 되므로, 품질판단에 외재적 정보요소인 가격이나 상표의 영향을 크게 받는다고 설명할 수 있을 것이다. 또한 제품유형별 가격-지각품질 정도는 내구재, 경험재,

탐색재, 저관여재, 저가격재의 경우 전체 제품군과 동일한 형태를 보이나, 비내구재의 경우는 저집단과 중집단 간에 차이를 보이지 않았으며, 또한 고관여재와 고가격재의 경우는 중집단과 고집단 간에 차이를 보이지 않았다. 이는 비내구재가 가격이 낮고 구매빈도가 높아 소비자의 품질판단이 용이하므로, 품질편차를 크게 인식하지 않는 소비자들(중집단, 저집단)의 가격－지각된 품질 값이 낮게 나타나며, 두 집단 간에서 유의한 차이도 보이지 않는 것으로 생각된다. 이와는 반대로 고관여, 고가격 제품군은 소비자의 가치, 자아이미지, 지각된 위험과 같은 주관적 관념이 깊이 관련되어 있는 제품군이므로, 이들 제품군에 대해서는 상표, 포장, 가격 등 외재적 정보요소가 품질판단의 주요 평가기준이 되어, 소비자들은 전반적으로 이들 제품에 대해 높은 가격－지각된 품질 관계를 보이고 있으며, 품질편차를 작게 인식하는 소비자집단(저집단)과의 가격－지각된 품질 값이 유의한 차이를 보이고 있는 것으로 생각된다. 이와 같이 품질편차 인식정도에 의한 소비자집단의 가격－지각된 품질관계는 제품유형에 따라 다소 영향을 받는 것으로 나타났다.

또한 〈표 4－12〉에서는 품질편차인식집단에 따른 24개 제품군 각각에 대한 가격－지각된 품질의 차이를 살펴보았다. 〈표 4－12〉에서 보듯 24개 제품군 중 컴퓨터용 모니터, 주방용 세제, 오리털이불, 전기다리미, 화장비누를 제외한 19개 제품군들이 가격－지각된 품질에 대해 유의한 차이를 보였으며, 대개의 경우 두 집단 간(고집단과 저집단)에서 유의한 차이를 보임으로써, 세 집단 간의 유의한 차이를 보인 전체 제품군의 분석결과와는 다소 다른 모습을 보여 준다. 또한 이 제품군들 중 집단 간에 유의한 차이를 보이지 않는 제품군으로는, 컴퓨터용 모니터를 들 수 있는데, 이 제품군은 기술적으로 복잡한 제품이므로 소비자의 전문적인 지식이 부족한 경우 품질편차인식이 용이하지 않아서, 주방용 세제, 전기다리미의 경우는 전반적으로 품질의 편차가 적은 제품군으로 인식되고 있어서 오리털이불과 화장비누는 품질의 판단이 객관적 품질의 개념이 아닌 소비자 개인의 선호경향에 의해 판단되는 제품특성을 지니고 있어 집단 간에 유의한 차이를 보이지 않는다고 생각된다.

〈표 4-12〉 각 제품군의 품질편차인식정도 집단에 따른
가격-지각된 품질의 차이

항 목	저집단 (N=91)		중집단 (N=115)		고집단 (N=94)		F
	평균	표준편차	평균	표준편차	평균	표준편차	
컴퓨터용 모니터	3.60	(1.27)	3.89	(1.26)	4.06	(1.44)	2.84
전기주전자	3.19^a	(1.17)	3.54^{ab}	(1.29)	3.83^b	(1.32)	6.00**
여행용 가방	2.89^a	(1.49)	3.60^b	(1.42)	4.07^b	(1.63)	14.41***
알칼리건전지(LR06)	3.24^a	(1.42)	3.58^{ab}	(1.58)	4.03^b	(1.61)	6.13**
전지분유(1000g)	3.37^a	(1.30)	3.92^b	(1.25)	4.03^b	(1.51)	6.37**
주방용 세제	3.21	(1.57)	3.46	(1.43)	3.68	(1.67)	2.14
오리털이불(1200~600g)	3.76	(1.44)	4.00	(1.39)	4.23	(1.63)	2.38
압력솥(3~6ℓ)	3.73^a	(1.49)	4.12^{ab}	(1.53)	4.51^b	(1.52)	6.21**
등산화	3.37^a	(1.72)	3.78^{ab}	(1.75)	4.32^b	(1.65)	7.12***
전기보온밥솥(1.8L)	3.76^a	(1.54)	3.83^{ab}	(1.46)	4.45^b	(1.56)	5.96**
전기다리미	3.56	(1.38)	4.03	(1.40)	3.90	(1.69)	2.57
고탄력팬티스타킹	2.97^a	(1.59)	3.61^b	(1.87)	4.06^b	(1.94)	8.54***
주택용 보통침대(1인용)	3.52^a	(1.48)	4.04^{ab}	(1.44)	3.95^b	(1.63)	3.35*
형광등	3.26^a	(1.57)	3.50^{ab}	(1.54)	3.87^b	(1.64)	3.50*
비디오폰	3.55^a	(1.39)	3.89^{ab}	(1.34)	4.05^b	(1.48)	3.10*
가스난로	3.38^a	(1.31)	3.90^b	(1.28)	4.31^b	(1.51)	10.64***
통조림햄(런천미트 350g)	3.34^a	(1.39)	3.54^{ab}	(1.33)	3.90^b	(1.32)	4.21*
농후발효유(100g)	3.59^a	(1.38)	3.35^a	(1.30)	4.09^b	(1.49)	7.46***
화장비누	3.68	(1.47)	3.73	(1.29)	4.11	(1.64)	2.42
식품포장용 랩(30cm×20cm)	3.15^a	(1.39)	3.40^{ab}	(1.33)	3.65^b	(1.39)	3.03*
25인치 컬러TV	3.62^a	(1.69)	4.05^{ab}	(1.62)	4.29^b	(1.56)	4.09*
치약	3.27^a	(1.36)	3.36^a	(1.31)	4.28^b	(1.59)	14.81***
여성용 내의	3.15^a	(1.55)	3.41^a	(1.60)	4.19^b	(1.90)	9.71***
섬유유연제	3.10^a	(1.27)	3.59^b	(1.12)	4.30^b	(1.38)	21.51***

(단 a, b, c는 분류 기호임) * p<.05 ** p<.01 *** p<.001

H8: 가격-지각된 품질관계는 품질평가수준을 높거나 낮게 인식하는 소비자집단이 중간정도로 인식하는 소비자집단보다 낮을 것이다.

〈표 4-13〉 품질평가수준에 따른 집단 간의 가격-지각된 품질의 차이

항 목	저집단 (N=87)	중집단 (N=120)	고집단 (N=93)	F
가격-지각품질 전체	3.59(.72)	3.74(.71)	3.86(.88)	2.94
내구재	3.69(.87)	3.84(.78)	3.96(.95)	2.24*
비내구재	3.46(.72)	3.62(.82)	3.75(.98)	2.57
경험재	3.60(.70)	3.74(.70)	3.85(.87)	2.56
탐색재	3.55(1.09)	3.71(1.03)	3.90(1.22)	2.26
고관여	3.71(.97)	3.86(.90)	3.94(1.04)	1.36
저관여	3.55(.73)^a	3.70(.71)^{ab}	3.84(.89)^b	3.13*
고가격	3.71(.91)	3.86(.84)	4.03(1.02)	2.63
저가격	3.52(.71)	3.68(.73)	3.78(.90)	2.51

(단 a, b, c는 분류 기호임) * p < .05

품질평가 인식정도에 따라 분류된 집단의 가격-지각된 품질평균은 〈표 4-13〉과 같다. 〈표 4-13〉에서 보듯이 가격-지각된 품질평균이 저집단(3.59) < 중집단(3.74) < 고집단(3.86)으로 품질을 낮게 평가한 집단이 품질을 높게 평가하는 집단보다 가격이 품질을 반영하는 정도가 낮다고 생각하는 것으로 나타났으나, p < .05 수준에서 통계적으로 유의하지 않아 본 가설은 기각되었다. 즉 품질평가수준의 차이로 소비자집단을 분류하여 이들의 가격-지각품질 정도를 살펴보는 것은 적당하지 않은 것으로 나타났다. 또한 품질평가수준에 따른 소비자집단의 제품유형별 가격-지각된 품질정도는 저관여제품군만 고집단(3.84) > 중집단(3.70) > 저집단(3.55) 순으로 나타났으며, 저집단과 고집단 간에서만 p < .05 수준에서 통계적으로 유의한 차이를 보였다.

〈표 4-14〉 각 제품군의 품질평가정도집단에 따른 가격-지각된 품질의 차이

항 목	저집단 (N=87)		중집단 (N=120)		고집단 (N=93)		F
	평균	표준편차	평균	표준편차	평균	표준편차	
컴퓨터용 모니터	3.92	(1.34)	3.75	(1.34)	3.94	(1.32)	.65
전기주전자	3.55	(1.22)	3.55	(1.22)	3.46	(1.43)	.51
여행용 가방	3.51	(1.68)	3.53	(1.53)	3.57	(1.54)	.04
알칼리건전지(LR06)	3.47	(1.47)	3.65	(1.58)	3.72	(1.64)	.60
전지분유(1000g)	3.67	(1.40)	3.86	(1.30)	3.82	(1.45)	.51
주방용 세제	3.56	(1.58)	3.49	(1.40)	3.30	(1.74)	.69
오리털이불(1200~600g)	3.89	(1.51)	4.12	(1.42)	3.96	(1.57)	.66
압력솥(3~6ℓ)	4.06	(1.67)	4.23	(1.47)	4.04	(1.52)	.51
등산화	3.56	(1.75)	3.84	(1.66)	4.05	(1.83)	1.79
전기보온밥솥(1.8L)	3.80	(1.54)	3.90	(1.37)	4.31	(1.72)	2.88
전기다리미	3.72	(1.62)	3.93	(1.38)	3.86	(1.55)	.45
고탄력팬티스타킹	3.46	(1.74)	3.34	(1.86)	3.92	(1.93)	2.78
주택용 보통침대(1인용)	3.51	(1.52)	3.99	(1.40)	4.00	(1.64)	3.24*
형광등	3.34	(1.57)	3.46	(1.35)	3.85	(1.85)	2.59
비디오폰	3.61[a]	(1.40)	3.76[ab]	(1.25)	4.15[b]	(1.57)	3.67*
가스난로	3.70	(1.40)	3.92	(1.32)	3.97	(1.52)	.92
통조림햄(런천미트 350g)	3.32	(1.16)	3.72	(1.44)	3.69	(1.41)	2.48
농후발효유(100g)	3.30[a]	(1.29)	3.68[ab]	(1.33)	3.96[b]	(1.57)	5.02**
화장비누	3.68	(1.48)	3.76	(1.36)	4.08	(1.57)	1.92
식품포장용 랩(30cm×20cm)	3.15	(1.29)	3.58	(1.31)	3.41	(1.51)	2.53
25인치 컬러TV	3.77	(1.66)	3.91	(1.57)	4.31	(1.67)	2.76
치약	3.56	(1.40)	3.58	(1.34)	3.72	(1.72)	.31
여성용 내의	3.38	(1.59)	3.47	(1.71)	3.90	(1.85)	2.48
섬유유연제	3.56	(1.21)	3.68	(1.18)	3.74	(1.62)	.41

(단 a, b, c는 분류 기호임) * $p < .05$ ** $p < .01$ *** $p < .001$

또한 〈표 4-14〉에서는 품질평가정도에 따른 소비자집단의 24개 제품군 각각에 대한 가격-지각된 품질의 관계를 살펴본 결과 농후발효유와 비디오폰만이 고집단과 저집단 간에 유의한 차이를 보여 주고 있는데, 전반적으로 비디오폰의 가격-지각된 품질이 농후발효유보다 높음을 보여 주고 있어 내구재의 가격 의존도가 비내구재보다 더욱 높다는 것을 보여 주고 있다. 그리고 본 가설에서는 품질평가기준을 소비자의 친숙도개념을 이용하여 설명하였으나, 농후발효유, 비디오폰이 저집단과 고집단 간에 유의한 차이를 보이는 것은 소비자들의 품질평가기준이 제품에 대한 친숙도가 아닌 품질에 대한 민감도로 생각할 수 있을 것이다. 즉 품질을 낮게 평가하는 소비자들이 품질을 높게 평가하는 소비자들보다 품질에 대한 민감도가 높아 정보탐색 활동을 많이 하고 있기 때문에 가격-지각된 품질평균이 낮다고 생각할 수 있을 것이다.

H9: 가격-지각된 품질관계는 가격을 높게 지각하는 집단이 가격을 낮게 지각하는 집단보다 높을 것이다.

〈표 4-15〉 가격수준인식차이에 의한 가격-지각된 품질의 차이

항 목	저집단 (N=90)	중집단 (N=113)	고집단 (N=97)	F	P
가격-지각품질 전체	3.71(.67)	3.78(.74)	3.70(.90)	.31	.735
내구재	3.81(.74)	3.88(.82)	3.79(1.02)	.36	.696
비내구재	3.59(.77)	3.65(.81)	3.60(.97)	.16	.854
경험재	3.67(.69)	3.77(.72)	3.75(.85)	.43	.652
탐색재	3.81(.92)	3.79(1.10)	3.56(1.28)	1.60	.203
고관여	3.83(.84)	3.95(.90)	3.72(1.14)	1.40	.249
저관여	3.68(.70)	3.73(.75)	3.69(.89)	.13	.875
고가격	3.88(.79)	3.95(.89)	3.76(1.06)	1.16	.314
저가격	3.63(.71)	3.69(.75)	3.67(.89)	.16	.855

* $p < .05$

본 가설에서는 소비자의 가격수준 인식정도에 따라 가격수준을 높게 인식하는 소비자들(고집단), 가격수준을 중간정도로 인식하는 소비자들(중집단), 가격수준을 낮게 인식하는 소비자들(저집단)로 분류하였다.

〈표 4-15〉에서 보듯이 가격-지각된 품질 값은 중집단(3.78) 〉 저집단(3.71) 〉고집단(3.70)을 보였으며, $p < .05$ 수준에서 통계적으로 유의하지 못해 본 가설은 기각되었다. 이에 따른 제품유형별 가격-지각된 품질의 값도 전체 결과와 비슷하게 전반적으로 큰 차이를 보이지 않았으며, 통계적으로도 유의하지 못하였다. 이러한 결과는 본 연구에 이용된 제품군이 소비자들에게 매우 친근한 제품군이므로 소비자들이 가격수준에 따른 인식의 차이를 보이지 않는 것으로 생각된다.

또한 〈표 4-16〉에서는 가격수준인식의 차이에 의한 각 제품군의 가격-지각된 품질의 차이를 살펴보았다. 분석결과 여성용 내의만이 가격-지각된 품질이 고집단(3.24), 저집단(3.84) 간에 유의한 차이를 나타내고 있는데, 이는 조사대상자의 78%가 여성이므로, 소비자들이 이 상품의 가격을 정확히 파악할 수 있었기 때문이라 생각되며, 대부분 가격이 높다고 인식하는 집단이 가치의식적, 가격의식적, 가격통달자의 성향을 지닌 가격과 품질관계에 민감한 소비자들이므로, 가격을 품질의 신호로 간주하는 정도가 낮아 가격-지각된 품질의 관계가 낮아진다고 설명할 수 있을 것이다.

<표 4-16〉 각 제품군의 가격수준인지정도에 따른 가격-지각품질의 차이

항 목	저집단 (N=90)		중집단 (N=113)		고집단 (N=97)		F
	평균	표준편차	평균	표준편차	평균	표준편차	
컴퓨터용 모니터	3.68	(1.40)	4.11	(1.26)	3.73	(1.31)	3.28*
전기주전자	3.54	(1.23)	3.36	(1.22)	3.69	(1.39)	1.73
여행용 가방	3.41	(1.40)	3.63	(1.64)	3.54	(1.66)	.47
알칼리건전지(LR06)	3.43	(1.46)	3.65	(1.60)	3.75	(1.63)	1.01
전지분유(1000g)	3.67	(1.32)	3.84	(1.32)	3.85	(1.49)	.52
주방용 세제	3.41	(1.45)	3.30	(1.57)	3.67	(1.62)	1.52
오리털이불(1200~600g)	4.00	(1.40)	3.97	(1.45)	4.03	(1.63)	.04
압력솥(3~6ℓ)	4.07	(1.49)	4.12	(1.42)	4.18	(1.73)	.12
등산화	3.88	(1.61)	3.90	(1.77)	3.69	(1.85)	.44
전기보온밥솥(1.8L)	3.96	(1.36)	4.12	(1.53)	3.91	(1.72)	.52
전기다리미	3.61	(1.47)	3.82	(1.45)	4.09	(1.56)	2.45
고탄력팬티스타킹	3.86	(1.74)	3.60	(1.75)	3.23	(2.04)	2.76
주택용 보통침대(1인용)	3.90	(1.45)	4.01	(1.50)	3.63	(1.61)	1.69
형광등	3.46	(1.49)	3.65	(1.60)	3.51	(1.68)	.44
비디오폰	4.01	(1.34)	3.71	(1.37)	3.82	(1.51)	1.16
가스난로	4.03	(1.40)	3.88	(1.31)	3.71	(1.51)	1.23
통조림햄(런천미트 350g)	3.59	(1.29)	3.61	(1.37)	3.58	(1.43)	.04
농후발효유(100g)	3.54	(1.44)	3.64	(1.38)	3.77	(1.43)	.62
화장비누	3.59	(1.51)	4.04	(1.44)	3.82	(1.44)	2.34
식품포장용 랩(30cm×20cm)	3.27	(1.33)	3.50	(1.28)	3.42	(1.52)	.71
25인치 컬러TV	4.01	(1.60)	4.22	(1.63)	3.71	(1.65)	2.56
치약	3.53	(1.46)	3.64	(1.56)	3.68	(1.41)	.24
여성용 내의	3.84^a	(1.43)	3.65^{ab}	(1.76)	3.24^b	(1.91)	3.10*
섬유유연제	3.74	(1.19)	3.68	(1.30)	3.57	(1.50)	.43

（단 a, b, c는 분류 기호임 * p<.05 ** p<.01 *** p<.001

(4) 인구통계학적 변인에 따른 가격 – 지각된 품질 차이

① 성별에 따른 가격 – 지각된 품질의 차이

첫째, 성별에 따른 가격 – 지각된 품질의 관계가 〈표 4 – 17〉에 나타나 있다. 〈표 4 – 17〉에서는 가격 – 지각된 품질 값이 남(3.75), 여(3.73)로 거의 차이를 보이지 않고 있으며, p<.05 수준에서 통계적으로도 유의하지 않았다. 제품유형별 분석결과도 마찬가지로 통계적으로 유의하지 못했다. 즉 소비자의 가격 – 지각된 품질의 관계는 성별에 따라 차이를 보이지 않았으며, 제품유형에 영향을 받지 않는 것으로 나타났다. 이러한 결과는 본 연구에 이용된 제품군들이 성별에 의해 세분화되지 않는 일반 소비재로 구성되었기 때문으로 생각된다.

〈표 4 – 17〉 성별에 따른 가격 – 지각된 품질의 관계

항 목	여(N=236)	남(N=65)	t	p
가격 – 지각품질 전체	3.73(.78)	3.75(.75)	-.26	.794
내구재	3.82(.87)	3.87(.86)	-.44	.660
비내구재	3.62(.86)	3.61(.80)	.01	.993
경험재	3.74(.76)	3.73(.75)	.08	.937
탐색재	3.69(1.13)	3.83(1.06)	-.89	.375
고관여	3.82(.99)	3.93(.90)	-.84	.402
저관여	3.70(.78)	3.71(.78)	-.05	.957
고가격	3.86(.92)	3.91(.95)	-.37	.709
저가격	3.66(.81)	3.68(.72)	-.07	.867

* p<.05

또한 〈표 4 – 18〉에서는 성별에 따른 소비자집단의 특성을 소비자집단의 분류기준인 스키마, 품질편차, 품질평가, 가격인지수준에 대해 살펴보았다. 분석결과 성별의 차이가 어떠한 소비자집단의 분류기준에도

영향을 미치지 않는다는 것을 보여 주고 있다. 따라서 가격-지각된 품질관계에 성별의 영향은 나타나지 않았다.

〈표 4-18〉 성별에 따른 소비자집단의 차이

항 목	여	남	t	p
스키마	4.28(1.10)	4.29(1.05)	-.11	.912
품질편차	3.65(.93)	3.58(.89)	.53	.594
품질평가	4.27(.67)	4.33(.64)	-.67	.503
가격인지	4.36(.66)	4.24(.69)	1.32	.189

* $p < .05$

② 연령대에 따른 가격-지각된 품질의 차이

둘째, 연령대에 따른 가격-지각된 품질 값의 차이는 〈표 4-19〉에서 보여 주고 있다. 〈표 4-19〉에서 보듯이 연령대별로는 가격-지각된 품질의 차이가 존재하는 것으로 나타났다. 가격-지각품질의 관계는 30대(3.84)>20대(3.81)>40대(3.67)>50대 이상(3.47)으로, $p < .05$ 수준에서 통계적으로 유의하였다. 분석결과는 30대와 50대 이상의 소비자집단이 상이한 집단으로 분류되었으며, 구체적으로는 20, 30대가 40, 50대보다 가격으로 품질을 지각하는 정도가 높게 나타났는데, 이는 젊은층의 소비자가 노년층의 소비자보다 가격에 의존해 품질을 판단하는 정도가 높다고 할 수 있다. 또한 구매경험과 사용경험이 많은 고령의 소비자들이 가격은 품질을 정확히 반영하지 못한다는 고정관념을 가지고 있다고 생각할 수 있다.

이에 따른 제품유형별 가격-지각된 품질은 내구재, 경험재, 고관여, 고가격제품군이 집단 간에 통계적으로 유의한 차이를 보이고 있다. 이 중 경험재, 고관여, 고가격의 경우는 20대, 30대가 동일한 집단으로,

50대와는 상이한 집단으로 분류되었고, 내구재의 경우 20대와 50대가 상이한 집단으로 분류되었다. 이와 같이 제품 유형별 가격 - 지각된 품질 값도 전체 제품군의 경우와 마찬가지로 연령이 높아짐에 따라 점차 낮아짐을 보여 주고 있어, 연령에 따라 분류된 집단의 가격 - 지각된 품질관계에도 제품유형에 따른 영향은 없는 것으로 나타났다.

〈표 4 - 19〉 연령대에 따른 가격 - 지각된 품질의 관계

항 목	20대 (N=100)	30대 (N=90)	40대 (N=60)	50대 이상 (N=51)	F
가격 - 지각품질 전체	$3.81(.66)^{ab}$	$3.84(.79)^{a}$	$3.67(.82)^{ab}$	$3.47(.86)^{b}$	2.93^{*}
내구재	$3.97(.77)^{a}$	$3.91(.86)^{ab}$	$3.74(.93)^{ab}$	$3.54(.91)^{b}$	3.28^{*}
비내구재	$3.62(.75)$	$3.75(.84)$	$3.59(.93)$	$3.39(.91)$	1.98
경험재	$3.82(.66)^{a}$	$3.82(.78)^{a}$	$3.68(.78)^{ab}$	$3.48(.82)^{b}$	2.93^{*}
탐색재	$3.76(.99)$	$3.89(1.11)$	$3.64(1.21)$	$3.46(1.21)$	1.76
고관여	$3.96(.82)^{a}$	$3.98(1.04)^{a}$	$3.78(1.00)^{ab}$	$3.44(.97)^{b}$	4.14^{*}
저관여	$3.77(.66)$	$3.80(.79)$	$3.64(.82)$	$3.48(.90)$	2.21
고가격	$4.00(.84)^{a}$	$3.99(.92)^{a}$	$3.74(.96)^{ab}$	$3.54(.95)^{b}$	3.78^{*}
저가격	$3.71(.66)$	$3.76(.81)$	$3.63(.85)$	$3.44(.87)$	2.01

* 원자료 중 50대와 60대를 50대 이상으로 합쳐서 분석   * $p < .05$

또한 〈표 4 - 20〉에서 연령대에 따른 소비자집단의 특성을 살펴보면, 품질평가기준에서만 $p < .05$ 수준에서 통계적으로 유의한 차이를 보이고 있다. 즉 소비자들은 연령대에 따라 품질평가가 상이하다는 것을 보여 준다. 분석결과에 의하면 30대와 50대 소비자집단이 상이한 집단으로 분류되며, 30대가 전반적으로 품질을 가장 높게 평가하고 50대 이상의 소비자들이 품질을 가장 낮게 평가하는 것으로 나타나 사용경험과 구매경험이 많은 소비자들이 품질이 전반적으로 낮다는 고정관념을 가지고 있음을 보여 주고 있다.

<표 4-20> 연령대에 따른 소비자집단의 차이

항 목	20대	30대	40대	50대 이상	F
스키마	4.16(.95)	4.32(1.11)	4.20(1.07)	4.54(1.30)	1.51
품질편차	3.64(.79)	3.67(.99)	3.66(.95)	3.50(1.02)	.444
품질평가	4.29(.56)[ab]	4.43(.71)[a]	4.23(.60)[ab]	4.06(.79)[b]	3.46*
가격인지	4.36(.63)	4.30(.66)	4.38(.65)	4.29(.80)	.30

* $p < .05$

③ 학력수준에 따른 가격-지각된 품질의 차이

셋째, 학력에 따른 가격-지각된 품질의 차이를 살펴본 결과는 <표 4-21>과 같다. 학력변수는 중졸 이하(22명), 대학원졸(10명)의 수가 매우 적어 이들을 고졸 이하와 대졸 이상의 분류기준에 포함시켰다. 결과는 가격-지각된 품질 값이 고졸 이하(3.72), 대졸 이상(3.75)으로 학력에 따른 가격-지각된 품질의 차이가 거의 없음을 보여 주고 있으며, $p < .05$ 수준에서 통계적으로 유의하지 못했다. 또한 제품유형별 가격-지각된 품질의 차이도 전체 제품군의 경우와 마찬가지로 거의 차이를 보이지 않았고 통계적으로도 유의하지 못했다. 즉 학력의 차이가 가격과 지각된 품질인식에 영향을 미치지 못하였고 또한 이 관계는 제품유형의 경우도 마찬가지로 나타났다. 이는 학력의 고저가 제품 품질판단능력의 차이를 보일 것이라는 생각과는 다른 결과를 보여 주고 있는데, 이유로는 본 연구에 이용된 제품군들은 전문적 지식이 필요하지 않은 누구나 쉽게 이용할 수 있는 제품군이기 때문이라 생각된다.

<표 4-21> 학력수준에 따른 가격-지각된 품질의 차이

항 목	고졸 이하(N=155)	대졸 이상(N=146)	t	p
가격-지각품질 전체	3.72(.78)	3.75(.77)	- .36	.732
내구재	3.81(.88)	3.86(.85)	- .48	.632
비내구재	3.61(.84)	3.62(.86)	- .13	.896
경험재	3.72(.76)	3.75(.76)	- .36	.723
탐색재	3.71(1.15)	3.74(1.08)	- .27	.791
고관여	3.74(.98)	3.95(.94)	-1.84	.067
저관여	3.71(.79)	3.70(.77)	.15	.880
고가격	3.83(.92)	3.91(.93)	- .72	.470
저가격	3.66(.79)	3.67(.78)	- .10	.920

* 원자료를 고졸을 중심으로 두 집단으로 구분하여 t 검증함 * p < .05

또한 〈표 4-22〉에서와 같이 이 기준에 따른 소비자집단의 특성을 살펴보면, 학력에 의한 품질편차 평균값이 대졸 이상(3.76), 고졸 이하 (3.51), 품질평가수준은 고졸 이하(4.18), 대졸 이상(4.38)을 나타내고, p < .05 수준에서 통계적으로 유의한 차이를 나타내어 학력이 높을수록 품질편차를 높게, 품질평가도 높게 하는 것으로 나타났다. 이러한 결과는 전반적으로 고학력자가 품질의 외재적 정보요소인 상표에 대한 믿음이 강하기 때문이라고 생각된다.

〈표 4-22〉 학력수준에 따른 소비자집단의 차이

항 목	고졸 이하	대졸 이상	t	p
스키마	4.20(1.12)	4.36(1.05)	-1.22	.225
품질편차	3.51(.98)	3.76(.84)	-2.29*	.023
품질평가	4.18(.65)	4.38(.67)	-2.63*	.009
가격인지	4.34(.64)	4.32(.70)	.28	.783

* p < .05

④ 소득수준에 따른 차이

넷째, 소득수준에 따른 가격-지각된 품질의 차이는 〈표 4-23〉과
같다.

가격-지각된 품질평균은 150~200만 원, 300만 원 이상의 소비자집
단이 (3.81), 100만 원 이하 집단이 (3.78), 200~300만 원 이하 집단
이 (3.66), 100~150만 원인 집단이 (3.62)를 보이고 있으나, $p < .05$ 수
준에서 통계적으로 유의한 차이가 없는 것으로 나타났다. 이를 자세히
살펴보면 300만 원 이상의 고소득집단의 가격-지각된 품질 값이 높
게 나타난 것은 고가격이 사회적 신분을 나타낼 수 있다는 점에서 가
격과 품질의 관계를 높게 지각한 것으로 보이며, 가장 낮은 가격-지
각된 품질 값을 보인 100~150만 원의 비교적 소득이 낮은 소비자집
단은 가격의 주관적 품질 이미지보다는 내재적 품질 평가요소에 민감
한 집단이기 때문에 가격과 품질의 관계를 낮게 지각한 것으로 생각
된다. 그리고 소득이 100만 원 이하의 저소득층의 가격-지각된 품질
값이 높은 것은 주로 값싼 제품만을 소비했기 때문에, 값이 좀 더 비
싸면 좋은 제품을 구입할 수 있으리라고 생각하고 있는 듯하다. 그
리고 제품유형별 가격-지각된 품질 값도 역시 통계적으로 유의하지
않았다.

즉 이 분류기준에 의한 가격-지각된 품질 값은 제품유형에 의해
영향을 받지 않는 것으로 나타났다.

〈표 4-23〉 소득수준에 따른 가격-지각된 품질의 차이

항 목	~100 (N=54)	100~150 (N=47)	150~200 (N=62)	200~300 (N=91)	300~ (N=47)	F	p
가격-지각품질	3.78(.69)	3.62(.75)	3.81(.78)	3.66(.79)	3.81(.86)	.80	.529
내구재	3.87(.74)	3.70(.81)	3.95(.92)	3.80(.91)	3.83(.90)	.64	.663
비내구재	3.68(.81)	3.53(.85)	3.65(.84)	3.50(.84)	3.80(.92)	1.16	.328
경험재	3.78(.69)	3.66(.75)	3.79(.76)	3.66(.76)	3.83(.84)	.62	.651
탐색재	3.81(.94)	3.49(1.08)	3.87(1.13)	3.66(1.16)	3.78(1.22)	.97	.425
고관여	3.87(.87)	3.49(.94)	4.00(.95)	3.84(1.00)	3.96(1.02)	2.24	.065
저관여	3.76(.71)	3.66(.77)	3.76(.78)	3.62(.79)	3.78(.87)	.59	.667
고가격	3.90(.74)	3.75(.95)	4.00(.92)	3.80(.97)	3.90(.99)	.67	.616
저가격	3.73(.73)	3.56(.78)	3.72(.77)	3.59(.79)	3.77(.86)	.79	.535

* p< .05
* 원자료를 100만 원 이하, 100~150만 원, 150~200만 원, 200~300만 원, 300만 원 이상으로 재분류한 후 일원변량분석함.

또한 〈표 4-24〉에서는 소득수준에 따른 소비자집단의 특성을 보여주고 있다. 결과는 모두 p< .05 수준에서 통계적으로 유의하지 못했다. 그러나 스키마는 300만 원 이상의 고소득층이 300만 원 이하의 소득층보다 현저히 높게 나타나 소득이 높을수록 가격이 품질과 높은 관계가 있다고 생각하는 것으로 나타나고 있다.

〈표 4-24〉 소득수준에 따른 소비자집단의 차이

항 목	~100	100~150	150~200	200~300	300~	F	p
스키마	4.21.0(.96)	4.26(1.16)	4.15(1.18)	4.21(1.10)	4.69(.96)	2.10	.081
품질편차	3.67(.82)	3.54(1.07)	3.77(.74)	3.54(.99)	3.68(.97)	.76	.553
품질평가	4.26(.67)	4.34(.57)	4.25(.55)	4.26(.75)	4.31(.74)	.16	.961
가격인지	4.28(.58)	4.35(.68)	4.27(.62)	4.35(.77)	4.43(.62)	.50	.736

* p< .05

(5) 제품유형별 가격-객관적 품질과 가격-지각적 품질의 관계

본 연구는 가격-객관적 품질과 가격-지각적 품질이 어떤 연관관계가 있는지를 알아보기 위해 제품유형에 따라 T-Test를 수행하였다. 결과는 〈표 4-25〉와 같다.

〈표 4-25〉 제품유형별 가격-객관적 품질과 가격-지각적 품질의 관계

제품유형	가격-지각적 품질				가격-객관적 품질			
	평균	표준편차	t	p	평균	표준편차	t	p
내구재	3.86	(.86)	5.10*	.000	.072	(.43)	-0.1478	.882
비내구재	3.61	(.85)			.062	(.48)		
경험재	3.73	(.76)	.21	.836	.054	(.47)	0.4920	.623
탐색재	3.72	(1.12)			.087	(.45)		
고관여	3.84	(.97)	3.43*	.001	.006	(.49)	1.644*	.097
저관여	3.70	(.78)			.118	(.43)		
고가격	3.87	(.92)	5.36*	.000	.053	(.50)	0.348	.727
저가격	3.66	(.79)			.077	(.43)		

* p < .10

〈표 4-25〉에서 보여 주듯이, 우선 가격과 지각된 품질의 관계는 내구재/비내구재, 고관여/저관여, 고가격/저가격의 경우 p < .10 수준에서 유의한 차이를 보였으며, 경험재/탐색재의 경우는 유의한 차이를 보이지 않았다. 또한 가격-객관적 품질의 관계에서는 고관여/저관여만이 p < .10 수준에서 유의한 차이를 보이고 있다. 즉 고관여/저관여 요인이 가격-객관적 품질관계, 가격-지각된 품질관계에 모두 유의한 차이를 보이고 있다. 즉 가격-객관적 품질 관계에서는 고관여제품군의 가격-품질관계가 저관여제품군보다 유의하게 낮았으나 가격-지각된 품질관계에선 오히려 유의하게 높았다. 이러한 결과는 제품을 생산하

는 제조업자나 제품을 구매하는 소비자 양자 모두가 관여도에 크게 영향을 받는다고 할 수 있을 것이다.

일반적으로 관여도란 특정 상황 내에서의 제품과 상표선택에 따른 인지된 관련성 및 개인적 중요성의 정도를 말하는 것으로, 소비자의 자아이미지와 가치관, 개인의 상황, 어떤 형태, 환기와 관련된다고 할 수 있으므로, 제품군을 관여도를 기준으로 하여 두 그룹으로 나누어 볼 때, 고관여제품군은 고가격, 복잡한 특징, 대안들 사이의 현격한 품질차이, 의사결정 결과에 관련하여 지각되는 위험과 자아이미지에 대한 영향이 커서 구매행위가 소비자 자신에 대해 심각한 관련성을 가지는 제품군을 간주한다. 그러므로 소비자가 이러한 제품을 구매할 때는 강한 상표선호와 상표애호를 보이는데, 이러한 상표애호는 가격의 영향을 줄이고 상품의 차별적 특성을 강조할 수 있으므로 상품의 지각된 품질을 높이는 역할을 하게 되므로, 가격-지각된 품질관계가 높아진다고 할 수 있다. 그러나 소비자가 유명상표나 기존의 상표를 구매하는 경우에는 많은 비용과 지출을 가져오게 함으로써 소비자의 비효율적인 구매행위를 조장하게 된다. 이와는 반대로 저관여제품군은 대부분 소비자에 대한 관련성이 적어, 그 제품범주 자체가 소비자의 자아이미지를 반영하지 않으며, 제품범주 내의 대안들이 큰 차이를 보이지 않기 때문에 어느 상표를 선택하든지 큰 문제가 되지 않으며, 구매행동이 훨씬 단순하고 상표 대체가 빈번하다. 이러한 제품군은 소비자의 상표애호도가 낮아 소비자의 많은 비용지출이 없으며, 구매빈도가 높아 경험에 의해 제품평가가 이루어지는 제품군이므로, 소비자의 정보탐색이 용이하여 가격-객관적 품질의 관계가 높아지게 되고, 이는 곧 품질판단에 대한 가격의 의존도가 낮아져 가격-지각된 품질의 관계가 낮아진다고 할 수 있을 것이다.

이러한 결과는 기업의 마케팅 전략에 이용될 수 있는데, 고관여재는 소비자의 자아이미지와 가치관에 크게 영향을 받는 제품군이므로 소비자의 품질평가 기준이 객관적 품질이라기보다는 주관적 품질, 즉 가격이나 상표의 영향을 크게 받기 때문에 기업은 객관적 품질개선보다는 주관적 품질, 즉 소비자의 가격과 가치에 대한 소비자의 지각을 높일 수 있는 마케팅전략 특히 상표이미지 제고전략을 구사하게 됨으로써 소비자의 비효율적 구매의 가능성은 더욱 높아진다고 할 것이다.

제4절 연구결과의 요약 및 시사점

1. 연구결과의 요약

본 연구는 실제로 가격과 객관적 품질의 관계가 거의 없는 시장상황에서, 소비자가 가격을 품질의 척도로 생각하고 있는지를 살펴보고, 아울러 이들 관계가 개인적 차이와 제품형태에 영향을 받는지를 살펴보았다.

첫째, 7점 척도로 평가된 가격과 지각된 품질의 평균이 3.73, 표준편차 .7749($t = -5.99$ $p < .001$)로 가격 - 지각된 품질이 4보다 통계적으로 유의하게 적어, 소비자들은 가격이 품질을 반영한다고 생각하지는 않는 것으로 나타났다.

둘째, 제품유형별 가격과 지각된 품질의 관계는 내구재(3.83)와 비내구재(3.61), 고관여(3.84)와 저관여(3.70), 고가격(3.87)과 저가격(3.66)의 경우 p<.05 수준에서 통계적으로 유의한 차이를 보였으나 경험재(3.73)와 탐색재(3.72)는 통계적으로 유의한 차이를 보이지 않았다. 이를 자세히 살펴보면, 고가격, 고관여, 내구재가 저가격, 저관여, 비내구재에 비해 공통적으로 가격이 높다는 점을 발견할 수 있으며, 또한 가격－지각된 품질의 관계도 높다는 것을 알 수 있었다. 이는 Peterson & Wilson의 연구결과[71]와 같은, 품질평가의 지표로 가격을 사용하는 정도에 차이를 가져오는 제품유형은 그 제품의 가격수준과 밀접한 관련을 지니고 있음을 알 수 있었다. 즉 품질지각이 제품가격의 높고 낮음에 영향을 받는다는 사실을 보여 주고 있다.

셋째, 소비자의 개인적 특성(스키마 유무, 품질평가인식수준, 품질편차인식수준, 가격수준인식정도)에 따라 가격－지각된 품질의 차이를 보이는지 또 이들이 제품유형에 영향을 받는지를 살펴본 결과, 소비자의 스키마 유무, 품질편차인식수준에 의해서만 가격－지각된 품질의 차이를 보였으며, 이에 따른 제품유형별 차이는 보이지 않았다.

넷째, 인구통계학적 변인(성별, 연령, 학력, 소득수준)에 따른 가격－지각된 품질의 차이는 연령대에 의해서만 통계적으로 유의한 차이를 보였는데, 전반적으로 연령이 높을수록 가격을 품질의 지표로 사용하는 경향이 낮아짐을 보여 주고 있으며, 제품유형에 의해서는 거의 영향을 받지 않는 것으로 나타나고 있다. 그리고 인구통계적 변인 중 소득수준에 따른 가격－지각된 품질의 차이를 보이지 않는 것이 특이하다.

---

71) R. A. Peterson and W. R. Wilson, op. cit., 1985.

2. 연구결과의 의의 및 시사점

본 장의 연구결과는 첫째, 소비자들은 전반적으로 가격이 높으면 반드시 품질이 좋다고 생각하고 있지는 않는 것으로 나타나, 소비자의 품질지각이 가격만이 아닌 다른 정보요소, 즉 상표나 이미지, 광고수준, 포장 등의 영향을 고려한다고 생각할 수 있다.

둘째, 제품유형에 따른 가격과 지각적 품질관계의 차이는 마케팅 관리자에게 가격정책의 새로운 관점을 제시한다 할 수 있다. 즉 제품유형에 따라 각기 다른 가격정책을 수행해야 하는 것이다. 기존의 경우는 격화되는 경쟁 속에서 원가절감을 통한 저가격정책만이 기업의 매출액을 제고하여 수익성을 확보할 수 있는 방안이라 생각하는 경향이 있었으나, 소비자들은 특히 고가의 제품에 있어서는 고가격이 고품질을 지니고 있는 것으로 지각하고 있으므로, 결코 저가격정책만이 대체제품에 대한 고객확보를 위한 최선책은 아니라는 점을 인식하게 된다는 것이다. 따라서 마케팅 관리자는 고가격제품군에 대해 고가격정책을 이용하게 되면 소비자의 지각된 제품품질의 향상과 이로 인한 고객확보를 기할 수 있으므로, 제조업자들은 제품의 실질적 품질향상보다는 상표, 광고, 촉진전략 등을 이용한 브랜드 자산을 통해 수익을 높이려 할 것이다. 그러나 이러한 정책은 소비자 측면에서 보면 소비자의 구매손실을 유발시킬 수 있으므로, 정부나 소비자보호단체를 통해 소비자에게 품질정보를 제공함으로써 기업 간의 품질경쟁촉진과 아울러 소비자의 효율적 구매를 제고해야 할 것이다.

셋째, 소비자특성에 따른 가격 - 지각된 품질의 차이는 기업의 마케팅 관리자에게 유용한 시장세분화 기준을 제시해 준다. 본 연구에서 가격 - 품질 스키마 유무와 품질편차인식정도에 따라 가격 - 지각된 품질의 차이를 보였는데, 스키마 수준이 높을수록, 품질편차를 크게 인식할수록 가격의 품질신호의 영향이 크며, 스키마 수준이 낮을수록, 품질편차를 적게 인식할수록 가격의 품질에 대한 영향력이 적게 나타났다. 또한 스키마 수준이 높거나 품질편차를 크게 인식하는 소비자들은 소득수준이 높고 학력이 높은 소비자들이므로 이들이 주로 구매하는 제품군에 대해서는 상표이미지 제고 등을 통한 고가격정책을 이용하는 것이 유리할 것이라 생각된다. 이처럼 소비자특성변수를 시장세분화의 기준변수로 이용하여 적절한 촉진전략을 수행하게 되면 기업은 수익을 극대화할 수 있을 것이다.

넷째, 가격－객관적 품질관계와 가격－지각적 품질관계에 관여도 개념이 영향을 미치고 있는 것으로 나타나, 이 관여도 개념을 기업의 마케팅 전략에 이용하면 유용하리라 생각된다. 앞에서 살펴보았듯이 관여도는 상표 애호도를 형성한다. 이러한 상표 애호도가 소비자에게 전달하는 기능은 매 구매 시마다 경쟁상표의 평가를 하지 않게 되어 의사결정을 용이하게 해 주며, 제품속성에 대한 만족이나 제품사용과 관련된 사회적 인정기능, 가치표현기능 등을 수행하는 한편, 기업의 입장에서는 상표애호도가 마케팅비용의 감소효과, 즉 기존고객의 유지가 새로운 고객확보보다 마케팅비용을 줄일 수 있고 또 이것이 경쟁자에 대한 진입장벽의 역할을 하게 된다. 그리고 기존의 고객만족으로 인해 새로운 고객의 유인이 용이해지며, 경쟁 시 시간적 여유를 가질 수 있다는 가치를 지니고 있으므로 기업의 마케팅전략에 매우 유용할 것이다.

결국 가격과 품질의 관계는 소비자의 가격과 품질관계에 대한 주관적 판단이라고 할 수 있는데, 이는 또한 소비자들의 가격에 대한 심리적 행위의 결과로 설명할 수 있을 것이다. 소비자는 불확실한 시장의 정보 속에서 변하지 않고 쉽게 사용할 수 있는 가격이라는 정보를 근거로 품질판단을 하게 되는데, 이때 심리적으로 소비자들은 제품구매에 경제적, 비경제적 비용을 많이 지불할수록 제품에 대한 만족도를 높이 평가한다는 것이다. 이러한 소비자의 성향을 인지부조화(cognitive dissonance)이론으로 설명하면, 소비자가 고가로 구입한 제품을 저품질로 평가하게 되면 인지부조화 상태에 이르게 되므로, 이러한 현상을 줄이기 위해 소비자들은 고가 제품을 구입한 후 그 제품을 긍정적으로 평가하고자 하며, 따라서 구입제품에 대한 긍정적인 정보를 선택적으로 받아들이는 반면 부정적 정보는 무시하게 된다는 것이다. 결국 제품 구매 후 품질평가는 고가제품일수록 높아지고 이런 평가가 고가격＝고품질이라는 인식을 조성하게 되는 것이다.

이러한 가격과 품질관계에 대한 소비자의 주관적 판단은 기업에게 매우 고무적인 것이다. 즉 기업에서의 가격은 원가와 마진에 의해 산출된 수치에 불과하나 소비자에게는 그 수치가 많은 의미를 지닐 수 있다. 그러므로 가격은 소비자의 구매에 여러 다양한 영향을 미치게 되고 그 결과 기업의 성과도 가격에 의해 예상 밖의 여러 차원에서 의미 있는 영향을 받게 될 것이다.

제 5 장

가격 · 품질 관련제도

제1절 가격 · 품질제도의 의의

전 장의 연구들은 품질척도로서 가격에 대한 연구를 크게 두 가지 측면, 객관적 가격－품질에 대한 연구와 소비자의 지각적 가격－품질에 대한 연구로 나누어 살펴보았다. 제3장에서 살펴본 객관적 가격－품질에 대한 연구는 소비자가 구매의사 결정 시 제품의 가격을 그 제품의 질을 나타내는 척도로 간주하고 있다고 가정하고 실제시장에서 소비자가 가격을 품질의 척도로 사용하는 것이 좋은가를 평가하는 것으로, 연구결과 실제시장에서의 객관적 가격－품질 관계는 평균적으로 약한 정의 상관관계가 있으며, 그 상관관계의 정도가 상품에 따라서 강한 정의 것부터 강한 부의 것까지 분산되어 있음을 보여 준다. 또한 제4장의 소비자의 지각적 가격－품질에 대한 연구는 가격을 품질의 척도로 사용하는 것이 좋은가 나쁜가에 상관없이 가격이 소비자의 제품품질 평가 시 영향을 미치는가 그리고 그 영향정도가 다른 변수들에 의해 달라지는가를 조사한 것으로 연구결과, 소비자들은 고가격이 제시된 상품이 저가격이 제시된 상품보다 품질이 좋은 것으로 지각하며 그 관계의 정도는 스키마, 품질편차수준, 연령 등의 소비자 특성과, 제품특성에 따라 다르게 나타나고 있다. 특히 관여도가 가격－객관적 품질의 관계와 가격－지각적 품질의 관계를 동시에 설명해 주는 요인임을 보여 주고 있다. 이와 같이, 객관적 가격－품질의 관계의 연구는 실제 시장에서 소비자가 가격을 품질의 지표로 사용하여 구매하게 되면 경제적 손실의 가능성이 있으므로 품질지표로 가격사용은 바람직한 방법이 아니며, 또한 소비자의 지각적 가격－품질에 대한 연구는 소비자가 품질판단 시 가격을 사용하며, 이 사용정도는 제품특성이나 소비자특성에 따라 다르며, 또한 관여도가 낮은 제품군보다 관여도가 높은 제품군의 경우 소비자가 가격과 품질의 관계를 높게 인식하게 되어, 상품의 차별적 특성을 강조하는 유명상표를 구매할 가능성이 높아져 소비자가 많은 비용과 지출을 하게 되므로, 결과적으로 소비자들은 비효율적인 구매를 하기 쉬운 상황에 있다는 것을 보여 주고 있다. 이러한 현상은 소비자가 개인으로 다품종 소량의 상품을 구매하기 때문에, 기업의 이윤추구와 더불어 전문화의 구조를 통하여 나타나는 상품특성을 정확히 인식할 능력이 없어 전면적으로 사업자에게 의존하지 않을 수 없게 되고, 반면 기업은 그의 시장에서의 우월적인 지위를 배경으로 하여 가격과 품질의 결정에 소비자의 참여기회를 대폭적으로 제한하게 되기 때문인 것이다.[72]

이와 같이 소비자와 사업자 간의 힘의 불균형(unbalance of power)과 정보의 독점에 따른 폐해 속에서 소비자는 품질, 성능, 사용용도 등에 관해 판단이 어렵고 가격이 적정한 것인지 부당한 것인지도 판단할 수 없는 경우가 많아지게 되므로 시장효율성 제고, 즉 소비자보호의 필요성이 제기되는 것이다. 그러므로 정보의 불완전성이라는 시장실패 현상을 보정하고 생산활동의 궁극목적인 합리적 소비를 보장하며 경제적 약자인 소비자의 협상력을 강화시키기 위해서는 소비자를 보호할 수 있는 제도가 필요한바, 본 장에서는 국내외에서 시행되고 있는 시장효율성 제고정책 및 제도를 상품의 가격 및 품질에 관련하여 비교, 검토하고자 한다.

---

[72] 권오승, "소비자의 권리와 소비자보호", 「법과 소비자보호」, 삼영사, 1980. p.33.

제2절 가격표시제도

1. 가격표시제도의 의의

가격표시제는, 「개개 점포에서 일정판매시점에 상품별로 반드시 표시된 가격에 판매한다는 것을 소비자에게 알리는 제도」로서, 동일제품의 판매자들은 각각 자신들의 여건에 따라서 다른 가격을 결정할 수 있다.[73]

가격표시제의 목적은 두 가지로 살펴볼 수 있다.

첫째, 가격정보를 통해 소비자의 이익을 도모하며 둘째, 제조업자나 유통업자들 간의 적정마진 설정과 유통질서 확립을 촉진할 수 있다.

가격에 대한 불확실성은 소비자의 합리적인 구매에 커다란 장애요인의 하나로 작용한다. 여기서 합리적인 구매란 가장 적은 비용으로 가장 가치가 큰 제품을 선택하는 것을 말한다. 가격표시제로 소비자는 제품의 가격을 구매 전에 명시적으로 제공받게 됨으로써 그만큼 가격에 대한 불확실성을 덜게 되며, 이로 인해 소비자는 경쟁제품들 간의 가격 및 품질비교를 용이하게 할 수 있고 따라서 합리적인 구매의 확률을 높일 것이다.

또한 가격표시제는 판매자의 가격결정행위와 가격경쟁을 어느 정도 통제할 수 있을 것이다. 가격의 명시적 표기를 통해 경쟁업자들의 가격은 공식적으로 비교가 되며, 이에 따라 각 경쟁자의 마진이 어느 정

---

73) 정현립·송태섭, "가격표시제에 대한 소비자의 의식구조-대전지역 소비자를 중심으로", 『산업경영연구』, 한남대학교 산업경영연구소, 1985. 12., pp.187-188.

도 유추될 수 있다. 결과적으로 가격표시제를 통해 부당한 마진설정에 대한 자동적 감시가 어느 정도 이루어진다. 또한 가격을 명시적으로 표시함으로써, 그만큼 판매자들은 그 표시가격과 큰 괴리가 있는 가격 정책을 효과적으로 수행할 수 없게 된다. 즉 지나친 경쟁을 어느 정도 제어할 수 있게 된다.

2. 각국의 가격표시제도

외국의 가격표시제는 소매가격표시제와 단위가격표시제를 주축으로 발전되어 왔으나, 우리나라의 가격표시제는 시장구조의 성숙화와 소비 자권익의 증대에 발맞추어, 비교적 다양한 종류의 가격표시들이 제도 적으로 시행되어 왔으며, 단위가격표시제는 아직 제도적으로 정착되어 있지 않은 상태이다. 이에 본 장에서는 소비자보호의 맥락에서 우리나 라 및 외국의 가격표시제도에 대해 살펴보고자 한다.

① 한 국
상품에 표시되는 가격은 소매업자가 표시하는 소매가격과 제조업자 가 표시하는 권장소비자가격이 있으나, 우리나라는 예외적으로 제조업 자가 공장도가격(수입가격)을 표시하고 있으며, 소매가격표시와 공산 품에 대한 공장도가격표시는 "물가안정에관한법률"에 근거하여 제도 화되어 있다. 그러나 제조업자가 소매단계의 가격을 직접 표시하는 권 장소비자가격은 대부분 업계가 임의적으로 운영하고 있으나 의약품, 의약부외품, 화장품에 대해서는 "약사법"에 의해 제조업체가 의무적 으로 가격을 표시해야 하며 의약품은 표준소매가 격으로 제도화되어 있다.[74]

ⅰ) 공산품 공장도 가격표시제도(수입가격 표시제도)

정부는 소비자에게 상품의 적정가격에 대한 정보를 제공하여 합리적 구매가 이루어질 수 있도록 "물가안정에관한법률"에 근거한 "가격표시제 실시 요령"을 고시하였다. 이에 따라 1979년 4월 처음으로 공장도가격표시제를 실시하였으며 이후 공장도가격표시 대상품목을 지속적으로 확대하여 왔다. 1990년 3월에는 공장도가격표시 의무화 품목에 대해 수입가격도 표시하도록 의무화하고 있다. 공장도가격(수입가격)의 표시의무자는 표시대상품목을 생산하는 제조업자(수입가격의 경우에는 수입업자)이며, 이 가격의 산정기준은 공장도가격의 경우는 제조원가+판매비 및 일반관리비+적정이윤+제세이며, 수입가격의 경우는 CIF가격+수입통관과 관련된 제세+수입업자 판매비, 일반관리비, 제세이다.

ⅱ) 권장소비자가격표시제도

권장소비자가격은 제조업자가 소비자들에게 자기제품의 적정소매가격에 관한 정보를 제공한다는 차원에서 자발적으로 표시하기 시작하였으며, 제조업자 측면에서도 권장소비자가격의 표시가 자신의 가격정책수립과 가격관리체계의 유지에 도움이 되었다.[75]

권장소비자가격은 제조업자가 유통업자와 소비자 간의 거래에 참고할 목적으로 권장하는 가격으로 제조업자가 임의적으로 결정하여 표시하고 있으나, 의약품, 의약부외품, 화장품과 다단계판매 상품의 경우에는 권장소비자가격(표준소매가격)표시가 의무화되어 있었다. 업계가 자율적으로 표시하고 있는 권장소비자가격은 "표시, 광고에 관한 공정

---

74) 김범조, "경쟁촉진을 위한 가격표시제도의 개선방향", 『공정경쟁』, 1998. 2., pp.9-12.

75) 손성락, "우리나라 가격표시제도의 문제와 개선방향", 『소비자문제연구』, 제16호, 1995. 12., p.155.

거래지침"(공정거래위원회 고시)에 의해 제한을 받고 있다. 즉 제조업자 또는 수입업자가 소비자가격을 표시할 경우에는 단지 권장 또는 참고하게 할 목적으로만 할 수 있으며 일정 거래지역 상당수 소매업자가 실제 판매하고 있는 가격수준을 현저히 초과하여 희망소매가격을 표시하는 것은 부당표시로 보고 있다.

iii) 의약품 가격표시제도 표준소매 가격표시제도

우리나라 의약품 가격표시제도는 "물가안정에관한법률" 제3조 및 "약사법"에 근거하여 생산업자와 판매업자의 과당경쟁으로 인한 의약품 가격 및 거래질서의 문란을 방지하고 의약품 및 약사에 대한 신뢰를 제고시키기 위해 표준소매가격제도가 1984년 9월 도입되었다. 현재 의약품에 표시해야 할 가격에는 표준소매가격과 판매가격이 있으며, 표준소매가격은 약국 등 개설자에 대한 판매가격의 기준으로서 제조업자(수입업자)가 의약품 개개의 포장 및 용기에 표시하는 가격이고, 판매가격은 약국 등 개설자가 표준소매가격과 다르게(표준소매가격의 90/100 이하 또는 110/100 이상) 의약품을 판매하고자 할 경우의 표시가격이다. 그리고 의약품의 가격질서 유지를 위해 "의약품 가격표시 및 관리기준"에 따라 제조업자가 정당한 이유 없이 제조원가보다 낮은 가격으로 출하할 수 없으며, 약국 등 판매업자는 정당한 이유 없이 공장도가격보다 낮은 가격으로 판매할 수 없도록 제한하고 있다.

iv) 소매가격 표시제도

정부는 소비자들에게 상품가격에 대한 정보제공을 통하여 구매편의성을 제공하고 합리적 선택을 유도하기 위해 소매가격 표시제도를 도입하여 1973년 6월부터 서울, 부산에서 소매가격표시를 처음으로 의무화하여[76] 1975년 12월 31일 제정된 "물가안정및공정거래에관한법률"

---

76) 대한상공회의소 『가격표시제의 개선방안에 관한 연구』, 1993, p.22.

에 가격표시시행이 규정되어 본격적으로 시행되고 있다.

또한 소매가격의 표시의무자는 38개 업종에 해당하는 소매업자 중 매장면적 33㎡ 이상의 소매점포, 백화점, 쇼핑센터 내의 모든 소매점포, 기타 읍, 면, 동장이 지정하는 소매점포이다.[77]

② 미 국

미국의 가격표시제는 크게 세 종류의 법에 의해 구속된다. 제품에 따라 제정된 강제표시규정에 관한 연방법과 각 주(state)마다 각 제품의 생산, 판매 등에 관한 법률들, 가격표시를 공정거래의 취지에서 포괄적으로 구속하는 연방법들이 있다. 위의 세 가지 법 테두리 내에서 자율적으로 임의성을 갖고 행해지는 가격표시가 있다. 사실상 많은 품목들이 이런 자율적, 임의적 가격표시에 해당된다. 이러한 가격표시는 업계나 민간의 자생적 단체들의 주도하에 시행되고 있다. 그 대표적인 단체로는 Underwriters Laboratories(UL), American Gas Association (AGA), 전미규격협회(ANSI)를 들 수 있다.

미국의 가격표시제는 소매가격표시제와 단위가격표시제로[78] 구성되어 있으며, 권장소비자가격은 자동차만 표시가 의무화되어 있고 기타의 품목에서는 자율에 맡기고 있으나 관행상 대부분 표시하지 않고 있다. 권장소비자가격의 표시자체는 문제가 되지 않지만 권장소비자가격을 유지하기 위해 업자와 공동 행위를 하는 경우에는 재판매가격유지행위로 "셔먼법" 제1조의 위반으로 규제받고 있으며, 연방거래위원회

---

77) 권오승, "우리나라 가격표시제도의 문제와 개선방안", 『소비자문제연구』 제16호, 1995. 12., p.157.

78) 1970년대부터 단위가격표시제에 대한 관심이 고조되어, 매사추세츠 주는 1971년 1월 1일 미국에서는 처음으로 가격표시에 대한 강제적 법을 성문화하였다.

(FTC)는 "기만적 가격에 관한 지침"에 따라 권장소비자가격과 대비한 할인광고를 할 경우 그 권장소비자가격을 당해 지역 내의 거래가격 중 가장 높은 가격보다 현저히 높게 표시하는 행위는 규제하고 있다. 또한 소매업자가 권장소비자가격대로 판매하는 것은 고급화장품, 전문서 등의 일부에 지나지 않으며 그것을 비교가격으로 사용하고 있는 것도 자동차, 침구용품, 가전제품의 일부 등에 국한되며, 그 이용도 계속 감소하고 있다. 이러한 이유로는 미국의 소매업자들은 제조업자에 대해 상당한 독립성을 가지고 있으며 수많은 상표품(Brand goods)의 존재로 인한 경쟁이 존재하며 제조업자에 의한 어떠한 불공정행위로 관련법규에 의해 강력히 규제되기 때문이다. 이 밖에도 소매업자는 자신의 판매점의 구가격을 비교가격으로 사용하며, 권장소비자가격이 변동되는 것은 수입품의 환율변동에 수반하는 것을 제외하고는 거의 찾아볼 수 없다.[79]

③ 유럽국가

독일 및 영국, 프랑스에서는 종래 권장소비자가격이 광범위하게 사용되었지만 소매업자의 공동매입기구와 할인판매를 지향하는 신업종의 소매업자가 성장하여 제조업자에 대한 저항세력이 되어 제조업자들이 자기의 가격정책을 철저히 관리, 유지하기 어렵도록 권장소비자가격의 설정 또는 표시에 관해 엄격한 규제가 행해져 권장소비자가격의 역할이 줄어들고 있다. 또 이들 국가에서는 제조업자들이 소매업자와 직접 거래하는 경우가 많아 제조업자들이 유통의 각 단계에 거래가격을 미리 명시하는 건치제[80]는 전혀 채용되지 않는다. 영국 이외에는

---

79) 허병학, "권장소비자가격제도에 관한 연구", 석사학위논문, 서울: 한국외국어대학교대학원 경제학과, 1994. 2., p.26.

자동차를 제외하고는 제조업자들이 신문광고 등에 권장소비자가격을 직접 소비자에게 보이는 경우는 거의 없다. 이것은 일반적으로 권장소비자가격과 실제가격의 괴리가 크므로 제조업자들이 소비자의 신뢰상실을 우려하여 신제품의 발매에 있어서도 권장소비자가격을 명시하지 않는 점과 권장소비자가격의 설정에 엄격한 규제가 행해지고 있는 점(독일) 등에 따른 것이다. 또 이들 국가의 소매업자는 전혀 권장소비자가격을 사용한 이중가격표시제를 실시하지 않으며 소비자의 상품선택은 전단광고 등에 의한 점포 간의 실제 판매가격의 비교, 제3기관에 의한 상품시험에 의한 품질 등을 판단하여 소비행위를 하고 있다.

ⅰ) 영 국

1974년의 "가격법(Price Act)"에 근거하여 품목별로 가격표시에 대한 명령을 시행해 왔고 1991년 이를 통합한 "가격표시령(Price Marking Order)"을 시행 중에 있으며, 동 명령은 소매가격의 표시방법 특히 단위가격표시에 대한 상세한 규정을 담고 있고 할인판매 시의 가격표시방법도 규정하고 있다. 1979년 "가격표시령"에 의해 실제가격과 유리된 권장소비자가격이 설정되기 쉬운 품목에 대하여 권장소비자가격을 이용한 이중가격표시를 금지시켜 침구, 가전제품, 소비자용 전자기기(Audio), 융단, 가구 등 5개 품목에 대해 금지하다가, 1988년 폐지되어 현재는 침구에만 이중가격표시가 금지되고 있다.

ⅱ) 독 일

"가격표시령"에 의해 소매업자의 판매가격 표시를 의무화하고 있고 판매가격의 표시를 상품의 제공방법(쇼윈도나 판매장진열, 견본상품, 통신판매 등)에 따라 상세히 규정하고 있고, 계량검정제도(Eigesetz)

---

80) 건치제란 제조업자가 최종소비재의 권장소비자가격을 기준으로 설정하는 유통 각 단계의 거래가격을 말한다.

에 의한 단위가격의 표시도 규정하고 있다. 또한 제조업자들이 권장소비자가격을 유통업자에 대해 주장하는 것은 경쟁제한금지법의 규정에 의해 원칙적으로 금지하나 브랜드 간 경쟁이 존재하는 상표품에 대해서는 허용되어 있어 사실상 금지대상 상품은 많지 않다. 권장소비자가격이 허용되는 경우는 추천된 가격이 구속력을 갖지 않음을 명시해야 하며, 추천된 가격은 대부분의 유통업자에 의해 지켜질 수 있는 가격 수준이어야 한다고 규정하고 있다.

iii) 프랑스

종래 "가격령"에 의거, 경제담당 각료는 제조업자가 권장소비자가격을 재판매가격유지의 수단으로 사용하는 경우는 권장소비자가격의 사용을 금지하는 권한을 갖고 있었으나, 1986년 신정령에 의해 이 조항이 삭제되었다. 그 이유로는 신정령에도 명시적 규정은 없지만 권장소비자가격을 재판매유지의 수단으로 사용하는 경우에는 그 사용을 금지할 수 있는 것과 정책에 의한 가격통제를 배제하고 가격을 자유화하기 위한 것이고 제조업자에게 의무를 지우는 것은 바람직하지 않다는 견해에 의한 것이다.[81]

iv) 일 본

일본의 가격표시제도도 소매가격 표시제도와 단위가격 표시제도로 구성되어 있다. 이들 가격표시제도는 크게 세 종류의 법들에 의해 구속되는데, 첫째, 경품표시법, 부정경쟁방지법, 소비자보호기본법과 같은 공정거래에 관한 입법과 둘째, 각 제품품목별 입법 셋째, 지방자치단체의 소비자관련조례에 의해 구속을 받는다. 일본의 경우도 미국과 유사하게 소매가격표시제도의 정착과 함께 단위가격표시제의 정착을 위한 노력을 수행한 결과, 소비자가 용이하게 가격을 비교할 수 없는

---

81) 허병학, op. cit., 1994.

물건에 대해 소비자의 상품가격 비교를 쉽게 하도록 지방공공단체의 소비자 조례에 따라 단위당 가격표시를 의무화하고 있다.

임의적인 가격표시로 권장표시자가격이 있으며, 최근 일부제조업체에서 Open Price[82]를 도입하는 등 그 이용률이 감소하는 추세에 있다. 권장소비자가격의 설정 및 법률적 준수가 위법이 되지는 않으나 "부당경품표시법"이나 "독점금지법"상의 부당표시 또는 재판매가격유지행위에 해당되는 경우에는 위법이 된다.

가격정책에 관한 일본제조업자들과 기타 국가들의 제조업자들의 가장 근본적인 차이는 소매가격에 대한 제조업자의 관여방법과 강도라 할 수 있다. 미국이나 유럽국가의 경우에는 제조업자가 희망하는 소매가격을 용기, 포장 등에 기입하지만 그 가격에 강제력을 갖도록 하는 것은 허용되지 않는다. 그러나 일본의 경우는 재판매가격유지행위에 대하여 엄격한 규제가 행해지고는 있지만, 제조업자가 권장소비자가격, 표준소매가격 등의 이름으로 소매가격을 결정하고 유통업자와 소비자쌍방에 어떤 형태로든 이를 보임과 동시에 그것이 준수되도록 영향력을 행사하고 있다. 또한 일본에서는 제조업자가 판매가격을 포함한 유통체제의 각 단계별 가격을 결정하는 소위 건치제도가 널리 이용되고 있으며, 현재 일본의 경우 권장소비자가격의 결정 및 건치제에 의한 거래관행은 많은 상품 분야에서 상표화가 이루어지는 추세에 따라 계속적으로 확대되어 갈 전망이다.

---

82) 이 제도는 이전에 제조업자나 수입업자가 제품에 권장소비자가격을 표시하던 것을 일반 소비자에게 판매하는 소매업자가 실제가격을 제품에 표시하는 제도.

국가	관련법규	제도내용
일본		○ 재판매유지가격제도의 완화책으로 등장 ○ 제조업자의 희망소매가격이며 구속성은 없음 ○ 최근 일부품목에 오픈 프라이스제도 도입 등 완화추세
미국	○ 자동차정보 공표법 ○ 셔먼법(재판매가격유지행위)	○ 자동차에만 의무화 ○ 기타품목은 메이커 추천가격이 있으나 구속성은 없고 참고자료에 불과 ○ 다만 재판매유지행위나 권장소비자가격을 현저히 높게 표시하는 경우에는 규제
영국	○ Indication of Prices Order	○ 가구에만 이중가격 방지를 위해 표시
프랑스	○ 가격령	○ 원칙적 인정, 권장소비자가격을 재판매가격 유지행위로 이용하는 경우, 권장소비자가격표시 규제
독일	○ 가격표시령	○ 원칙적 허용, 다만 권장소비자가격의 구속력이 없음을 명시해야 하며, 실제 판매가격 수준이어야 함

3. 가격표시제도의 개선방향

우리나라에서 시행 중인 가격표시제도는 그 시행 초기의 제도도입목적에서와 같이 소비자보호와 공정거래 도모라는 순 기능적 측면보다는 소비자의 불신을 야기하고 가격구조를 왜곡시키는 등 역기능이 점차 커지고 있는 실정이므로, 소비자위주로 가격표시제도를 개선할 필요가 있다. 이를 구체적으로 살펴보면,

첫째, 공장도가격표시제도의 폐지가 요구된다.

공장도가격은 동일제품이라도 거래조건, 거래량, 결제조건에 따라 가격이 달라지므로, 실제출고 가격의 차이로 인해 소비자정보로서의

기능이 미약하고, 실제거래 가격이 아닌 가공의 가격을 형식적으로 표시함으로써 제조업자의 부담만 가중시키고 있으며, 표시가격의 과다표시 및 진실성 미약 등의 문제를 발생시키고 있다.

둘째, 권장소비자가격표시행위의 규제가 필요하다.

권장소비자가격은 가격정보제공보다 표시가격의 진실성 결여로 가격에 대한 신뢰도를 저하시키고, 가격의 하방경직성 심화, 소매점 간의 가격경쟁제한, 재판매가격유지수단 등의 문제점을 야기하므로, 제조업자들이 스스로 그다지 실효성이 없는 권장소비자가격을 더 이상 표시하지 않거나 품목을 지정하여 제한하는 등의 제도 보완이 있어야 할 것이며, 권장소비자가격표시를 의무화하고 있는 품목에 대해서는 이 제도를 금지할 수 있는 법적 근거를 마련할 필요가 있다.[83]

셋째, 아무런 가격이 표시되지 않는 경우 소비자들의 혼란과 불만이 예상되므로, 권장소비자가격표시가 금지되는 품목을 취급하는 소규모 대리점에 대해서도 소매가격표시의무와 Open Price제도의 실시를 확대하여야 한다.[84]

넷째, 소비자들의 상품 간 가격비교가 용이하여 소비자의 상품선택에 도움을 줄 수 있는 단위가격표시제도(Unit Pricing System)를 도입할 필요가 있다.[85]

다섯째, 독점적 유통체제를 유지하는 제조업자들의 유통업자에 대한

---

83) 재정경제부 국민생활국 소비자정책과의 「98년도 소비자보호종합시책」에서, 권장소비자가격을 폐지하고 판매자가격표시제로 전환하고, 의약품 표준소매가격제도를 단계적으로 개선하여 판매자가격제도로 전환하기로 결정하였다.(1998. 4. 10.)

84) http://www.cpb.or.kr/sobi/report/fulltext/rp980602.htm

85) V. A. Zeithml, "Consumer Response to In-Store Price Information Environment", *Journal of Consumer Research*, Vol.8, 1982, pp.367~369.

가격간섭행위의 방지 및 동일브랜드 간 가격경쟁의 저해요인의 해소를 위한 정부 정책의 적극적 추진으로 양판점, 가격파괴형 유통업소(디스카운트 스토어, 회원제 창고점들)의 활성화를 위한 정부의 정책적 지원을 고려할 수 있다.

제3절 품질관리제도

1. 품질인증제도

1) 품질인증제도의 의의 및 효과

품질인증제도(Quality Certification System)는 생산자가 규격 또는 사양에 적합한 품질의 제품 또는 서비스를 공급한다는 것을 공신력 있는 정부나 기관에서 보증하고 특정마크를 부여하는 제도[86]로 국제표준화기구(ISO)에서는 품질(시스템)인증제도의 공식명칭을 "공급자 품질(시스템)에 대한 제3자 심사 및 등록제도"라 정의 내리고 있다. 품질인증제도는 내용 면에서 표준화, 기술명세, 품질인증의 3단계 과정을 거치며, 표준화와 기술명세의 1, 2단계는 규격기준 설정의 기본 단계이며, 3단계는 설정된 규격기준에 의한 품질인증 및 인증마크부여 등의 실질적 단계이다. 대부분의 국가들은 오래전부터 표준화 제도와 아울러 품질인증제도를 실시해 오고 있으며 정부의 관여정도, 강제성 여부

---

86) 한국소비자보호원, "품질인증제도 개요", 『거래개선』, 1996. 7., p.4.

등에 따라 그 형태는 국가별로 상이하나 품질인증제도가 자국 내 유통 제품의 생산이나 소비에 있어서 효율성을 제공하기 위한 공통적인 목적이 있다. 특히 소비자 측면에서 품질인증마크는 소비자의 구매과정에서 품질수준을 나타내는 표시로서 정보전달의 기능을 가지고 있으며, 생산, 품질관리 측면의 성격을 가진 품질인증제도에 마케팅 및 소비자 보호 측면, 즉 제품책임의 기능까지 확대시킨 것으로 사전보증의 성격이 강하다. 일부 제조업자들은 경쟁우위를 갖기 위한 수단으로 보증내용을 확장하고 있기도 하다.[87] 실제로 이 제도는 기업의 대외 이미지를 고양시키고 소비자에게 제품품질에 대한 신뢰도를 증진시키는 긍정적 효과가 있으므로 중요한 판매촉진의 수단으로 이용될 수 있으며, 또한 국가 간의 무역에 영향을 미쳐 특정국가가 품질인증제도를 차별적, 제한적으로 운영하는 경우 수입 제한적 결과를 낳기 때문에 최근 기술장벽으로서 국제 간 무역거래의 중요한 장애요인으로 작용하고 있다.

2) 각국의 품질인증제도 및 품질인증마크

① 한 국

우리나라 품질인증제도는 정부의 품질관리 정책의 하나로 국가주도 하에 운영되어 왔으며 국민의 보건, 위생, 안전 관련사항뿐 아니라 그외의 품질사항도 정부에서 규격을 제정하고 강제인증의 범위도 넓혀 민간기관이나 단체인증에 대한 역할이 상대적으로 미약한 실정이다. 그러나 최근 들어 WTO 출범에 따른 무한경쟁의 시대 속에 신기술에 신속히 대응할 수 있는 규격제정의 필요성과 선진국들이 무역장벽으로 교묘히 사용하고 있는 단체품질인증에 대한 인식제고, 정부에서도 국제표준화 활동에 적극 참여하는 한편 민간차원의 품질인증에 대한

---

87) J. A. Kelly and J. S. Conant, op. cit., 1991.

인식을 새롭게 하여, 생산자 관련 단체를 중심으로 단체품질인증의 활성화에 각종 지원책을 강구하는 단계에 있다.

ⅰ) 국가인증제도

㉠ KS마크(KS표시제도)

KS표시제도는 품질고도화 및 생산효율성의 향상을 위해 제정된 "산업표준화법"에 따라 정부가 그 품질을 보증하는 제도로 기업의 자율적 참여로 운영되는 임의인증제도이다. KS표시는 제품과 가공기술을 대상으로 하여, 제품의 경우 품질식별이 곤란한 품목류, 관련산업에 파급효과가 큰 원자재, 가격변동 등으로 현저한 품질저하가 우려되는 품목들, 가공기술의 품질향상을 가능케 하는 기술류 등을 지정품목으로 지정하여 운영하고 있으며, 이는 제품인증뿐 아니라 시스템인증(공장심사)으로 KS표시허가 공장을 운영하고 있다. KS규격 기준 이상의 품질수준과 생산요건이 유지되고 향후에도 동일수준을 유지시킬 능력이 갖추어져 있는 경우 허가되며, 허가 취득 후 사후관리, 즉 특별공장검사, 시중판매, 제품수거 검사를 통해 품질저하를 제도적으로 방지하려고 노력하고 있다.[88] KS표시제도는 공산품 외에도 식품 분야에도 허가를 하고 있다.

㉡ 검마크(안전검사제도)

안전검사제도는 "품질경영촉진법"에 의거하여 소비자의 생명, 신체상의 위해, 재산상의 손해 또는 자연환경훼손의 우려가 있는 공산품에 대해 정부가 안전검사 대상공산품을 지정, 고시하고 이에 따른 안전검사기준에 따라 안전검사를 실시하여 합격한 제품에 한해 '검'마크를 부여하고 판매하도록 하는 강제인증제도이다. 안전검사대상품목은 위해 정도에 따라 사전검사 대상품목과 사후검사 대상품목으로 구분되

---

88) http://www.mk.co.kr/search/index.html

며, KS, 전, 열 마크를 획득한 제품과 정부에서 인정하는 외국규격을 획득한 제품은 안전검사가 면제된다.

ⓒ 전마크, 열마크(형식승인제도)

형식승인제도는[89] 제품을 판매하기 전에 정부에서 정한 규격기준에 적합하다는 형식승인을 받아야 판매할 수 있는 제도로 전기용품과 열 사용기자재가 형식승인 대상품목이다. 전기용품의 경우 "전기용품안전 관리법"에 의거 전기용품의 제조, 판매 및 사용에 관한 사항을 규제함 으로써 전기용품의 구조 또는 사용방법 등이 위험 또는 장해가 발생할 우려가 많다고 인정되는 전기용품에 대해 대상품목을 지정하여 "전기 용품 기술수준"에 적합한 제품에 한해 형식승인을 취득한 제품에 '전' 마크 표시와 그 옆에 형식승인 번호를 기재한다. 대상품목은 1, 2종 전 기용품으로 거의 모든 전기용품은 '전'마크가 부착되지 않으면 판매할 수 없다. 열사용 기자재도 "에너지이용합리화법"에 의거 열사용 기자 재 형식 승인 기준에 따라 적합한 제품에 한해 형식승인을 허가하고 판매를 하도록 하는 강제인증제도로 '열'마크를 제품에 표시해야 한다.

ⓔ '검'마크(가스용품 검사제도)

연료용 가스를 사용하고 있는 가스용품에 대해 "액화석유가스의안전 및사업관리법"에 의거 가스용품의 시설 및 기술수준에 관한 사항을 규 정하여 이에 적합한 제품에 한해 '검'마크를 부여하고 마크가 부착된 제품에 한해 판매를 하도록 하는 강제인증제도이다. 이 제도의 특징 은 가스용품 사고로 인한 타인의 생명, 신체나 재산상의 손해를 보상 하기 위해 검사대상 제품은 가스사고 배상책임보험을 의무화하였다.

---

89) 우리나라는 자동차부문의 경우 유럽연합(EU)이나 일본과 같이 형식승 인제를 채택하고 있으나, 정부는 이번에 막을 내린 한미자동차협상에서 자동차업계의 국제경쟁력 향상 및 소비자보호를 강화하기 위해 미국과 같은 자가인증제(리콜제)로 전환하기로 합의했다.

압력조정기, 배관용 밸브, 콕크, 가스누설자동차단기 및 가스누설경보 장치, 가스렌지류, 휴대용 연소기, 가스온수기 등이 대상품목이다.

ⓜ GD, GP 마크(우수산업디자인 마크제도)

상품디자인의 개발촉진, 디자인 수준향상 및 포장기술의 육성발전을 통한 국민생활의 질적 향상도모를 위해 "산업디자인포장진흥법"에 근거하여 우수산업디자인 상품사전기준에 따라 우수디자인, 우수포장제품에 대하여 품질을 인증해 주는 임의인증제도이다. GD마크는 「KS」, 「품」, 「검」 자 마크를 획득한 제품 중 디자인이 우수한 제품에 대해 부착되는 마크로 한 번 GD상품으로 지정되면 이 마크를 2년 동안 부착하여 판매할 수 있으며, GD마크를 붙인 상품은 소비자 측에서 디자인과 성능 면에서 우수성이 인정된 상품을 쉽게 식별할 수 있다는 장점이 있다.

ⓗ NT마크(신기술상품표시제도)

1993년 "공업발전법" 및 "중소기업의경영안전및구조조정촉진에관한 특별조치법"에 근거하여 국내에서 최초로 이루어진 신기술을 상품화하여 시제품형태로 형성화된 기술에 대해 정부의 기술 평가에 따른 품목별 기준에 적합한 제품에 대해 신기술을 인정하여 인증제품에 'NT'마크를 부여하는 임의인증제도이다.

ⓢ 환경마크(환경마크제도)

1992년 6월에 도입된 환경마크제도는 일정제품이 동종의 다른 제품보다 환경친화적, 자원절약적으로 생산, 사용, 폐기되는 제품이라는 것을 소비자에게 알림으로써 소비자의 수요충족과 소비자의 그린상품에 대한 구매를 촉진시키기 위해 정부에서 일정기준을 정하여 적합한 제품에 대해 환경마크를 부여하는 임의인증제도로서 이 마크의 대상품목은 단일재질에서 전자제품, 자동차 등 하이테크의 복합재질 제품에까지 확대되는 추세로 1996년 36개 대상품목 225개 제품이 인증을 받은 상태이다.

◎ 품질인증마크(농산물품질인증제도)

농산물의 품질확대와 생산을 장려하고 소비자를 보호하기 위해 정부에서 일정기준을 마련하여 농산물의 재배실태를 확인하고 출하품과 시판물에 대한 농약잔류조사를 실시하여 적합한 제품에 대해 품질을 인증하는 임의인증제도이다. 생산지 시장, 군수, 농촌지도소장의 추천, 국립농산물검사소의 품질검사, 시·군단위의 품질관리위원회의 심의를 통과해야 부착할 수 있으며, 한 해 1작기에만 유효하다. 국립농산물검사소에서 '93년 12월부터 유기 재배, 무농약 재배, 일반 재배 등 3단계로 시행해 온 농산물인증제도'를 96년 3월부터 저농약 재배 농산물에도 확대실시하여 현재 4단계로 세분화하여 시행하고 있다.

㋐ A/S 마크제도

A/S는 After Service의 약자로 소비자가 요구하는 정당한 의견이나 불만을 신속하게 처리하고 불량공산품으로부터 피해를 공정하게 처리하여 소비자가 만족스러운 소비생활을 할 수 있도록 우수 A/S 실시업체의 공산품에 대해 'A/S'마크를 부착하여 제품을 판매하도록 하는 임의인증제도이다.

ⅱ) 단체표준품질인증제도

㋡ 물마크

'물'마크는 정부에서 정한 규격기준에 따라 한국정수기 공업협동조합에서 실시하는 단체표준품질인증제도로 의무검사 5개 항목인 냄새, 맛, 색도, 탁도, 일반세균 기준에 적합하면 '물'마크를 획득할 수 있으며, '물'마크가 있으면 일반 음용수로는 일단 적합하다는 뜻이다. 그러나 '물'마크를 획득한 제품도 의무검사 5개 항목 외에 특수검사 항목인 36개 기준이 있는데 각각의 기준을 통과하는 대로 별도 표시가 되어 있어 표시내용을 잘 살펴보아야 한다.

iii) 민간기관품질인증제도

㉠ Q마크제도

'Q'마크는 주로 소비생활제품에 부착되는 인증마크로 제조업체와 민간검사기관과의 계약에 따라 검사기관의 축적된 품질관리와 검사를 거쳐 기준에 적합한 제품에 대해 마크를 부여하는 임의인증제도이다. 'Q'마크 부착제품으로 인한 소비자의 피해발생 시에는 제조업체와 검사기관이 공동으로 해당제품의 교환 및 보상을 하는 특징을 갖고 있으며, 품목에 따라 한국생활용품시험연구원 등 6개 기관에서 공동운영 규정에 의거 'Q'마크제도를 운영하고 있다.

㉡ C마크제도

'C'마크제도는 국민보건과 건강에 이바지하고자 비영리재단법인인 한국수도연구소에서 환경위생관련 시험분석을 실시하여 위생관련 제품에 대해 품질인증을 하는 임의인증제도이다. 주로 정수기에 "먹는물관리법"과 환경부에서 승인한 정수기 검사규정에 의거 재료 및 구조, 성능시험 등을 규격에 따라 실시하여 모든 규정에 적합할 경우에 품질을 인증하는 'C'마크를 부여하고 있으며 인증제품에 대해서는 월 1회 정도 사후검사를 실시하여 인증마크의 신뢰성 확보에 노력하고 있다.

㉢ 태극마크제도

귀금속제품은 다른 공산품과 달리 소비자들이 제품의 진위여부를 알기 어려운 특성을 가지므로 귀금속 가공상품에 대한 신뢰를 높이고 상거래질서를 확립하기 위하여 한국귀금속보석감정원에서 품질을 인증하고 마크를 부여하는 임의인증제도이다. 따라서 '태극'마크 부착제품에 대해 소비자불만이 제기되었을 경우 인증기관인 한국귀금속보석감정원에서 보상규정에 따라 피해보상을 한다.

〈표 5-2〉 주요품질인증마크

마크명	관련법률	주무기관	인증대상	소비자 보상제도	특성
KS	산업표준화법	국립기술품질원	광공업제품 및 가공기술	없음	국가임의마크
검	품질경영촉진법	국립기술품질원	안전검사대상 공산품	없음	국가강제마크
품	품질경영촉진법	국립기술품질원	공산품 및 가공기술	없음	국가임의마크
전	전기용품 안전관리법	국립기술품질원	전기사업법에 의한 전기 공작물의 구성부분 및 접 속사용기계, 기구, 재료	없음	국가강제마크
NT	공업발전법	국립기술품질원	국내에서 최초로 이루어진 기술을 상품화하여 시제품 형태로 형상화된 기술	없음	국가임의마크
EM	공업발전법	국립기술품질원	국내에서 개발된 기계류, 부품, 소재	없음	국가임의마크
K	–	생산기술연구원	공산품(신개발 제품 및 부품)	없음	단체임의마크
열	열에너지 이용합리화법	에너지관리공단	열사용 기자재	없음	국가강제마크
KT	기술개발촉진법	과학기술처	공산품	없음	국가임의마크
환경마크	환경기술개발 및 지원에 관한 법률	환경마크협회	자원재활용 대상제품	없음	국가임의마크
GD	산업디자인 포장진흥법	산업디자인 포장개발원	일반 공산품	없음	국가임의마크
GP	산업디자인 포장진흥법	산업디자인 포장개발원	일반 공산품	없음	국가임의마크
태극	–	한국귀금속 보석감정원	금, 은, 백금 제품류	보상규정 에 따라 피 해보상	민간임의마크
품질인증		국립농산물검사소	농산물	없음	국가임의마크
Q	–	6개 민간시험기관	공산품	해당제품교 환 및 보상	민간임의마크
물	산업표준화법	한국정수기 공업협동조합	정수기	없음	민간임의마크
C		한국수도연구소	정수기	없음	민간임의마크
SF	–	한국원사직물 시험연구원	공산품(항균방지제품)	해당제품교 환 및 보상	민간임의마크
PL	산업표준화법	한국플라스틱 공업협동조합	플라스틱제품	제조자와 협의하에 피해보상	민간임의마크
AS	소비자보호법	국립기술품질원	공산품제조업체	없음	국가임의마크

② 미 국

　소비자들의 안전, 보건, 위생 등 필수적인 사항에 대해서만 연방정
부가 강제기준을 제정하고 준수의무를 부과하고 있으며, 기준적합여부
가 부과된 특정의 소비생활용품을 제외하고는 일반단체나 민간검사기
관에서 해당품목에 대해 제품의 안전성 확보나 소비자보호차원에서
품질인증제도를 실시하고 있다.

　미국의 국가표준화제도의 총괄조정기구는 미국표준협회(ANSI:
American National Standards Institute)로, 국가표준의 설정 및 국가
규격의 국제규격과의 부합화 업무 등을 수행하고 있는데, ANSI에서
는 인증업무를 직접 관장하지는 않으나 미국 내 인증기관들의 업무를
총괄 조정하고 있으며, ANSI가 인정하는 인증기관별로 독자적인 제
품인증과 품질보증시스템 인증제도를 운영하여 인증서를 발급하고 인
증마크 사용을 허가하고 있다.[90]

　미국의 경우 단체표준이 활성화되어 있어 ASTM(미국재료시험학
회), ASME(미국기계기술자학회), API(미국석유학회) 등의 단체표준
을 국가표준으로 채택하는 경우가 많으며 단체 간 표준화 활동의 제
휴가 원활히 이루어지고 있다.

　● 『UL』마크 – 미국의 보험자연구소(Underwriters Laboratories,
　　Inc)에서 전기제품, 가스제품, 가구 및 사무용 제품 등에 안전도
　　검사를 실시하여 합격한 제품에 UL마크가 부착될 수 있다. 이
　　UL마크가 현실적으로 미국제품의 품질보증기능을 하고 있다. 또
　　한 미국과 캐나다의 FTA(Free Trade Agreement) 체결 후 양
　　국가의 인증기관을 상호 인증하여, UL이 제조업자에게 그들의

---

90) http://web.ansi.org/public/about.html

제품에 캐나다용 UL마크인 cUL을 붙이도록 허가하였다.[91]

- 『FCC』마크 – 미연방통신위원회(Federal Communications Co-mmission)는 미국 정부기관으로 라디오, TV 및 유선에 의한 국내외 통신을 규제하고, 전파로부터 생명과 재산상의 안전을 목적으로 설립된 기관으로 전기전자제품으로부터 복사되는 불필요한 전파가 공중통신에 방해가 되지 않도록 규제하고 있는데, FCC규정에 해당되는 무선기기는(예를 들면 송수신기, TV, 라디오, 무선전화기 등) 판매, 사용 전에 FCC에 의해 인증을 받아야 하는 강제인증마크이다.

③ EU

유럽 각국에서는 나름대로의 인증제도를 시행하고 있으며 대부분의 국가는 전기 분야와 비전기 분야를 구분하여 이원화된 인증제도를 운영하고 있고, 별도로 EC차원의 인증제도를 시행하고 있는데, 유럽시험인증기구(EOTC)가 EC의 인증제도와 인증마크의 동일을 위한 업무를 총괄 담당하고 있으며, 1961년 설립된 유럽표준화위원회(CEN)에서 유럽규격을 제정, 유럽규격에 부합하는 제품에 대한 CEN 인증마크를 운영하고 있다. 유럽규격은 위생, 안전, 환경보호, 소비자보호 등 공공이익과 직접 관계된 제품은 제품의 자유이동과 관계된 EU지침서에 규정된 필수요건을 충족시켜야만 수입, 판매가 가능하도록 기술적 사항을 상세히 명기하고 있으며, CEN마크 표시가 있으면 약정된 경우를 제외하고는 자동적으로 참가국 내의 사용이 인정되며 CEN은 전자기술 분야와 전기통신 분야의 표준을 제외하고는 모든 분야의 표준을 취급하고 있다.[92]

---

91) http://www.ul.com/mark/ulmark.htm

- 『CECC』-유럽전기기술표준화 위원회(CENELEC)에서 전자 부품에 대해 적합성이 인증된 합격품에 부착되는 인증마크
- 『CCA』-CENELEC에서 전기기기와 가전제품에 대해 부착하는 인증마크
- 『HAR』-CENELEC에서 저전압케이블과 로프에 대해 부착하는 인증마크

④ 영국의 BSI마크

BSI(British Standards Institution)는 1929년에 영국 국가규격 제정, 승인업무와 제품인증 및 시험업무를 전담하도록 설립된 독립기관으로 BS(영국국가규격)에 적합한 제품에 한해 품질규격과 보증의 표시로 BSI마크를 부착하고 있으며, 해외국가 규격의 Agency로 활동하고 있다. 예를 들면 캐나다에 수출되는 전기제품의 승인에 관하여 장기협약을 체결한 BSI/CSA Agency업무가 있다.[93] 영국 BSI의 전기제품에 대한 품질인증마크는 다음과 같다.

- 『KITE MARK』-제품이 영국규격에 적합하다는 것을 보증하여 통상성의 무역마크법에 의거 합격된 제품에 BSI 인증무역 마크인 'KITE MARK' 표시를 허가하여, 국내 생산제품 전 품목과 수입제품에 걸쳐 광범위하게 적용하고 있다.[94]
- 『SAFETY MARK』제도-전기조명기구와 같이 특수 안전성이 요구되는 제품에 대해 안전관련규격에의 적합성을 보증하

92) http://www.cenorm.be/AboutCEN.html
93) http://www.ktl.re.kr/cert/iec/bsi.htm
94) http://www.bsi.org.uk/bsi/keyserv/welcom.html

며 민법에 의거 합격된 제품에 한해 안전마크 표시를 허가한
다. EEC의 저전압 지침에 따라 영국의 지정을 받은 것이 이
안전마크이며, 이 마크의 인가는 어떤 나라의 어떤 제조업자
도 신청할 수 있다.

⑤ 프랑스의 『NF』 마크

프랑스 국가규격(NF)을 승인하는 프랑스표준협회(AFNOR)에서 NF
에 적합한 제품에 한해 부착하는 인증마크로 공업제품, 환경 및 식품,
서비스 분야에서 영상자동차 수리부분에 대해 NF마크를 부여한다.

⑥ 독일의 『VDE』 마크

VDE는 독일 전기기술자협회의 약자로 전기, 전자제품 및 부품을
주 대상으로 작업보호용구, 소비자용품 안전법에 의한 관련규격에 의
거하여 시험을 실시하고 적합한 제품에 한해 부여하는 인증마크로 인
증제품 제조업체에 대해서 인증유지에 필요한 관리감독을 실시하고
있다. VDE 인증마크는 법적으로 강제성은 없으나 동 마크가 부착된
제품에 사고가 발생했을 경우 법률에 의해 민·형사상의 책임을 추궁
받도록 되어 있으므로 사실상 강제마크로 볼 수 있다.

⑦ 캐나다의 『CSA』 마크

캐나다규격협회(CSA)에서 CSA에 적합한 제품에 한해 부착하는
마크로 캐나다 전 지역에서는 전기기기에 대해서 CSA안전시험을 받
도록 규정하고 있으며 의무적으로 CSA승인을 받도록 되어 있는 주
품목은 전기기구, 전기기계, 전기부품, 재료 및 가스, 석유 또는 가스
연소기구 등이다.

⑧ 일본의 『S』, 『SG』 마크

정부 중심의 일관된 체계로 JIS(통상산업청), JAS(농림수산청), T (자원에너지청) 등 대부분의 행정관청에서 품질인증제도를 운영하고 있으며, 경제규모의 확대로 각 업종별 단체에 의한 표준화활동이 활성화되어 있어 200여 개의 단체가 5000여 종의 표준을 제정하고 있으며, 인증마크의 부여가 활성화되어 있어 법정마크 및 단체인증마크 등 총 160여 개의 다양한 마크가 품목별로 부착되어 있으며, 소비자들은 인증마크가 부착되지 않은 경우 구매를 꺼리므로 실질적으로 강제인증화되어 있다고 볼 수 있다.

- 『S』(Safety) – 일본의 "소비생활용제품안전법"에 의해 제정된 소비자 안전마크이다. 소비자의 생명, 신체에 위해를 미칠 우려가 많은 제품을 정부에서 지정하고 법에서 정한 안전기준에 적합지 않은 제품의 판매를 규제하는 강제인증마크로 우리나라의 '검'마크와 유사하다. 대상품목은 가정용 압력냄비 및 압력솥, 유아용 침대 등이다.
- 『SG』(Safety Goods) – 소비용품의 안전성 확보를 위한 민간기구인 제품안전협회에서 소비자의 생명, 신체에 위해를 미칠 우려가 많은 제품을 지정하고 협회가 통상산업청의 승인을 얻어 정한 안전성 기준에 적합한 제품에 인증마크를 부여하며, 기업이 자유로이 참여할 수 있는 임의인증제도로 대상품목은 유아용품, 주방용품 등이다.

⑨ 『IMQ』: 이탈리아의 규격품질인증마크
⑩ 『SEMCO』: 스페인의 규격품질인증마크

3) 우리나라 품질인증제도의 개선방향

우리나라도 무역마찰을 최소화하면서 국익을 확보하고 국내 소비자를 보호하기 위해서 선진국 사례를 참고하여 다음과 같은 개선방안을 검토할 필요가 있다.

첫째, 국가주도의 품질인증제도를 민간주도로 전환해야 할 것이다. 국가표준체제가 아닌 품질인증과 마크는 협상대상에서 제외될 수 있어 무역마찰을 줄일 수 있으며, 또한 민간단체 인증제도가 위해 가능성이 높은 수입상품으로부터 소비자의 안전을 확보하는 방안으로 이용될 수 있을 것이다.

둘째, 국가주도의 여러 가지 안전성 마크는 필요 이상의 무역마찰의 소지가 있으므로 단일마크로 통일하는 방안이 고려되며,

셋째, 무역마찰 해소와 소비자안전을 확보하기 위한 수단으로 국제관향과 기준에 적합한 적합성 평가제도를 도입하고 이 제도를 효율적으로 이행하기 위한 공인시험 · 검사기관 인정제도, 즉 One-Stop-Testing[95]제도를 구축한다면, 국가 간의 이중검사 해소와 더불어 상품의 국제경쟁력도 높이는 계기가 될 것이다.

2. 리콜제도

1) 리콜제도의 의의

리콜(recall)제도란 회수제 또는 사업자의 자발적 결함시정제도라고

---

95) http://www.miti.go.jp/topic-j/el abidxj.html, 한 시험기관에서 얻은 데이터가 국제적으로 인정되는 구조의 시스템으로, 이 제도가 세계적으로 구축되면, 국제 간에 이루어지던 시험을 생략할 수 있게 되고 제품의 비용을 절감할 수 있게 되며, 제품이 시장에 나올 때까지 걸리는 시간을 단축할 수 있는 많은 이점을 누릴 수 있다.

불리는데, 안전성에 문제가 있는 결함상품의 경우 제조업자가 제품결함을 스스로 공개하고 시정하는 제조자 결함시정제도이다. 즉 이 제도는 결함상품 공급자의 공개적, 자율적 조치를 원칙으로 하지만 제품제조 후 또는 유통 후 안전에 문제가 발생하였음에도 자발적으로 위해한 제품을 제거, 회수하지 않을 경우 정부가 강제적으로 리콜실시를 요구할 수 있는 제도이다. 즉 결함 있는 물건을 전량 수거해 보상, 수리, 교환해 주는 사전적 의미의 피해구제이며, 기업 또는 제조자가 자율적으로 시행할 때 가장 효과적이다.[96]

이러한 리콜제도는 원래 직접민주주의의 한 형태인 국민소환의 의미를 지닌 리콜에서 시작되고 있는데, 공직자가 주민의 신뢰를 배반하는 행위를 했을 때, 임기만료 전 주민의 발의에 의해 소환해서 탄핵하는 방법에서 유래하고 있다.[97]

2) 리콜제도의 소비자보호 효과

첫째, 제조물의 안전성 확보기능이다. 제조물사고의 사후적 손해배상책임의 의무가 큰 제조물책임법을 병행 시행하면 제조업자는 제조물의 개발, 제조, 표시, 검사에 특별한 관심을 기울일 것이며,

둘째, 안전향상기능에 의한 품질향상을 도모할 수 있고,

셋째, 리콜 수행자체가 기업에게 막대한 인적, 재정적 자원의 투입을 요구하기 때문에 리콜을 명령받거나 자발적으로 리콜을 수행하는 기업에게 제재효과를 볼 수 있다.

넷째, 제품의 수리, 교환, 환불의 시정조치 규정은 소비자의 경제적

---

96) 최재희, "리콜: 제품결함, 솔직한 고백이 소비자 신뢰 높인다", 『소비자시대』, 1996. 3., pp.11-15.

97) Joseph F. Zimmerman, *The Recall*, Westport, Conn: Praeger, 1997, p.6.

손실을 보상하고 해당 제품의 판매와 관련된 분쟁을 일률적으로 해결
할 수 있다.

3) 각국의 리콜 제도

리콜은 세계적인 추세로서 미국 및 유럽 선진국, 일본 등의 경우 리콜
을 철저히 하고 있다. 리콜에 대한 부정적 시각 없이 긍정적이고, 소비
과정의 일부라는 의식으로 자율적으로 실시하고 있는데 소비자 안전과
관련된 문제로 주의사항, 부실표시 사항까지 리콜대상으로 하고 있다.

(1) 한 국

주요 선진국에서 소비자의 안전을 확보하기 위한 수단으로 독립된
제품안전법체계를 유지하는 것과는 달리 우리나라에서는 주요품목별
개별법체계 속에서 위해제품으로부터 소비자안전문제를 부분적으로
다루어 왔다. 그러나 우리나라에서도 1991년 자동차의 각종 매연으로
부터 대기환경을 보전하기 위해 "대기환경보전법"에 의해 자동차의
배출가스가 허용기준을 초과한 경우 당해 사업자에게 결함을 시정할
수 있도록 하는 최초의 자동차 리콜제도가 시행되었으나 크게 활성화
되지 못하다가 소비자보호법시행령이 개정되면서(1996. 3. 30. 대통령
령 제1462호) 모든 상품 및 용역을 대상으로 위해상품에 대한 "리콜
(recall)"이라는 사업자의 자발적 결함시정제도가 위해상품에 대한 행
정제재의 전 단계로 도입되었다. 즉 사업자는 자기가 공급하는 물품
또는 용역이 안전기준을 위반하거나 소비자의 생명, 신체 및 재산상의
안전에 동일 또는 유사한 위해를 계속 반복적으로 미치거나 끼칠 우
려가 있는 경우에는 스스로 결함을 시정할 수 있다.(소비자보호법시행

령 제15조제2항)

리콜실시를 위한 법적 근거는 위해 관련 모든 물품의 경우 "소비자보호법"에 의거하고, 식품의 경우는 "식품위생법", 자동차의 경우 "자동차관리법", 자동차 배기가스 배출기관 부품의 경우 "대기환경보전법"에 의거하여 리콜을 실시하게 된다. 위해제품 선정기준은 한국소비자보호원, 소비자단체, 병원, 경찰서 등에 안전사고 사례가 자주 보고된 제품을 우선적 감시 대상으로 선정한다. 이 외에도 초등학교, 소방서, 행정관서 등을 통해 결함시정 건의를 받도록 한다는 것이 정부방침이다. 새로 시판되는 제품 및 기존제품 모두 리콜대상이 되고, 공산품의 경우 가스보일러, 압력솥, 전기순간온수기, 세탁기, LP가스용기, 녹즙기, 자전거 등이 자주 사고 및 피해가 보고되므로 이 같은 제품의 경우 일차적 리콜대상 또는 감시대상이 될 수 있다.

리콜의 실시절차를 살펴보면, 일차적으로 소비자보호원에서 위해정보평가위원회를 열어 리콜실시 여부를 판정하고, 판정결과 위해성이 있다고 결정된 경우 사업자, 소비자, 해당제품을 관장하는 주무부처, 재경원 등에 통보하게 되고 주무부처는 리콜을 시행한다. 이때 주무부처는 위해성 여부를 재평가하는데, 예를 들면 자동차는 자동차성능시험검사소, 공산품은 국립기술품질원, 식품은 식품의약품안전본부에 시험평가를 의뢰할 수 있다.

주무부처가 리콜결정 시 사업자는 리콜실시 계획서를 제출 후 리콜을 실시한다. 리콜계획서에는 리콜을 알리는 광고문안, 개별통지, 애프터서비스 체계, 교환시기 및 장소, 인력보충 등의 구체적 명시가 필요하다. 또한 사업자는 리콜사실을 일반 소비자에게 고지해야 한다. 사업자는 리콜완료 후 리콜완료를 보고해야 한다. 사업자가 주무부처의 리콜결정에 반발 시 강제리콜을 명령하고, 또한 리콜이 미흡한 경우는 추가리콜 명령을 요구한다. 명령위반 시 형사상 책임과 벌금을 물린다. 예를 들면 식품 리콜의 위반 시 500만 원 이하 벌금, 공산품 등 물품 및 용역의 안전기준위반 또는 시정명령 위반 시 3년 이하 징역 또는 5천만 원 이하 벌금을 물도록 정하고 있다.

그러나 미국에서는 한국산 자동차(86년식 현대엑셀, 현대소나타, 93년형 기아 스포티지, 세피아, 대우아벨라 등)에 대한 다양한 리콜사례가 발생했으나, 국내에서는 리콜사례가 거의 없어 아직 국내에서는 안전에 대한 인식부족과 검증능력의 부족으로 리콜이 활성화되지 못하고 있음을 보여 주고 있다.[98]

(2) 미 국

미국의 경우 리콜제는 크게 식품의약품, 자동차, 일반공산품으로 구분하여 전담기관에 의해 체계적으로 운영되고 있다.[99]

식품의약품의 경우, 식품의약품 관리국(FDA)에서 1906년에 제정된 "식품, 의약품법(FDA)"에 근거하여 과학적으로 입증되지 않은 식품의약품의 제조, 판매를 금지하고 있고 잠재적 위해요소를 제거하기 위해 리콜을 실시하고 있다. 부실한 표시사항이나 주의사항의 경우도 리콜대상이 되는 등 다른 어느 나라보다도 소비자안전과 관련한 부분은 매우 철저하게 관리하고 있다.

또한 일반 공산품, 즉 완구, 가구, 가전제품 등 일반 소비재는 "소비자 제품 안전법"에 의해 CPSC(소비자제품안전위원회)에서 관장하고 있으며, CPSC의 평가결과 결함제품이 소비자에게 실질적인 위해를 입힐 수 있다고 판단되면 일단 해당업체에 통보하여 자발적인 시정조

98) http://www.waw.co.kr/vol-20/recall/recall.htm
99) 황광호, "미국의 리콜실태를 알아본다", 『소비자시대』, 1996. 3., p.12.

치를 권유하게 되며, 이의가 제기되는 경우 공청회를 개최한 후 결과에 따라 해당업체에 리콜을 명령하게 된다. 리콜의 종류(수리, 교환, 환불 등)가 결정되고 리콜을 실시한다는 내용과 리콜방법 및 절차 등이 소비자에게 통지되면 해당업체는 즉시 리콜을 실시하며 기간은 6개월에서 1년 6개월까지 소요된다. 최근의 경향은 위해성이 심각한 제품의 경우, 기업에서 소비자에게 신속하게 리콜에 응하도록 유도하기 위하여 인센티브, 예를 들면 리콜대상 물품가격의 2~5배의 현금보상까지 제공하기도 한다.

자동차의 경우는, 1965년 Ralph Nader가 "Unsafe at any Speed"라는 제목의 저서를 출판하면서 자동차 결함으로 인한 소비자안전에 관한 의식이 사회적으로 고조된 것은 익히 알려진 사실로,[100] 이에 따라 자동차 및 자동차부속장비에 대한 리콜은 NHTSA(미국립고속도로안전청)에서 「교통및자동차안전법」에 의거 담당하고 있으며, 핫라인(Hot-Line)[101] 등을 통해 관련정보를 수집하고 이 수집된 정보는 NHTSA의 기술진에 의해 체크되며 리콜의 여부를 결정하게 된다. 리콜의 실시나 결함의 시정은 NHTSA의 결정이전에 제조업체가 자발적으로 실시할 수 있다. 제조업체는 "교통및자동차안전법"에 의해 결함시정을 위해 자동차를 수리할 수 있으며, 동일한 또는 유사한 자동차로 교환해 주거나, 전체 구입가격에서 감가상각비용을 뺀 가격으로 환불해 줄 수 있다.

---

100) R. N. Mayer, *The Consumer Movement: Gurdians of the Marketplace*, Twayne Pub, 1989.

101) 미국의 리콜담당기관에서는 소비재에 대한 결함정보를 소비자가 직접 제공할 수 있도록 수신자 부담용 전화를 설치하고 있다. 이 전화를 통하여 소비자에게 위해정보를 제공받을 뿐 아니라 소비자가 궁금해하는 제품안전정보를 제공하고 있다.

제조업자는 자동차에 안전 관련 결함이 있거나 안전기준에 미달하면 모든 딜러, 최초구매자, 등록소유자 또는 가장 최근 구매자에게 그 내용을 우편으로 통지해야 한다. 제조업자는 결함 또는 안전기준 불합치의 결정을 내린 후 "적절한 시간" 내에 통지를 해야 하며 언론 홍보는 공공의 이익을 위해 필요하다고 인정할 때 실시하게 된다. NHTSA에서는 리콜실시 이행여부 및 결과에 대한 감독을 분기 또는 연별로 실시하고 있는데 주로 소비자불만 내용 및 제조업체의 분기별 리콜 보고 내용에 대한 이행실태를 확인하고 필요시 자동차 소유자에 대한 추적 확인조사도 실시하고 있다.

(3) 일 본

일본은 경제성장에 따른 소득증대에 힘입어 국민의 소비생활이 풍요롭게 되었으나, 이러한 풍족한 소비생활 가운데 소비재의 결함으로 인한 소비자의 안전문제가 국민의 중요한 문제로 대두되어, 소비생활용 제품으로부터 발생하는 일반 소비자의 생명 및 신체적 위해를 방지하기 위한 목적으로 1973년 "소비생활용제품안전법"을 제정하였다. 또한 국민건강 보호를 위하여 특정한 유해물질을 함유하는 가정용품에 대하여는 "유해물질을함유하는가정용규제에관한법률"을 제정하는 등 소비자 안전에 관한 법규를 제정하면서 리콜제도가 도입되었다. 자동차리콜은 1969년부터 도입되어 자동차안전상 또는 공해방지상 문제가 있는 경우 리콜제도를 실시하고 있다. 일본의 최근 리콜사례로 1988년 마쯔시다 TV에서 발화화재가 발생하자 이 회사에게 제조물책임을 지우는 판례가 나왔다.[102] 그 이후 파급효과로 다른 많은 일본의 TV회사들은 TV를 회수하여 리콜을 실시하였다. 그러나 일본의

---

102) 최병록, "일본의 리콜실태를 알아본다", 『소비자시대』, 1996. 3., p.13.

경우 소비자안전에 대한 법적 근거가 마련되었음에도 불구하고 그다지 리콜제도가 활성화되지 못한 실정인데, 이유는 그동안 리콜제도를 활성화시킬 수 있는 집단소송법이나 제조물책임법(1995년 7월 시행)과 같은 법규가 미비했기 때문인 것으로 판단된다.[103]

(4) 프랑스

프랑스에서는 위해제품이나 서비스로부터 소비자를 보호하기 위해 1983년부터 소비자안전단행법체계로 소비자의 안전을 확보하고 있다. "소비자안전법"에서 위해제품에 대한 리콜을 포괄적으로 실행할 수 있도록 함으로써 시장에서의 결함제품으로부터 대중을 보호하고 있다. 경제, 재무성의 경쟁·소비위조방지국(DGCCRF)이 안전업무의 주무부서로서 업무를 수행하고 있다. 소비자 안전법의 목적은 상품이나 서비스로부터 당연히 예측될 수 있는 위해로부터 소비자의 안전을 확보하기 위한 것이며, 법에 근거하여 정부는 불안전한 상품을 시장으로부터 회수하여 시정하거나 부분적으로 또는 전체적으로 환불이나 교환을 해 주도록 명령할 수 있으며 소비자에게 제공해야 할 정보에 관한 규칙들을 명시할 수 있도록 규정하고 있다.

결함제품에 대한 리콜은 소비자안전위원회의 권고에 따라 정부명령에 의하여만 할 수 있다. 단 심각하고 급박한 위험이 발생한 경우 장관의 명령에 의해 위험한 제품의 리콜을 실시할 수 있다. 위원회는 서비스와 상품의 안전과 관련하여 위해의 예방을 향상시킬 수 있는 모든 대책을 제안하고 의견을 제시할 책임이 있으며, 서비스와 제품에 의해서 나타난 모든 위험과 관련한 정보를 수집하고 평가한다. 또한

---

103) 김정호, "리콜제도의 국내외 운영에 관한 고찰", 『소비자문제연구』, 제17호, 1996. 6., p.25.

위원회는 필요하다고 생각되는 안전성 관련정보를 대중에게 공포할 수 있으며, 강력한 조사권을 가지고 있다.

4) 리콜의 효과적 시행방안

우리나라에서 1996년 4월부터 본격적으로 실시된 이 제도는 의욕만 앞선 채 실효를 거두지 못하고 있는 실정이다. 즉 리콜제품은 불량품이라는 인식을 가지고 있어 리콜이 회사의 공신력에 부정적 영향을 미칠 것으로 인식하기 때문이다. 그러나 선진국의 경우는 리콜을 오히려 지명도를 높이는 마케팅전략으로 활용하고 있으며,[104] 소비자피해를 일으킬 소지가 있는 결함상품을 미리 회수해 소비자의 신뢰를 높이는 계기로 이용하고 있으며, 후일 대형사고 발생 시 거액의 피해보상을 해야 되는 책임을 피하기 위해서라도 적극적으로 리콜을 활용, 실시해야 할 것이다. 그러나 영세제조업자의 경우 리콜실시로 인한 생산비용의 증가가 기업의 존립에 영향을 미칠 만큼 크다는 문제점도 있다.

이 제도의 효과적인 시행을 위해서는 다음과 같은 노력이 필요할 것이다.

첫째, 정부가 리콜 관련 인프라 구축을 위해 관련법령을 정비하고, 공산품리콜 전담조직을 마련할 필요가 있으며,

둘째, 정보수집의 효율화를 위해 정보수집망을 확대 운영할 필요

---

104) 새턴사가 창업되고 한 날 후, 차 앞 시트를 눕히는 장치에 결함이 있음을 발견하고 자발적으로 1480대의 출고차를 다시 불러들이고, CCTV를 통해 딜러들에게 회수에 대해 설명하고, 하루 안에 배달되는 특급우편을 모든 고객에게 보내 문제가 있는지를 묻고, 광고캠페인을 통해 회사가 고객들을 위해 얼마나 신경을 쓰는지를 보여 주었는데, 이와 같은 결함상품 회수에 대한 접근과 후속행동은 그 회사의 영업 전략의 하나였고, 그 전략은 보상을 받았다(Craig Smith, Robert Thomas, John Qaelch 1996).

가 있고,

셋째, 소비자의 인식전환을 위한 소비자 교육이 필요할 것이다. 즉 소비자가 리콜제품에 대한 부정적 인식보다는 리콜을 통해 안전하고 좋은 품질의 제품을 사용할 수 있다는 긍정적 인식을 제고시키고, 사업자 또한 소비자의 신뢰를 제고할 수 있다는 인식의 전환을 위한 소비자교육이 필요할 것이다.

넷째, 리콜이 효율적으로 시행되기 위한 집단소송법이나 제조물책임제도 등의 제도적 보완이 필요하다.

3. 제조물배상책임제도

1) 제조물책임법의 개념

제조물책임법은 상품의 결함으로 인하여 타인의 생명, 신체나 재산에 손해가 발생하는 경우 제조자 등의 과실유무에 관계없이 손해배상책임을 부담시키는 제도를 말한다. 과실책임을 기본으로 하는 현행 법제하에서 피해를 입은 소비자가 계약관계가 없는 제조업자에게 책임을 추궁하려면 제조업자의 과실과 손해의 발생, 과실과 손해와의 인과관계를 모두 입증해야 한다. 그러나 제조물책임법하에서 소비자는 제조업자의 주관적 과실을 입증하는 대신 상품의 객관적 결함존재를 입증하면 된다.

정부가 안전기준을 마련하여 규제를 했음에도 불구하고 상품의 사용으로 인해 신체상 또는 생명상의 손해가 발생한 경우 최종적으로 사법적 구제에 의존할 수밖에 없다. 소비자의 상품안전 및 보호와 관련한 사법적 구제는 제조물책임(Product Liability)으로 다루어지고 있다. 우리나라 "소비자피해보상규정"은 소비자와 사업자 간에 피해보상에 관한 분쟁을 해결하기 위해 1985년에 제정되어 몇 차례 개정 등의 정부의 행정적, 사법적 노력이 계속되었으나 실제적으로 소비자들이 현행법에 근거하여 소비자 피해를 구제받기란 어려웠다. 따라서 국내적으로는 지금까지의 민법상의 규정과 별도로 제조자의 제품결함으로 인한 소비자의 피해를 용이하게 구제하고, 나아가 제품의 안전성에 대한 인식을 높이기 위해서 또한 국제적으로 WTO체계 전개와 OECD 소비자정책위원회 가입추진 등으로 제조물책임법 도입의 필요성이 대두되어 이에 대한 활발한 논의가 이루어지고는 있다. 그러나 제조물책임법 입법을 둘러싼 이익집단들 간의 의견차이가 좁혀지지 못하여 아직 입법화되지 못한 상태이다.

2) 제조물배상책임제도의 효과

(1) 제조업자와 소비자 간의 정보비대칭을 완화

가격이 비싼 경우에도 소비자가 그 상품의 내재된 위험에 관한 정보획득과 소화에 비용이 많이 들고, 특히 소비자가 상품의 소비 시 피해 확률이 비교적 낮은 경우 비록 그 피해가 명백해도 이를 조사하는 것은 비경제적이다.[105] 이러한 이유로 시장에서 소비자는 종종 선택할 수 있는 재화들의 안전성을 알지 못한 채 상품을 선택하게 된다.

그런데 엄격 책임하에서는 상해를 당한 자 모두가 그 결과에 대해 완선한 보상을 받게 뇌므로 소비자는 시장 내 모는 상품을 능능하게 안전한 것으로 취급하며, 동시에 소비자는 사고보상비용까지 반영한 가격에 직면하며, 이때는 덜 안전한 상품의 가격이 더 높은 사고 배상비용으로 인해 동종의 더 안전한 상품보다 상승할 수 있는 유인이 소

---

105) William, M. Landes, *The Economic Structure of Tort Law*, Cambridge, Mass: H. U. Press, 1987.

비자와 기업 모두에게 존재한다. 사고의 비용을 사고를 초래하는 행위로 내부화하는 과정, 즉 가격 메커니즘을 통해 상품의 위험을 시장 내로 포섭하는 과정이 제조물책임법 옹호론의 핵심이다.

그러나 대부분의 소비자는 위험기피적인 성향이 있고, 반복구매를 통해 상당량의 정보와 경험을 축적할 수 있기 때문에[106] 법원이 주의의무를 이행할 능력이 충분히 있는 소비자의 주의의무를 경감시키는 경우 제조물책임의 원래 목표를 달성하지 못한다.(Schwartz, 1988)

(2) 상품 사고의 효율적 통제

기존의 책임판단기준[107]이나 Calabresi와 Hirschoff의 기준[108] 중 어느 것을 채택하더라도 기업이 소비자보다 사고 통제에 유리하다. 따라서 법원이 기업에게 책임을 부과함으로써, 결과적으로 사고를 효율적으로 감소시키는 유인을 제공한다. 그러나 제조물책임법하에서 기업이 기대하는 배상 금액은 소비자의 기대손실비용보다 낮다. 기업의 기대비용을 반영한 가격이 제품의 위험을 제대로 반영한 것일 수 없으므로, 제조물책임법이 기업과 소비자에게 효율적인 안전기준[109]으로 유인을 제공할 수 없다.

---

106) Robert E. Litan, *Liability: Perspective and Policy*, Washington, D. C.: Brookings Institution, 1988.
107) 이 기준은 예방할 만한 가치가 있는 사고를 쉽게 예방할 수 있었던 당사자에게 책임을 부담시킨다.
108) 이 기준은 사고를 쉽게 예방할 수 있었는가를 분석할 필요 없이 비용 -편익 분석을 더 잘할 수 있었으면 그 당사자에게 책임을 부담시킨다.
109) 효율적인 안전수준이란 소비자가 사전적 기대손실비용이 위험회피의 기대비용을 능가하는 위험에만 노출되는 수준을 말한다.

(3) 분쟁해결의 촉진

제조물책임소송에서 제조자 등의 주관적인 과실을 입증하는 대신 상품의 객관적인 결함을 입증하는 것으로 충분하므로 피해를 입은 소비자의 입증부담이 경감된다. 따라서 제조물책임 판단에 따른 불확실성이 감소되어 소비자가 소송에 이르기 전에 기업과의 자율적 교섭이나 재판의 분쟁수단을 통해 구제받는 경우가 증가하며(하종선, 최병록, 1997), 일단 소송이 제기된 경우 소비자가 승소할 확률도 높아진다.(김은자, 1997) 그러나 현대의 상품은 고도의 기술과 복잡한 생산과정을 거치므로, 소비자로서는 상품의 결함을 입증하는 것이 여전히 어려울 수 있다.

(4) 유용한 배상보험

제조물책임법은 제조자 등이 상품결함으로 소비자에게 발생할 수 있는 피해를 보상하게 하므로, 기업은 자신에게 부과될 수 있는 추가적 손실을 조달하기 위해 노력하게 되고 결과적으로 자율적인 시장에서 활용가능한 보험이 증가한다(Escola의 논리, Traynor, Escola v. Coca Cola Bottling Co., 24 Cal.2d 453, 150 p.2d 436, 1943). 이러한 과정을 거쳐 제조물책임법이 소비자 특히 보험에 가입할 능력이 없는 저소득층 소비자에게 실질적으로 손해에 대한 보험을 제공할 수 있게 된다. 그러나 1900년대 미국의 보험위기를 볼 때 제조물책임법으로 인해 사회 전체적으로 이용 가능한 보험이 감소하였고, 이로 인해 손해를 본 측도 주로 저소득층이었다는 문제점도 있다.[110]

---

110) George L. Priest, "The Current Insurance Crisis and Modern Tort Law", *The Yale Law Journal* 96, 1987, pp.1521-1590.

3) 제조물책임법의 주요쟁점

① 책임원칙(무과실책임원칙)

민법 제750조의 불법행위책임에 의한 제조물책임을 처리하는 경우 가장 문제가 되는 것은 피해자가 가해자의 고의 또는 과실을 입증하지 않으면 안 된다는 점이다. 그러나 제조물책임의 입법에 있어서는 과실을 손해배상책임의 요건으로 하지 않는다는 의미에서 무과실책임을 채용한다는 취지이다. 즉 제조자의 과실유무를 묻지 아니하고 결함만 있다면 제조자에게 책임을 지운다는 것이다. 이러한 책임원칙의 수정은[111] 과학기술의 급진적 발달로 인해 위험성이 따르는 기업이 등장하게 되었고 위험성을 동반하면서도 이익을 취하는 기업이 많아지게 된 것에서 찾아볼 수 있다. 위험을 동반하는 기업은 위험으로부터 발생하는 손해를 기업이 부담하는 것이 공평한 부담이라고 보는 것이다.

② 결함의 입증

제조물책임에 있어 책임기준으로 새롭게 대두한 개념이 결함이다. 즉 엄격책임(무과실책임)으로서의 제조물책임은 제조물에 「결함」이 존재하는가의 여부에 의해 결정되므로 「결함」이 핵심적인 책임요건이라 할 수 있다. 즉 「결함」이란 제품에 기인하는 사고가 발생한 경우에

---

111) 종래의 과실책임주의를 그대로 제조물책임에 적용하는 경우 직접적인 계약관계가 없거나 과실을 입증하지 못해 위험으로부터 발생하는 손해를 입은 피해자를 구제하기 곤란하다. 즉 손해를 입은 피해자는 가해자의 과실을 정확히 입증하지 않으면 가해자가 책임을 부인할 수도 있으며 또 손해배상액도 감할 수 있게 되는 것이다. 이러한 의미에서 과실책임주의의 이념은 손실분배의 판단기준으로서 그 역할을 상실하게 되어 가해자의 과실을 추정하거나, 입증책임을 전환하여 가해자가 자기의 무과실을 입증하지 못하는 경우에는 책임을 부담해야 한다는 이론이 대두하게 되었다.

제조자가 책임을 부담하는 경우 당해제조물에 관한 책임요건이다.

일반적으로 결함의 유형은 첫째, 제품이 설계·사양대로 만들어지지 않아 안전성을 결한 경우, 즉 제조상의 결함과 둘째, 제품의 설계단계에서 충분하게 안전성을 배려하지 않은 설계상의 결함과 셋째, 제품의 위험성 발현에 의한 사고를 소비자 측에서 방지, 회피할 수 있도록 적절한 정보를 제조자가 주지 않았던 경우, 즉 지시·경고상의 결함이다.

③ 면책사유(개발위험의 항변)

일반적으로 "개발위험의 항변"이란 제조자의 면책사유의 하나로서 EC지침 제7조(e)에 규정되어 있는 것과 같이 제조자가 그 제품을 유통한 시점에 있어서의 과학·기술의 지식수준에 의해서는 그 결함의 존재를 인식할 수 없었던 것을 증명한 경우에는 당해 제조자의 책임을 물을 수 없는 것을 말한다. 즉 기술혁신의 위축을 막아 고도의 기술을 요하는 상품의 품질향상을 촉진하기 위해 제기된 것이다.

EC지침에 있어서의 "개발위험의 항변"은 결함을 판단할 때의 문제가 아니라 결함의 존재가 인정된 후의 문제라는 것이다. 이 경우 "과학·기술의 지식의 수준"은 제조자가 거주하는 나라에 한정되는 것이 아니라 세계적인 수준에서 생각되어야 하므로, 과학기술의 영역에서 이용 가능한 전문지식의 총체를 의미한다. 따라서 개개의 제조자의 인식가능성은 기준이 되지 않는다고 해석되고 있다. 이 규정은 과실책임의 잔재로서, 제조물책임법의 근본인 엄격책임원리에 정면으로 위반된다는 반론이 있다. 개발위험에 대해 항변의 평가를 위해서 제조자가 아닌 법원이 실제적으로 제조자의 결함을 발견하는 데 따르는 비용, 상해의 예측가능성 등 과실문제를 평가해야 하고, 법원의 평가과정에서 본래 엄격책임이 지닌 장점이 상실된다고 한다(Burrows, 1992).

④ 입증책임(결함 및 결함과 손해와의 인과관계 추정)

입증책임(Burden of Proof)이라 함은 소송상 어떤 사실의 존부가 확정되지 않을 때에 당해 사실이 존재하지 않는 것으로 취급하여 법률판단을 하게 되는 당사자 일방위험 또는 불이익을 말한다. 따라서 입증책임을 지는 자는 어떤 사실의 존재에 대해 다툼이 있을 경우 스스로가 주장하는 사실을 입증하지 않으면 안 된다.

제조물책임법에 있어서 전통적인 입증책임 원칙에 따라 피해를 입은 소비자가 입증책임을 부담하도록 지정(미국, EC지침, 독일 등)하거나 특별히 입증책임을 전환한다는 규정이 없는 나라(영국, 일본)가 대부분이다.

이에 대해 전문적인 지식이나 조사능력이 부족한 소비자가 입증책임을 부담하는 것은 부당하므로 결함의 존재 및 결함과 손해와의 인관관계를 추정하는 것이 바람직하다는 주장이 있다(이상정·박인섭, 1989). 추정의 방법은 사실상의 추정과 법률상의 추정 두 가지 방법이 있다. 사실상의 추정은 사안에 따라 양 당사자가 가진 정보량을 감안하여 사실상 입증책임을 피고에게 부담시켜 개별 구체적인 사건마다 타당한 해결을 도모하는 것이고, 법률상의 추정은 법률규정에 의하여 일률적으로 피고에게 입증책임을 전환하는 것이다(최병록, 1996). 이러한 추정을 적용할 경우, 문제가 되는 상품으로 피해가 유발되었는가를 입증하지 않아도 되고 일반인에게 통상적으로 예견되는 방법에 따라 상품을 소비하였는데 예상할 수 없는 손해가 발생하였다고 입증하면 기업에게 제조물책임이 인정된다.

⑤ 제조물범위

제조물책임은 산업의 발전에 따라 제조자와 소비자의 분화가 진행되어 소비자가 대량생산된 공업제조물의 사용에 따르는 안전성을 제조자에게 의존하지 않을 수 없게 된 것을 배경으로 발전한 원칙이다. 따라서 제조물책임이 타당한 분야는 기본적으로 현재의 대량생산, 대량소비라는 형태가 적합한 제조물이며 일반적으로 최종 제조물인 동산이 대상으로 되어 왔다.

EC지침에서도 제조물을 자연농산물 및 수렵물을 제외한 모든 동산을 포함하고 있으며 부동산은 포함하지 않는다. 미국에서는 일반적으로 부동산을 제외하지만 대량으로 건축·판매된 신축주택에 관해서는 엄격책임이론의 적용을 긍정한 사례도 있다.

우리나라에서는 부동산유통이 활발히 이루어지고 매도인도 소유자도 아닌 제조자의 책임을 묻는 것이 곤란하므로 제조물에 포함시키는 편이 좋다는 의견도 있으나, 구조적으로도 원인의 해명이 반드시 곤란하지 않고 현행의 계약책임과 공작물책임의 규정에 의해 소비자 보호를 기할 수 있고, 내용연수가 길고 그동안의 열화와 유지·보수를 충분히 고려할 필요가 있으므로 이것을 제조물책임의 대상으로 하는 것에 관해서는 신중한 판단을 필요로 한다.

⑥ 안전규제와의 관계

제조물책임법은 사후적, 사법적 구제를 위한 제도로 위해에 대하여 벌금이나 세금을 부과하는 사전적, 공법적 규제와 법적 성격을 달리한다. 안전규제는 모든 사람의 안전을 위하여 형사책임을 추구하는 공적인 개입이고, 제조물책임은 실제의 손해를 전제로 피해자 개인의 손해를 배상하기 위해 민사상 손해배상책임을 규정한 것이다.

그러나 법원이 준규제기관으로 작용하여 피해배상뿐 아니라 피해예방까지 담당하는 경우 제조물책임법이 제재기능을 수행하여 실질적으로 안전규제와 비슷하게 된다(Ackerman, 1991). Ackerman은 제조물책임법이 정부규제를 보충할 수 있는 상황을 제시하였다. 첫째, 자동차, 약품, 의료기기와 같이 다수가 위험에 관련되어 있고 위해정보가 피해와 직결된 상황에서 적절한 규제수단이 없을 때이다. 둘째, 정부의 안전기준이 최소한의 수준만을 규제하여 좀 더 엄격한 법원의 기준이 안전기준을 대체하는 경우이다. 셋째, 사회적 최적수준에서 정부의 안전기준이 설정된 경우 법원이 동일한 혹은 더 낮은 수준의 기준을 적용하는 경우이다.

원칙적으로 안전기준과 상품의 결함은 서로 다른 개념이다. 결함상품이라 하더라도 반드시 안전하다고는 볼 수 없는데, 상품의 특성상 소비자의 합리적인 기대를 위반한 결함상품이 허용할 수 없는 위험상품이 아닌 경우도 있기 때문이다.

4) 각국의 제조물책임제도

① 미 국

제조물책임법은 나라마다 사회적, 법률적 환경이 달라 제조 또는 수출업자, 그리고 판매소 등에 미치는 영향에도 큰 차이가 있다. 이 가운데서도 미국시장은 성공보수제, 배심원제, 징벌배상제도 등을 실시하고 있어 PL소송이 빈발하는 지역으로 알려져 있다.[112]

미국은 판례법의 전개에 의해 1910년대에 모든 제품에 관해 소비자가 직접 제조자의 책임을 물을 수 있는 길이 열렸다. 제조자의 책임원리는 과실책임에 기한 것이었고, 과실의 입증이 곤란했기 때문에 사실추정 측과 보증책임법리 등의 전개에 의해 원고의 증명책임 완화가 시도되었다. 그러나 이들 법리적용에 한계가 있었으므로 1960년대 초 판례에 의해 소위 불법행위상의 엄격책임이 도입되어 1960년대 중반에는

---

112) http://www.mk.co.kr/search/index.html

Restatement 402조 A에 채용되었고 이것이 판례상으로도 채용되고 있었다. 이러한 가운데 1970년대 중반과 1980년대 중반 보험회사가 배상책임보험의 인수를 거부하거나 고액의 보험료를 요구하는 사태에 이르러 제조물책임위기 내지 보험위기로의 심각한 문제를 발생시켰으며, 이로 인해 기업보호와 미국산업의 경쟁력 제고라는 관점에서 민사소송제도의 검토와 함께 종래의 엄격책임을 완화하려는 움직임이 나타나고 있다. 제조물책임의 책임원칙이 기여과실항변을 인정하는 무과실책임원리나 과실책임원리로 돌아가려는 유턴현상이 나타나고 있다.[113]

i) 책임원리

제조자의 책임원리로서는 미국의 대부분 주에서 엄격책임[114]이 과실책임[115] 및 보증책임[116]과 함께 채용되어 상호 경합적으로 적용되고 있다. 엄격책임에 관해서는 각주가 법률을 작성할 때의 모델법으로서 1979년에 통일제조물책임모델법안이 작성되었다. 이 법안은 결함을 유형별로 분류하여 각 유형별 결함의 정의를 엄밀하게 내리는 것에 의해 책임원리의 명확화를 꾀하려고 했다. 그러나 그 후 연방 의회에 제안된 연방통일법의 시도에서는 이러한 조항을 찾아볼 수 없다.

---

113) 박세일, 「법경제학」, 서울: 박영사, 1994. p.13.

114) 제조업자가 제품의 제조 및 판매과정에서 모든 주의의무를 다하였음에도 불구하고 제품이 결함으로 인해 소비자에게 손해가 발생하는 경우 그에 대한 책임을 제조업자가 부담하는 것을 말한다.

115) 제조업자는 제품의 결함에 대해서 과실이 있는 경우만 책임을 부담한다는 것이다. 즉 제조업자는 합리적 인간으로서의 의무를 게을리 한 경우에 과실책임을 부담한다.

116) 보증책임은 명시적, 묵시적 보증책임으로 나누어 볼 수 있는데, 명시적 보증책임은 제조업자가 판매 시 계약과정에서 그 제품의 판매와 관련하여 제품에 관한 사실을 적극적으로 표시한 경우로서 제조업자는 과실이 없어도 피해소비자에게 책임을 부담하는 것이며, 묵시적 보증책임은 명시적으로 보증한 것은 아니지만 일정한 경우에 책임을 진다는 것이다.

ⅱ) 주요특징

미국에서 제조물책임제도는 기업이 사고발생을 억제하는 유인으로 작용하기도 했으나 그 비용이 커짐에 따라 해당제품이나 기업이 존폐 위기에 처하는 사태가 발생하기도 하였다. 즉 제조물책임 소송의 급속한 증가로 거액의 배상금과 그로 인한 고액의 보험료 부담을 견디어 낼 수 없어 사업에서 철수하거나 파산하는 기업이 증가하게 되었다.[117] 또한 보험회사들도 제조물책임관련 보험상품을 팔려 하지 않자, 엄격책임원칙에 대한 강한 비판이 일어나기 시작했다.[118] 따라서 산업계에서는 엄격책임원칙이 미국의 경제의 경쟁력을 상실시키므로, 엄격책임이론 적용을 제한하고 과실책임으로 복귀하기 위해 연방제조물책임법의 제정을 요청하게 되었다.

이러한 제조물책임의 위기를 극복하기 위한 대응 방법으로 모델법과 연방법을 이용하고자 하였다. 1979년 상무부가 제조물책임보험료를 안정시키고 제조자와 소비자 간의 균형을 유지하기 위해 모델이 되는 제조물책임모델법을 공표하였으나 영향력을 행사하지 못하여 모델법을 기초로 한 연방법안, 즉 결함에 대한 기준을 완화시키고 보험위기의 원인이 되는 징벌적 손해배상에 제한을 두는 내용이 제시되었다. 제조물책임법에 대한 위기를 극복하기 위한 노력은 각 주정부에서 일반불법행위법의 개혁을 주도하는 계기가 되었다.

미국의 제조물책임 위기를 극복하기 위한 노력은 의회에서도 논의되어, 1996년에 의회에서도 제조물책임법에 대한 개선안이 검토되고, 새롭게 마련된 "제조물책임개혁법안 Common Sense Product Liability

---

117) R. H. Malott, "Let's Restore Balance to Product Liability Law", *Harvard Business Review*, Vol.61, No.3, May-June 1983, pp.110-115.
118) W. K. Viscusi, *Reforming Products Liability*, Harvard University Press, 1991, p.52.

Legal Reform Act of 1996"이 상하원 모두를 통과한 바 있다.

② EU의 제조물책임제도

EC지침이 채택되기 이전 EC 각국의 결함제품에 대한 제조자의 책임은 커다란 차이가 있었다. 유럽의 여러 국가들은 제조물의 결함에 대한 제조자의 책임에 대해 전통적으로 과실책임원리에 근거를 두고 있다.[119] 프랑스, 벨기에, 룩셈부르크에는 제조물책임에 대한 특별법은 존재하지 않지만, 결함상품에 대한 기업의 책임을 넓게 인정하고 있다. 즉 계약책임을 기업과 직접 계약관계를 맺고 있지 않은 소비자에게까지 확대, 적용함으로써 무과실책임을 채택하고 있다. 프랑스의 경우는 악의의 매도인에 의한 계약상의 책임규정에 의하여 직접적 매도인의 악의추정과 소비자의 제조자에 대한 직접소권을 인정하는 판례법이 형성되어 과실책임에 의한 제조자의 책임을 추궁할 수 있도록 하고 있다. 이에 비해 이탈리아는 고전적인 과실책임을 유지하고 있어서 결함상품에 대한 기업의 책임이 엄격하지 않다. 영국, 독일, 네덜란드의 경우는 기본적으로 주로 불법행위에 기초한 과실책임주의에 입각하고 있으나, 과실의 추정 등의 방법으로 입증책임의 경감 내지 전환을 시도함으로써 중간적인 입장을 취하고 있다.[120]

그러나 1960년대 유럽에서 대규모 피해를 가져온 사리드마이드 사건[121]을 계기로 결함상품에 대한 제조자의 책임문제의 검토가 이루어

---

119) 김성탁, "제조물책임에 관한 비교법적 연구", 박사학위논문, 서울: 연세대학교대학원, 1991, p.22.

120) 독일의 경우 1968년 11월 연방대법원이 제조자의 과실에 대한 입증책임은 전환된다는 판결을 한 바 있으며 1978년 약사법 개정에 의하여 의약품 제조자의 무과실책임을 입법화하고 있으나 기본적으로는 과실책임의 원칙에 입각하고 있다. 김은자, "제조물책임제도의 경제적 효과", 한국경제연구원, 1997, p.44에서 재인용.

졌고, 결함상품에 대한 유럽국가들의 실체법 통일을 추진하게 되었다. 그 이유는 제조물책임법의 차이로 인해 제조자의 제조비용에 차이가 발생하여 경쟁조건이 달라지면 EC지역 내의 제조물 유통이 저해되기 때문이다. 따라서 EC 내에서 경쟁조건을 동일화하여 유통을 촉진시킬 뿐 아니라 동일하게 소비자를 보호해야 한다는 관점에서 가맹국 간의 법률조정이 필요하게 되었다.[122]

ⅰ) EC지침의 특징

EC지침의 가장 큰 특징은 제조물사고에 대한 손해배상책임에 있어 제조물의 결함을 요건으로 하는 무과실책임을 채택한 점이다. 두 번째 특징은 선택사항(option)이다. EC지침은 가맹국 간의 통일적인 제조물책임법제를 목표로 한 것이었지만, 논란이 되었던 세 가지 사항에 대해서는 최후까지 의견이 일치하지 않아 그 적용여부를 각국이 자유로운 선택을 하도록 타협을 하였다. 각국에 선택권을 부여한 사항은 ① 미가공 농산물 등에 대한 적용여부 ② 개발위험의 항변인정 여부 ③ 동일 결함제조물에 기인하는 인적 손해에 대한 책임한도액의 설정 여부다.

이에 대한 EC지침의 내용을 살펴보면,

첫째, 책임원칙은 제조자가 모든 동산의 결함에 의해 발생한 손해에 관하여 책임을 지도록 하는 무과실책임을 인정하고 있다. 따라서 적용대상은 '공업적으로 생산된 동산'이며, 제1차 농산물(축산물, 해산물 포함) 및 수렵물은 원칙적으로 제외된다.

둘째, 개발위험에 대해서는 제조물이 유통되는 시점의 과학기술 수준을 결함발견 능력으로 삼고 있다. 룩셈부르크와 핀란드 2개국을 제

---

121) 독일의 그류텐달사가 개발한 수면제의 부작용으로 인해 태아가 기형으로 태어난 사건이다.

122) T. V. Greer, "Product Liability in the European Community: The legislative History", *The Journal of Consumer Affairs*, Vol.26, 1992, pp.159-176.

외한 13개 회원국이 개발위험항변을 인정하고 있다.

셋째, 제조자가 배상책임을 부담하는 손해는 제품의 결함에 의해 발생한 인적 손해 및 재산손해이다. 재산손해의 경우 제품자체의 손해는 제외되며, 피해자의 개인적 사용소비를 위해 이용되는 재산에 발생한 손해액이 500ecu 이상의 손해에 대해서만 배상책임을 부담하도록 하고 있다. 위자료 등의 무형 손해에 대해서는 각 가맹국의 국내법에 그 취급을 위임하고 있다.

넷째, 각 회원국은 동일한 결함을 가진 동종의 제조물에 의한 사망 또는 신체상해를 발생한 손해에 대한 제조자의 책임청액을 7000만 ecu를 하회하지 않는 액으로 제한하고 있다. 책임한도액을 설정하고 있는 나라는 독일, 그리스, 스페인, 포르투갈이다.

EU 국가 중 영국, 프랑스, 독일의 제조물책임법은 다음과 같다.

ⅱ) 영국

제조물책임에 대해서는 EC의 지침을 대부분 따르고 있다. 종래 영국에서는 피해자가 제조자의 과실을 입증하지 않으면 손해배상을 청구할 수 없었으나, 제조물책임법에서는 무과실책임주의를 취함으로써 피해자는 제조자의 과실 입증 없이 손해배상을 청구할 수 있게 되었다. 제조물의 범위는 동산 및 전기를 포함하며, 공업적 가공을 거치지 않은 수렵물, 제1차 농산물은 그 대상에서 제외된다. 손해는 사망, 인체상해, 부동산을 포함하는 손해를 말하며, 재산상의 손해에 대해서는 개인적인 사용, 점유 또는 소비 시에 발생하는 손해에 대해서만 책임을 부담하고 275파운드 이하의 재산상의 피해에 대해서는 제조자는 면책된다. 과학기술수준에 의한 제조자의 항변을 인정하고 있다.

ⅲ) 프랑스

EU국 중 1998년 10월 현재, 제조물책임법을 국내법화하지 않은 유일한 국가이다.[123] 즉 제조물책임에 관한 특별법을 제정하지 않고 1990년 민법의 '결함제조물에 의한 책임'에 관한 조항을 신설하여 시행법 조안이 의회에 계류 중이다. 이 법은 기존의 입법규정의 적용이 배제되지 않는다는 점과 제조물에 의한 관찰의무가 부과되어 있는 점이 특징이다.

iv) 독 일

계약책임과 불법행위책임에 의하여 제조물책임을 물어 왔는데, 불법행위에 의한 제조물책임의 경우 입증책임이 제조자에게 전가되어 무과실책임원칙이 사실상 인정되고 있다. 특히 의약품의 경우는 1960년대의 사리드마이드 사건을 계기로 개정 약사법이 제정됨에 따라 엄격책임이 적용되어 왔다. 현재의 제조물책임법은 1990년부터 시행하는 것으로 개발위험의 항변을 인정하고 있지만, 의약품에 대해서는 독일 약사법이 우선 적용되도록 되어 있다. 또 1억 6천만 마르크라는 책임 한도액이 설정되어 있다. 그러나 이 한도액을 넘는 안전손해 및 위자료에 대해서는 과실책임의 원칙에 의해 민법이 적용된다.

v) EC지침의 개정 움직임

1985년 EC지침 채택 이후 제조물책임의 통일화는 어느 정도 성공한 것으로 보인다. 그러나 중요한 쟁점사항을 각 가맹국에게 선택사항으로 위임함으로써 한계를 드러냈고, 분쟁의 소지가 되고 있다. 또한 피해자는 자신에게 유리한 나라로 법적용을 받기 위해 법정지 선택을 행하거나 법정지를 기피할 가능성이 있다. 개정이 요구되는 쟁점사항은 제조물책임법의 적용범위를 일차 농산품까지로 확대, 피해자의 입증책임완화, 개발위험항변 부인, 배상범위를 정신적 손해까지로 확대하는 문제이다.[124]

---

123) http://www.cpb.or.kr/sobi/icnews/ic17-2.htm

124) http://www.cpb.or.kr/sobi/icnews/ic17-2.htm

③ 일본의 제조물책임제도

일본은 1994년 제조물책임법을 제정하여 1년간 유예기간을 두고, 1995년 7월부터 시행하고 있다.

일본의 제조물책임법의 내용을 보면, 이 법의 목적은 제조물의 결함에 의해 사람의 생명, 신체 또는 재산에 관계된 피해가 발생했을 경우에 제조업자 등의 손해배상에 관한 책임 등을 규정한 법으로써 제품의 결함→인적, 물적 손해→배상책임이라는 제조물책임법의 내용을 표현하고 있다. 제조물 대상으로는 '제조 또는 가공된 동산'으로 정의하고, 결함은 '해당제조물이 통상 지녀야 할 안전성이 결여되어 있는 것'으로, 책임원 CLR은 '제조물의 결함에 의해 타인의 생명, 신체 또는 재산을 침해했을 때 이로 인한 손해를 배상할 책임이 있다'고 규정함으로써 무과실책임원 CLR을 택하고 있다. 손해배상에 대해서는 순수한 경제적 손해는 포함하지 않는 것으로 해석되고 있다.[125]

입증책임에 대해서는 일본의 제조물책임법은 결함과 손해 사이의 인과관계 입증책임에 대해 언급이 없다. 따라서 이 경우 민사소송법의 원칙에 따라 원고가 입증책임을 지게 된다. 대신 그 대체수단으로 재판사안에 따라 사실상의 추정을 활용하고 있다. 개발위험의 항변에 대해서는 '해당제품을 인도한 시기의 과학 또는 기술에 관한 지식수준으로는 해당제조물에 그 결함이 있다는 것을 인식할 수 없었던 것'을 증명했을 때는 책임을 면하는 개발위험의 항변을 인정하고 있다. 일본의 제조물책임법의 시행에 있어 특이한 점은 사업자단체별로 재판의 분쟁처리기구를 설치, 운영하고 있는 점이다. 이는 소송제도에 따른 시

---

125) 예를 들면, 어떤 상품에 뜻하지 않은 결함이 발생되어 그 상품을 대량으로 구입했던 판매업자가 가게를 폐쇄할 수밖에 없게 된 경우, 그로 인한 손해를 과연 이 법하에서 청구할 수 있을 것인가 하는 문제에 대해 국민생활심의회는 그런 것은 제외해야 할 것이라고 답하고 있다.

간과 비용의 문제를 해결하고자 도입된 제도이다. 이러한 분쟁처리기구는 각 지방에 있는 고충처리위원회에서 제품 분야에 관계없이 상담을 받고 있으며 통산서의 주관하에 각 산업별로 PL센터를 설립하여 현재 10개 PL센터를 운영하고 있다.

④ 각국의 제조물책임법 비교

제조물책임법에 대한 미국, 일본, EC지침을 비교해 보면, 소비자와 제조자의 관계에 있어 제조자의 책임을 강화하는 기본적인 틀에는 거의 차이가 없으나 그 구체적인 내용에서는 차이가 있다.

〈표 5-3〉 각국의 제조물책임법 비교

국가	미국	EU지침	일본	한국(소비자보호원안)
결함정의	소비자가 예측할 수 없는 불합리하게 위험한 경우	제조물표시, 합리적으로 예측할 수 있는 상황에서 제조물 사용, 제조물의 유통시점을 모두 고려한 다음 정당하게 예기되는 안전성을 제공하지 않은 경우	제조물의 인도시기, 기타 제조물에 관련된 사항을 고려하여 제조물이 통상 지녀야 할 안전성 결여	제조물의 성질, 사용방법 등에 대한 설명, 지시, 경고, 기타표시, 합리적으로 예상할 수 있는 제조물의 사용, 제조물의 유통시기를 고려하여 그 제조물에서 일반적으로 기대할 수 있는 안전성의 결여
책임원리	엄격책임	무과실책임	무과실(결함)책임	무과실(결함)책임
입증책임	소비자(피해자)	소비자(피해자)	소비자(피해자)	제조자(법률상 추정규정)
개발위험의 항변	16개 주 채택	옵션으로 각국이 채택의 자유가 있음	채택	채택
손해의 범위	소비자 또는 재산상의 손해	사망, 신체상 손해	규정 없음(물질적, 정신적 손해 포함	규정 없음(물질적, 정신적 손해 포함)
손해배상 청구시한	인신상해 1~6년 재산손해 1~10년	3년	3년	3년
책임기간	대부분 5~12년	유통시점부터 10년	제조물 인도시점부터 10년	유통시점부터 10년

자료: 김은자, "제조물책임제도의 경제적 효과", 한국경제연구원, 1997, p.55의 재인용.

5) 제조물책임제도의 도입과 시행에 따른 문제점과 대응방안

국내적으로 국민들의 소비생활의 고도화, 다양화 추세에 따라서 국내기업들이 생산한 제품의 사용 및 소비에서 발생하는 소비자의 신체 및 재산상의 손해와 관련된 문제에 많은 관심이 증대되고 있으며, 대외적으로는 미국, 유럽연합, 일본 등에서 소비자보호를 위한 목적으로 제품결함에 의한 사고인 경우 엄격책임(strict liability)이론을 채택하는 방향으로 입법 또는 개정되고 있어 우리나라 수출품들이 해외시장에서 제조물책임소송으로 많은 어려움을 겪고 있다. 이에 따라 우리나라에서도 제조물책임에 관한 많은 관심과 필요성이 고조되어 현재 이 제도의 입법을 추진하고 있다.

그러나 이 제도가 도입되면, 기업은 피해보상을 위한 상당한 보험료나 소송비용부담을 지게 되어 상당한 경제적 손실뿐 아니라 기업이미지에 많은 영향을 미친다는 의미에서 매우 중요한 현실적인 연구과제로 대두되고 있다.[126] 따라서 제조물책임법이 활발히 논의되는 시점에서 소비자의 피해구제를 확대하면서, 기업의 경쟁력을 저하시키지 않는, 소비자와 제조자에게 균형 있는 제조물책임법을 모색하기 위해 다음과 같은 방안을 제시하고자 한다.

첫째, 제조물책임법 도입 시 결함유형에 따라 적절한 책임원리를 적용하는 것이 필요할 것이다. 지나치게 소비자보호기능만을 강조하여 제조자에게 엄격한 책임원리를 적용하게 되면 소비자에게는 도덕적 해이, 제조자에게는 과도한 부담을 지게 하여 오히려 경제적 효율성이 왜곡될 수 있기 때문이다.

---

126) M. Frank, "The Manufacturer's Role in Product Safety", in Aaker, David A and George S., *Consumerism*, 3rd ed., New York: The Free Press, 1978, p.370.

둘째, 결함의 존재와 인과관계에 대한 법률상의 추정은 제조자에게 부담을 가중시킬 수 있으므로, 사실상의 추정이나 미국에서 시행되는 민사소송상의 디스커버리제도[127])를 활용할 수 있을 것이다.

셋째, 기업이 제조물책임에 대처할 수 있도록 정부가 안전기준이나 경고표시의 범주를 국제수준으로 유도하고, 늘어날 소송비용에 대비해 분쟁 외 처리기관을 두어 운용하는 것도 바람직할 것이다.

제4절 상품평가정보 공시제도

시장에 유효경쟁이 유지되고 있으면, 소비자가 필요로 하는 정보의 대부분이 가격으로 압축되나 독과점이 만연되어 있는 현실에서는 가격으로 압축되지 못하는 정보가 증가되고 있다. 또한 기술혁신에 따라 고도의 복잡한 생산공정을 거친 상품에 대해 소비자가 그 품질을 명확히 인식할 수 없게 되었다. 따라서 소비자정보의 중요성이 증가하고 있는데 특히 소비자가 합리적으로 선택하기 위해서는 상품평가정보 공시제도가 중요하므로, 이에 대해 살펴보고자 한다.

---

127) 민사소송에 있어서 각 당사자는 서로 상대방의 수중에 있는 소송에 관한 각종 정보의 개시를 요구할 권리가 법률에 의해 보장되어 있다. 제조물책임소송에서 가장 대표적인 수단으로 이용되는 것은 질문서, 문서 제출 요구 및 증언녹취 등이다. 원고는 이러한 절차를 이용함으로써 제조물의 결함을 입증하는 것이 비교적 용이하다.

1. 상품평가정보

소비자는 수많은 개개의 상품정보를 수집하고 처리하여 비교할 능력이 부족함으로 단순한 정보공개만으로는 소비자의 주권을 충분히 실현시킬 수 없다. 정보공개는 제품의 실용성이나 안전성에 대하여 최소한의 요구조건을 갖추고 있다는 사실을 제공해 주지만, 다른 상품과 비교하여 어느 정도의 품질을 가지고 있는가에 대해서는 매우 적은 정보만을 알려 줄 뿐이다. 따라서 소비자에게 품질의 정도에 관해 가장 정확한 정보를 제공해 줄 필요가 있는데 그 방법이 상품테스트 정보를 제공하는 것이다. 이러한 상품테스트는 상품의 품질이 표시된 수준 혹은 계약된 수준과 같은지, 또는 고유의 품질 그 자체의 우열, 품위, 등급이 올바른지, 용도에 적합한 품질인지 등 상품의 진위를 식별하거나 품질의 좋고 나쁨을 개별적으로 또는 종합적으로 감정, 평가하는 것이다.

2. 각국의 상품정보공시기관

충실한 정보를 가진 소비자의 구매활동은 우수한 상품을 선택하고 상대적으로 조악한 상품을 선택하지 않음으로써 시장의 자율적인 규제기능까지도 수행할 수 있을 것이다. 최근 OECD 회원국 정부들이 소비자부분 예산절감에 따라서 소비자 정보제공을 중요시하는 이유도 이런 배경에서 나온 것이다. 일반적으로 각국 정부들의 소비자 정보제공을 위한 활동으로는 소비자상담센터 운용, 소비자정보자료 제작배포, 소비자상담원 연수활동 등이 있다.

1) 한 국

① 한국소비자보호원

소비자의 기본권익을 보호하고 소비생활의 합리화를 도모하며, 국민 경제의 건전한 발전에 기여함을 목적으로 하고 1987년 개정된 소비자 보호법에 의해 설립된 정부출연기관으로 설립목적을 크게 두 가지로 볼 수 있다.

첫째, 소비자의 피해구제의 신속성과 공정성 확보이다. 이에 따라 소보원은 준사법적인 권한을 부여받았으며, 특수공익법인으로 조직화 하였다.

둘째, 소비자보호 정책연구기관으로 고도의 기술집약적 각종 신상품 에 범람하는 추세에서 각종 상품의 안전상 여부의 파악과 안전규제 및 제도정비를 전담하는 전문기구로 설립되었다.

따라서 이 기관의 주요기능은 국민소비생활과 관련된 제도, 법령 등 을 체계적, 종합적으로 연구하고, 소비자상담과 분쟁조정, 거래제도개 선, 안전 및 위해정보의 수집[128] 및 평가활동과 더불어 상품시험검사, 즉 소비자의 안전을 위한 수거실험검사, 상품정보제공[129] 및 事業者 의 품질향상을 유도하기 위한 상품비교테스트, 소비자 피해구제와 관 련된 제품의 시험·검사, 소비자의 필요에 의해 의뢰하는 시험·검사 등을 하고 있으며 이를 위한 30여 개의 시험실도 운영되고 있다. 또한

---

128) http://www.oecd.org/search97cgi/s97-cgi……mary & AdminImagePath =%2Fsearch97admining%2F, 재정경제부는 병원, 소방서, 경찰서, 학교, 소비자단체 등 137개 기관을 소비자 위해정보 수집기관으로 지정하고, 소 보원에서는 그 자료를 수집하여 평가하도록 하였다.

129) 소보원은 1996년 2월부터 컴퓨터 네트워크인 SOBITEL을 통해 매일 24시간 무료로 소비자관련정책, 손해사항, 불만정보를 포함한 다양한 전문적 정보를 제공하고 있다.

「소비자시대」를 매월 발간하여 유용한 소비생활 정보를 제공해 주고 있으며 소비자에 대한 체계적인 교육 및 홍보활동도 하고 있다.

② 공업진흥청

공업진흥청 품질관리국(현 중소기업청 국립기술품질원 품질안전부)에서 소비자업무를 총괄하였으며, 생산업체 간의 품질비교, 외관상 혼동하기 쉬운 물품에 대한 표시제도, 생산업자의 품질보증서 발행의무화, 전기용품의 안전처리업무 등을 취급하여 공산품 불량신고 사항에 대해 신속, 공정하게 처리하고 있다. 또한 상품테스트 결과를 「소비자품질정보」를 통해 소비자에게 정보를 공개하고 있다.

③ 한국소비자연맹

소비자보호문제의 발생과 선진국 소비자단체의 활동에 의한 자극으로 탄생된 한국소비자연맹은 상품테스트, 질량검사 등을 행하여, 위해상품 등 다양한 상품정보를 소비자에게 제공하여 합리적이고 안전한 소비생활을 제공하고자 한다. 즉 꿀의 성분과 함량검사, 석수의 수질검사, 각종 식품의 당도, 이물질검사 등 소비자들로부터 계속 접수되는 고발 테스트를 위해 실험실을 운영, 각종 농수축산물의 유해성검사, 각 섬유별로 적합한 세제검사 등의 상품테스트시행과 소분판매되는 수입농산물의 용량, 불량계량기의 점검 등 소비자가 양으로 인해 속는 일이 없도록 계량 모니터링을 실시하고 있다.

2) 미 국

현재 미국의 소비자보호활동과 정보제공활동은 전 정부기관과 전 업체의 기본 업무라는 인식하에 정부, 소비자, 업계, 민간소비자단체와의 긴밀한 협력하에 추진되고 있다. 특히 정부는 기업에 의한 자율적 소비자보호활동을 적극 장려하고 있으며, 기업자체의 자율적 소비자보호기구도 잘 운영되고 있다.

① 소비자상품안전위원회(Consumer Product Safety Commission: CPSC)

CPSC는 "소비자제품안전법"에 의해 제조물의 안전에 관한 문제를 담당하기 위해 1972년 설립된 소비자보호기관으로, 주요업무는 대중들에게 제품위해에 관한 정보를 제공하는 것이다. 즉 이 기관의 주요활동은 상품의 위해요인을 예방하거나 감소시키기 위하여 상품안전기준(Safety Standards)을 설정, 기업의 자발적인 안전기준(Voluntary Safety Standards) 설정유도 및 위험성을 내포한 상품과 안전기준을 위반한 상품에 대한 수거, 상품사고에 관한 조사업무를 통하여 위험상품의 적발, 이에 대한 정보를 정부와 지역매체, 간행물, 인터넷(www.cpsc.gov), E-Mail, FAX, 수신자부담 전화(hot-line)를 통해 소비자에게 제공하고 있다. 그리고 위해상품에 대한 소비자의 경각심을 높이고 상품의 안전사용을 위한 소비자 계몽, 상품안전활동에 대한 업무를 추진하고 있다.

② 연방식품의약품국(Food and Drug Administration: FDA)

FDA는 보건부 관할로, 각종 식품 및 의약품에 관한 법규 등을 근거로 유해한 식품, 의약품, 의료기구, 화장품에 대한 품질, 안전도, 표시에 관한 감시와 규제, 연구활동을 담당하는 기관이다. 그러므로 이 기관은 새로운 제품이 출하되기 전에 분석을 행하고, 생산공장과 시설물을 검사하고, 언론보도 감독, 소비자 불만사항 조사를 통해 규정을 모니터링하고 시행한다. 또한 의약품에 대한 과학적 기준을 제정하고 제품테스트 등을 모니터링한다. 동 상품들의 유해성이 발견될 경우 FDA는 시장에서 추방할 것을 지시하게 된다.

③ 고속도로운송안전국(National Highway Transportation Safety Administration: NHTSA)

고속도로 교통사고로 인한 사망, 상해 및 경제적 손실을 줄이기 위한 업무를 수행하고 있는 기관으로 주요업무는 미국에서 판매되는 국내 및 외국의 자동차 및 장비에 대한 최소한의 강제기준을 제정하며, 승용차 및 경자동차의 연비기준을 설정, 주 및 지역사회의 고속도로 안전프로그램을 통해 새로운 자동차 안전 기술을 연구, 개발, 실증하는 등 자동차의 안전에 관한 소비자정보를 제공하고 있으며, 자동차 결함을 조사하여 제조업자에게 시정 명령을 내릴 권한을 가지고 있다. 소비자의 고발처리를 위해 자동차 안전 고발전용전화(Hot-Line)도 운용하고 있다.

④ 미국소비자동맹(Consumers Union of U.S.A)

1936년 설립된 조직체로 'Consumer Reports'를 통한 상품정보 유포를 주 기능으로 하는 단체로, 예산을 잡지 및 각종 출판수입으로 조달하는 세계최대의 민간소비자단체로 국제소비자기구(IOCU)의 회원단체이다.130) 세계최대의 상품검사 시설을 갖춘 소비자동맹은 독자적으로 대상상품을 선정하여 상품에 관한 정밀시험검사를 통해 연간 60~70종류의 상품평가 결과를 'Consumer Reports'에 발표하고 있으며, 이 상품평가는 사회 전반으로부터 공정성과 신뢰성이 매우 높은 것으로 평가되고 있다. 소비자동맹은 공신력과 독립성을 높이기 위하여

---

130) http://www.consunion.org/contact.htm

'Consumer Reports'지에 일절의 상업광고를 게재치 않고 있으며, 어떤 경우로든 상업적 목적을 갖는 생산자와는 관계를 맺지 않으며, 시험상품 구입 시에도 직원이 소비자를 가장하여 직접 소매상에서 구입하고 있다.[131] 그러나 'Consumer Reports'가 유료로 제공되므로, 정보전달 대상을 중산층 이상의 소비자로 제한한다는 문제점이 있었다. 따라서 최근 노인, 저소득층, 여행 등과 같은 특정 소비자문제에 대한 정보제공활동을 확대하고 있으며, 어린이교육을 위한 'Penny Power'를 간행하고 있으며, 그 외에도 30여 종의 단행본이 발행되고 있다.

⑤ 소비자연맹(Consumer Federation of America: CFA)

1968년 설립된 미국지방소비자단체의 전국적 결성체로 현재 200개 이상의 소비자 조직들이 회원으로 가입해 있다. 워싱턴 D.C에 위치하며 의회, 정부기관, 법원이 소비자지향적 정책을 추진하도록 하는 압력단체이다.[132] 또한 주 및 지역단위의 소비자 운동을 지원하기 위하여 자원센터(Resource Center)를 운영하여 정보, 기술제공, 재정보조 등의 활동을 하고 있다. 동시에 소비자문제에 대하여 언론과 일반 대중들의 관심을 제고시키는 활동을 하고 있다.[133]

---

131) Loree Bykert & Ardith Maney, *U.S. Consumer Interest Group*, Greewood Press, 1995, p.89.

132) http://alice.ibpm.serpukhov.su/partners/ccsi/csusa/business/consmfed.html

133) 가장 특기할 만한 사업으로 1991년 전미국고교생을 대상으로 한 소비자지식에 관한 테스트를 꼽을 수 있다. 이 조사에 따르면, 총 428명의 무작위로 추출된 미국 고교생의 소비자 지식 평균 점수는 100점 만점에 평균 42점에 불과하였다. 특히 신용, 가계수표, 자동차보험 등에 대해 낮은 점수가 나온 것은 미국의 고교생들이 얼마나 현대사회의 기본적인소비자 지식을 결여하고 있는가를 극명하게 나타내 주는 것으로 분석되었다.

소비자연맹의 주요 관심 분야는 에너지, 통신, 식품안전 등이며 주요간행물로는 'CFS뉴스', '소비자로비보고서' 등을 발간하고 있다. 자체연구기관으로서 'Paul Doglas 소비자연구센터'도 운영하고 있다.

3) 일 본

① 국민생활센터(Japan Consumer Information Center)

소비생활에 관한 정보제공과 연구활동을 통해 국민소비생활의 질을 향상시키려는 목적으로 설립된 기관으로 소비자 의식제고와 소비자 피해방지를 위해 소비자정보 제공활동에 주력하고 있는데 그 주요업무는 첫째, 소비자가 합리적인 선택을 통해 스스로 자신의 권익을 찾고 주권을 실현할 수 있도록 소비자의 효과적인 교육을 위한 TV, 라디오의 고정프로그램 운영, 소비자불만처리를 위한 소비자상담을 하고 있으며 둘째, 소비자 정보제공에 중점을 두어 상품테스트 등을 통한 객관적 정보를 공시하고 또한 생활정보제공에 역점을 두어 'Critical Eyes', '국민생활', '생활의 작은 지식', '상품테스트 연보', '상품테스트 결과보고서' 등의 소비자 정보지를 출판하고 있다. 소비자상담, 소비자교육, 시험검사 등의 활동은 한국소비자보호원과 큰 차이가 없으나, 각종 위험정보 수집을 원활히 하기 위해 전산온라인망, 즉 소비자상해정보시스템(PIONET)을 설립하여 지방소비자 생활센터, 정부기관으로부터 다양한 정보를 체계적으로 관리하고 있는 점이 좋은 본보기기 되고 있다.[134]

---

134) 허경옥, "일본의 소비자운동, 소비자정책, 소비자지향적 경영에 관한 소고", 『대한가정학회지』, 제36권 3호, 1998. 2., p.7.

② 일본소비자협회

본 협회의 주요업무는 상품비교테스트 분야이고 연평균 약 20개 품목의 상품테스트 결과를 협회기관지에 발표하고 있다. 교육사업으로 소비자상담자 연수과정을 운영하며, 상품지식을 보급하기 위한 상품연구세미나, 연구회, 소비생활 컨설턴트강좌 등을 개최하고 있다. 기업에 대해서는 소비자문제의 중요성을 적극 홍보하고 있으며 생활용품 상담이나 소비자불만을 처리하고 있다. 간행물로 '월간소비자', '품질구매사전' '컨슈머 북'이 있다.

③ 일본소비자연맹

1974년 설립되어 국제기구(IOCU)에 가입한 소비자단체로, 소비자안전을 침해하는 기업고발을 주요활동으로 하여 코카콜라의 유해성 규명, 브리타니카사를 사기판매로 고소, 사카린, 합성착색료, 플라스틱 추방운동 등의 성과가 있다. 개인회원 1500명 등으로 구성되어 있으며, 월 3회 '소비자리포터'를 발간하여 소비자정보를 제공하고 있다. 최근의 활동은 신체의 안전, 어린이 생명지키기, 기업의 반소비자적 행위의 근절 등의 운동과 1995년 제조물책임법이 시행된 이후 기업이 가지고 있는 소비와 관련된 정보를 소비자에게 제공할 것을 촉구하는 활동, 즉 "정보공개법"의 제정을 요구하고 있다.

4) 스웨덴

① 국립소비자보호원(National Board for Consumer Policies)

스웨덴은 유럽 어느 나라보다도 소비자업무를 국가에서 행하고 있다. 소비자문제에 대한 정부전담기관으로 '소비자옴부스만'[135]과 통합되었으며, 역할은 부당시장행위규제, 소비자교육, 소비자정보제공이다.

이 기관의 활동은 첫째, 부당시장행위규제를 위하여 상품 및 용역, 기업의 마케팅활동, 약관 등에 관한 시험검사와 평가, 사업자에 대한 감시, 업계와 협력을 통한 기업의 마케팅 활동과 상품디자인, 안전성에 관한 가이드라인을 제시하며 둘째, 소비자교육을 위해 소비자들에게 소비자정책을 홍보하고, 상품 및 용역에 대한 소비자의 현명한 구매활동 안내를 위하여 정기간행물, 연구보고서 등 자료물들을 소비자에게 제공하고 있으며 셋째, 지방의 소비자활동증진을 위하여 지방자치단체의 소비자정보제공, 소비자 상담활동을 지원하고 있다.

② 경쟁옴부스만(Competition Ombudsman)

경쟁옴부스만은 정부가 임명하며, 1982년 제정된 '경쟁법'[136]에 근거하여 자유경쟁을 촉진하는 역할을 담당함으로써 소비자의 이익을 도모하고 있다. 경쟁옴부스만은 공공이익을 저해하는 제한적 거래행위에 대해서 일차적으로 협상을 통해 그러한 행위가 제거되도록 도모하며, 실패할 경우는 시장재판소에 기소를 하게 된다. 또한 불건전한 독점을 가져오게 하는 기업합병에 대해서도 사실여부를 조사한 후, 부당한 합병에 대해 시장재판소에 기소하는 역할을 하고 있다.

---

135) 옴부스만(Ombudsman)이란 국민의 호소나 불평에 대하여 중립적으로 이를 조사, 공표하여 길못된 점을 시정하게 하고 불광행정의 횡포로부터 국민 개개인을 보호하는 호민관 또는 민정관을 의미한다. 1970년 스웨덴은 그 나라 시장법의 집행을 위하여 Staff기능으로서 소비자옴부스만제도를 창설한 후, 시장재판소의 설립과 소비자정책원의 업무 중복으로 이를 합병함으로써 국립소비자보호원의 원장이 당연직으로 소비자옴부스만을 겸직하게 되었다.
136) 경쟁법에서 금지하는 두 가지 행위는 재판매가격유지행위와 입찰에 있어 담합행위이다.

5) 독 일

독일의 소비자정책은 성의 관할로 되어 있으며, 소비자문제자문위원회(Interministrial Committee On Consumer Questions)가 각 성의 일을 조정하며 각 성에 관련 없는 것은 이 위원회에서 취급된다. 연방경제재정성(Federal Ministrial of Economics and Finance)에는 소비자심의위원회가 있는데 이 기관은 소비자정책의 기본문제에 관한 소비자의 의견을 연방정부에 제시한다. 소비자협의회는 표준화활동을 감시하고 소비자보호활동에 소비자대표들의 참여를 조정하는 일을 하고 있다. 또한 소비자단체는 소비자 욕구의 명료화, 정책입안을 위한 의사결정과정의 참여, 이에 대한 전문지식을 전달하는 역할을 하고 있는데, 특성상 자율적 단체와 타율적 단체로 구분될 수 있다. 구분의 기준은 첫째, 소비자문제의 대변인이 소비자 자신인가 또는 제3의 기관인가 둘째, 단체의 지속성 여부 셋째, 재정적 지원의 출처 등이라 하겠다. 타율적 단체에 속하는 대표적 기관으로는 Arbeitgemeinschaft der Verbraucherverbande(agV), Stifung Warentest를 들 수 있다. agV의 업무는 우선 소비자보호를 위한 법률제정에 있어 소비자위원회를 통해 직접적인 의사반영을 하는 것이며, 공적인 행정기관과 경제기구에 대하여 소비자대표로서 의견을 반영하며, 회원기관의 소비자상담업무를 원활히 하기 위한 도움과 기관 내 실험실을 마련하여 상품테스트를 실시하고 그 결과를 소비자에게 알려준다. Stifung Warentest는 1964년 상품 및 서비스의 비교테스트 실시를 목적으로 설립되어, 주로 상품의 품질, 안전도 검사, 가격심사를 하고 그 결과를 월간지 'Test'에 발표하고 있다. 이 재단은 상품테스트 시설을 직접 가지고 있지는 않으며, 테스트를 위한 프로그램을 작성하여 중립의 테스트 기관(국립재료시험소, 기술감시협회, 주립사용물연구소, 국립식료품

연구소 등)에 위탁하여 테스트를 하며, 벨기에의 유도·라보(연구소명) 등과도 특별계약을 맺는 등 유럽의 각 상품테스트 기관과 유대를 맺고 공동테스트도 하고 있다. 테스트 대상은 상품뿐 아니라 공공서비스나 여행도 다루고 있으며, 이 분야는 재단에서 직접 테스트를 한다. 그리고 테스트 결과는 일반 소비자가 알기 쉽도록 편집요원들이 풀이를 해서 발표하고 있다. 주 대상 품목은 주로 가사도구, 전자제품, 자동차, 어린이 및 유아제품, 식료품, 의약품, 세척제 등으로 매년 80만 정도의 인쇄부수를 가지고 있다.[137]

자율적 단체의 특성은 특정한 목적을 가진 소비자의 자발적 모임으로 자동차협회(Allgemeiner Deutscher Automobil Club), 세입자협회(Mietverein) 등이 있는데, 이들 단체의 주요목표는 가격인하, 품질향상을 도모하는 것이며 소비자의 적극적인 참여를 전제로 하고 있다. 독일에서는 타율적 단체를 중심으로 소비자정책 업무를 수행하고 있다고 할 수 있다.

3. 우리나라 정보공시제도의 개선방안

첫째, 시험검사기관을 국가에서 지정한 검사기관, 한국소비자보호원, 중앙행정기관장 및 시·도지사가 지정한 검사기관에서 공표할 수 있게 되어 있는데 이를 민간단체에게도 허용함으로써 보다 많은 정보를 소비자에게 제공해 주도록 한다.

둘째, 각 기관이나 단체에서 제공하는 상품비교테스트 자료가 매우 적어 소비자에게 유용한 정보제공이 되지 못하므로, 테스트 상품

---

137) 유두련, "소비자정책에 관한 소고: 독일 소비자정책의 이론적 근거를 중심으로", 『연구논문집』, 제57집, 대구: 효성가톨릭대학교, 1998. 2., p.10.

을 다양화하고 상품평가의 내용과 순위를 좀 더 세분화하도록 해야 할 것이다.

셋째, 정보의 전달에 있어 소비자들이 가장 친숙히 접할 수 있는 매체는 언론매체이므로 소비자문제와 관련된 고정 TV나 라디오프로그램을 운용하여 효과적인 정보전달을 꾀하여야 할 것이다.

넷째, 소비자에 대한 정보전달이 고객중심으로 변화해야 한다.[138] 정보전달의 수단으로 수신자부담전화, PC통신, 정부의 정보판매대 설치, FAX 등의 다양한 방법으로 소비자의 욕구에 부응해야 한다. 이러한 정보에 대한 고객서비스는 빠른 정보를 적합한 사람에게 합당한 방식으로 필요한 시간에 적당한 내용으로 제공하기 때문이다.

---

138) Sarah Kadec, "Report Form the Solomon's Conference", *Bulletin of the American Society for Information Science*, Dec/Jan, 1995, pp.27 – 29.

제6장
결 론

제1절 연구결과의 요약

　본 연구는 한국상품의 가격과 품질의 관계를 가격과 객관적 품질관계와 가격과 지각적 품질관계로 나누어 살펴보고, 이에 따른 시장효율성제고 방안을 제시하고자 하였다.

1. 가격-객관적 품질관계

　가격-객관적 품질관계의 연구결과는 다음과 같다.

　첫째, 1988~1997년까지의 191개 제품군에 대한 1804개 제품에 대한 가격과 객관적 품질의 관계에서 이들의 서열상관계수가 0.068로 나타나 가격이 품질을 반영하지 못하는 것으로 나타났다.

　둘째, 가격과 객관적 품질의 상관관계는 산악용자전거(+1.00)에서 전기냉장고(-0.9975)까지 제품군에 따라 다양한 형태를 보이고 있다. 이러한 결과는 어떤 제품군은 가격이 품질의 신호역할을 하지만 또 다른 제품군은 그렇지 못함을 보여 주고 있다. 이어서 제품유형에 따른 가격-객관적 품질관계는 고관여제품군과 저관여제품군에서만 유의한 차이를 보여 주었다.

　셋째, 가격과 객관적 품질관계의 설명변수는 기술혁신변수와 관여도변수였으며, 각각의 변수는 가격-객관적 품질관계에 부의 영향을 미치는 것으로 나타났다.

2. 가격-지각적 품질관계 연구결과

가격-지각적 품질관계의 연구결과는 다음과 같다.

첫째, 소비자들은 가격만을 품질의 지표로 간주하고 있지는 않은 것으로 나타났으나,

둘째, 제품유형이 가격과 지각된 품질관계에 유의한 차이를(고가격/저가격, 고관여/저관여, 내구재/비내구재) 보임으로써 소비자는 가격과 품질지각의 관계가 제품유형의 영향을 받는다는 것과, 이러한 차이는 그 제품유형의 가격과 밀접한 관련을 지니고 있음을 알 수 있었다. 즉 품질지각이 제품가격의 높고 낮음에 영향을 받고 있음을 보여 준다.

셋째, 가격-지각적 품질관계는 소비자의 개인적 특성에 따라 차이를 보이는데, 소비자의 스키마 유무, 품질편차인식정도, 연령에 의해서 유의한 차이를 보였다.

3. 가격·품질 관련제도 연구결과

가격/품질관계 개선을 위해 필요한 제도적 환경은 다음과 같다.

첫째, 가격표시제도는 소비자에게 가격정보를 제공하고 제조업자나 유통업자들 간의 유통질서를 확립할 수 있는 기능을 가지고 있어, 각국마다 가격표시제도를 운용하고 있는데, 주요선진국의 경우 가격표시제도는 주로 소매가격표시제도와 단위가격표시제로 구성되었으나 우리나라의 경우는 다양한 가격표시제도를 운용한바, 공장도가격표시제도, 권장소비자가격표시제도 등이 오히려 가격구조를 왜곡시키는 역기능을 심화시켜 외국과 같이 소비자위주의 가격표시제도(소매가격표시제도)로 전환하고 있다.

둘째, 정보전달과 제품책임의 기능을 가진 품질인증제도는 각국마다

다양한 운용형태를 지니는데, 미국·영국·캐나다는 민간단체나 기관에 의해 자율적으로 품질인증이 이루어지고 있으나, 우리나라의 경우는 국가위주의 다양한 강제인증제도가 운영되고 있어 신상품에 대한 품질인증제도의 미흡, 불필요한 무역마찰 발생가능성이 높아 이러한 문제점을 줄이기 위해서는 품질인증제도를 국제기준에 적합하게 확대·표준화시키고, 품질인증제도를 민간단체중심으로 전환할 필요가 있다.

셋째, 리콜제도와 제조물책임제도는 소비자보호의 목적으로 선진국의 경우 이미 정착되어 효과적으로 운용되고 있으나, 우리나라의 경우는 이 제도들에 대한 인식이 매우 부족하여 활용도가 낮거나 아직 입법화되지 못한 상태이므로 이에 대한 적극적 노력이 요구되는 단계이다.

넷째, 소비자의 상품에 대한 합리적 판단을 위해서는 정확한 상품정보가 생산·공시되어야 하는데, 각국의 소비자정보를 제공하는 기관은 정부기관, 민간단체 등이 있으며, 이들은 상품정보 수집을 위해 상품비교테스트를 통한 정보 생산, 각종 경로를 이용한 정보수집활동을 하고, 이러한 정보를 각 단체의 간행물이나 각종 정보시스템을 통해 공시하고 있다.

제2절 연구의 의의 및 시사점

본 연구에서는 실제시장에서의 가격이 품질을 반영하지 못하지만, 대체로 소비자들의 구매의사결정 시에는 가격이 높으면 품질이 좋으리라는 주관적인 가격과 품질의 상관관계에 관한 판단이 작용하고 있으므로, 소비자들이 비효율적인 구매를 할 가능성이 매우 높다는 것을 보여 주고 있어 소비자보호의 필요성을 제기시킨다. 따라서 이에 따른 소비자 및 소비자단체, 정부, 기업의 대안을 제시하고자 한다.

1. 소비자 및 소비자단체

첫째, 우리의 소비형태는 상품의 선택 시 가격과 유행, 대중의 여론에 지나치게 의존하는 경향이 있는 반면, 상품을 보증하는 각종 표시 여부에 대해서는 거의 무관심하거나 무지한 상태에 있으며 유사상품에 기만당하는 것이 현실이다.[139] 또한 자신이 구입하고자 하는 상품과 제조업체에 대해 잘 알지 못하고 알려는 노력도 별로 기울이지 않고, 신문이나 광고 또는 타인의 권유에 의해 상품을 선택하는 경우가 많다. 특히 가격에만 집착하여 구입한 상품의 제조업체를 확인하지 않아 피해발생 시 보상을 청구할 수 있는 연결처를 알지 못해 큰 피해를 보거나 특히 불량상품 구입 시 발생한 손실에 대해 구입처에 가서 해결하려는 것이 대부분이다. 그러나 영세한 소매상으로서는 해결능력에 한계가 있으므로 소비자보호원이나 민간창구를 통해 적당한 보상을 받아야 할 것이다.

둘째, 소비자단체는 소비자의 구매행위가 더 이상 비효율적이 되지 않도록 하기 위해 소비자에게 다양하고 풍부한 정보를 제공하고, 소비자를 교육시키고, 각종 홍보활동을 통한 적극적 소비자운동을 펼쳐야 할 것이다. 또한 제조물책임제도의 도입을 위한 적극적 활동도 펼쳐야 할 것이다. 그러나 우리나라의 소비자단체는 거의 여성단체로 소비자보호가 목적이 아니고 여러 사업 중의 하나가 소비자보호이기 때문에

---

139) http://my.netian.com/yline/m2.htlm

체계적이고 조직적인 활동의 전개가 어려웠다. 게다가 소비자단체에 대한 인식부족, 제한된 재정상태로 활동영역이 축소되어 있고, 조직에도 한정된 소비자만이 참여하고 있어 일반화되지 못했다는 문제점이 있으므로, 이러한 문제점을 해결하기 위해서는 소비자문제에 대한 홍보활동 강화, 전문인력 양성, 재정확보방안 수립, 각 소비자단체 간의 차별화된 업무수행을 위한 노력이 더불어 필요할 것이다.

2. 정 부

정부는 소비자가 불완전한 정보로 인한 시장의 비효율성을 극복할 수 있도록 제도적 지원을 해야 할 것이다.

첫째, 소비자보호 행정의 다원화가 필요하다. 우리 정부의 소비자보호 행정은 여러 행정기구가 관리하고 있어 일관된 행정체계가 없고 행정업무의 중복, 행정기관과의 마찰 등으로 소비자보호의 실효를 거두지 못하고 있는 실정이다. 따라서 선진국에서처럼 소비자권익의 침해를 보상받을 수 있는 고발접수기관, 소액청구재판소 등을 설치하고, 소비자의 안전과 현명한 선택을 위한 반민반관단체의 활동을 지원할 필요가 있다.

둘째, 현재 시행 중인 다양한 가격표시제도가 가격구조를 왜곡시키는 역기능이 커짐에 따라 이를 소비자편의 위주로 개선할 필요가 있다. 이를 위해서는 법적 근거를 마련하고, 이에 따른 제도개선(소매가격표시제, 단위가격표시제 실시)이 수행되어야 할 것이다.

셋째, 품질인증제도를 국제관행과 기준에 적합하게 표준화시키고, 이를 효율적으로 운용하기 위해 공인시험, 검사기관 인정제도를 도입할 필요가 있으며, 시험·조사기관을 지정기관으로 활용할 경우 객관성과 공정성을 보장하기 어려울 뿐만 아니라 부정개입의 여지를 안고 있으므로, 소비자에게 보다 많은 공정한 품질정보를 제공하기 위해서는 정부지정 품질검사기관뿐 아니라 민간단체에서도 품질평가정보를 공표할 수 있도록 해야 할 것이다.

넷째, 아직 실효를 거두지 못하고 있는 리콜 제도를 활성화시키기 위해서는 정부의 리콜관련 인프라구축과 관련법령의 정비가 필요할 것이며, 더불어 균형 있는 제조물책임제도의 입법을 위해 노력해야 할 것이다.

즉 정부는 소비자의 복지증진을 위해 좀 더 많은 소비자정보를 제공하며, 가격활동을 기업과 시장의 원리에 맡기는, 즉 시장구조를 경쟁적 방향으로 유도하는 정책이 필요할 것이다.

3. 기 업

첫째, 기업의 적극적인 품질개선활동이 요구된다. 비록 소비자들이 가격을 품질의 기준으로 간주하더라도, 불량제품은 결국 리콜이나 제조물책임제도에 의해 손해배상을 해야 할 것이다. 따라서 기업은 품질문제를 해결하는 방법 중의 하나로 품질보증제도(warranty system)를 활용할 것이다. 만약 기업이 품질에 대한 완전보증제도를 실시한다면 소비자의 불만은 많이 해소될 것이다. 그리고 장기적으로 소비자를 만족시킬 수 있는 고품질제품을 생산함은 물론 단기적으로 다양한 품질보증제도와 또한 A/S, 리콜(Recall)제도 등을 이용해 사후 품질개선에 노력해야 할 것이다.

둘째, 기업은 사회적 책임과 상도의에 입각해 상품을 생산, 판매해야 할 것이다. 소비자들이 가격이 품질의 척도라는 주관적인 판단을 하고 있더라도, 기업은 소비자가 기업의 존속을 가능케 하는 주체적 환경임을 깊이 인식하고 소비자의 장기적인 만족을 충족시킬 수 있는 방향에서 경영이념이 수립되어야 할 것이다. 이를 위해 '사회마케팅 콘셉트'의 수용과 소비자의 안녕과 복지를 우선으로 한다는 기업논리 관이 정립되어야 할 것이다.

제3절 연구의 한계와 미래연구방향

1. 연구의 한계

본 연구를 수행하는 과정에서 발생한 연구의 한계는 다음과 같다.

첫째, 가격과 객관적 품질관계 분석 시 이용된 상품의 품질분류상의 문제이다. 이를 작성하는 각 기관의 분류기준이 각기 다르기 때문에 품질분류가 일치하지 않는 어려움이 있다. 따라서 일관성 있는 통계자료의 보급이 시급하다. 절대적 의미의 객관적 품질을 측정하거나 평가하는 것이 이론적으로 불가능할지도 모른다. 즉 객관적 평가라 할지라노 최종단계에서는 선분가, 소비사, 평가위원 능의 수관석 판단이 개입되기 때문이다. 따라서 본 연구의 객관적 품질이란 '소비자에게 지각된 품질'에 비해 상대적으로 '객관화된 품질'이라 할 수 있다.

둘째, 본 연구에서 사용된 가격은 상품테스트잡지에 공표된 가격으로 실제로 시장에서 구입되고 있는 가격보다 변동이 적게 측정되기 때문에 가격과 품질의 상관관계가 변화되어 나타날 수 있다. 즉 유통구조의 차이에 기인한 가격차이가 간과되고 있다는 점이다.

셋째, 가격과 품질의 상관관계를 규정짓는 변수들을 정확히 측정할 수 없을 경우, 이를 대신하는 대리변수들이 과연 어느 정도로 설명변수의 영향력을 나타낼 수 있는가의 문제이다.

넷째, 모형에서 제외되는 설명변수들에 관한 문제이다. 가격 – 품질을 설명할 수 있는 여러 변수들 중 중요한 요인으로 작용하는 변수일지라도 측정이 곤란한 이유로 제외되며 측정이 가능할지라도 제한된 통계자료들이 연결되지 않아 부득이 제외시킬 수밖에 없는 어려움이 있다.

다섯째, 가격 – 지각된 품질관계에서 품질평가상황이 실제구매상황이 아니라는 관념적 인식에 그칠 수 있다는 것이다. 제품에 대한 태도와 구매의사와는 다르게 나타날 수 있다.

여섯째, 가격 – 품질관계에 이용된 상품의 수가 너무 적어, 연구결과를 일반화하는 데 무리가 있을 것으로 생각된다.

일곱째, 조사대상자를 비확률표본추출방법으로 선정하여 본 연구에 사용된 표본을 소비자들의 전체 모집단에 일반화시킬 수 없다는 것이다. 따라서 인구통계학적 변수들이 본 연구의 가격 – 지각된 품질관계에 관련이 없을지라도 확률적 표본절차들을 이용한 경우는 다른 결과를 산출할 수 있을 것이다.

여덟째, 제품유형의 분류가 소비자나 마케팅 전문가들의 사전 테스트를 거치지 않고, 기존의 연구를 근거로 한 연구자의 주관적 판단에 의한 것이므로 제품유형의 분류에 다소 차이를 보일 수 있을 것이다.

2. 향후 연구방향

이러한 문제를 보완하고 향후 연구방향을 위한 제언을 다음과 같이 하고자 한다.

첫째, 가격 - 객관적 품질관계에서 지적했듯이 유통구조의 차이에 기인한 가격의 차이가 간과되었으므로, 소비자의 효율성과 관련한 가격분산에 대한 연구가 필요할 것이다.

둘째, 본 연구에서는 소비자의 품질지각에 영향을 미치는 변수로 가격단서만을 이용하였으나, 차후 연구에서는 상표명과 같은 정보단서를 고려하여 지각품질이 실제로 제품구매로 이전되는지를 살펴볼 필요가 있다.

셋째, 본 연구에서는 시장효율성 제고방안에 대한 정부의 제도적 환경을 서술적으로 살펴보았으나, 이에 대한 실증연구가 이루어져 이들 효과를 검증해 보면 더욱 의의가 있을 것이다.

참고문헌

I. 국내문헌

1. 단행본

과학기술정책관리연구소, 『산업별 기술혁신패턴의 비교분석』, 경문사, 1994.

강인구, 『기술혁신 패턴의 가속화』, 한국산업기술진흥협회, 1995.

김동기·한선민 공저, 『국제마케팅론』, 박영사, 1988.

김시종, 『상품학총론』, 학문사, 1997.

김원수, 『인간욕구와 신상품개발』, 경문사, 1995.

김은자, 『제조물책임에 대한 경제적 효과』, 한국경제연구원, 1997.

김충련, 『SAS라는 통계상자』, 데이터리서치, 1992.

박명희, 『소비자의사결정론』, 학현사, 1992.

성웅현, 『SAS를 이용한 경영통계 자료분석』, 무역경영사, 1997.

오택섭, 『사회과학데이터분석법』, 나남출판, 1994.

유동근, 『소비자행동론』, 예지각, 1997.

유필화, 『가격정책론』, 박영사, 1991.

유필화, 『시장전략과 경쟁우위』, 박영사, 1993.

윤창호·이규억 공저, 『산업조직론』, 법문사, 1985.

이규억·이재형, 『기업집단과 경제력집중』, 한국개발연구원, 1990.

정갑영, 『산업조직론』, 박영사, 1991.

조동성·이광현, 『경쟁에서 이기는 길』, 교보문고, 1992.

조봉진·윤훈현 공저, 『최신마케팅원론』, 석정, 1993.

채서일, 『사회과학조사방법론』, 학현사, 1990.

2. 論 文

김성탁, "제조물책임에 관한 비교법적 연구", 박사학위논문, 서울: 연세대
　　학교 대학원, 1991.

김용자, "2천년대의 소비자 문제", 한일소비경제신문창간지(10월 19일자),
　　1992.

김용준, "비영리조직의 마케팅 경쟁분석", 『경영논집』, 성균관대학교 경영
　　연구소, 1992.

김용준, "비싼 제품이 과연 좋은가?", 『소비자학연구』 제14권 1호, 1993.

남경희, "소비자의 기호화에 따른 소비자교육에 관한 고찰", 『소비자문제
　　연구』 제14호, 1994.

노전표, "한국, 미국, 일본시장의 제품품질과 가격 간의 상관관계에 영향
　　을 미치는 요인에 관한 연구", 『산업과 경제』 제2집, 1993.

박명희 · 이상협, "한국 시장에 있어서 외국/국내 상표 청의류의 가격과
　　품질에 관한 연구", 『소비자학연구』, 1990.

박정빈, "소비자의 가격지각과 제품평가에 관한 연구", 석사학위논문, 서
　　울: 서울대학교 대학원, 1996.

서정희 · 이기춘, "소비자 주권에 관한 연구", 『소비자학연구』 제2권 1호, 1991.

손성락, "우리나라 가격표시제도의 문제와 개선방향", 『소비자학연구』 제
　　16호, 1995.

송미영, "소비자 시장의 비효율성", 석사학위논문, 서울: 성균관대학교 대
　　학원, 1990.

송태희, "우리나라 소비자정책의 기본방향", 『소비자문제연구』 제19호, 1997.

신도철, "소비제품 안정성의 법 경제학", 『소비자학연구』 제3권 2호, 1992.

예종석 · 김진병, "우리나라 정보탐색자에 관한 연구", 『소비자학연구』 제
　　1권 1호, 1990.

오주연, "우리나라 시장에서의 가격과 품질 간의 상호관계에 대한 연구",
　　석사학위논문, 서울: 서강대학교 대학원, 1992.

유두련, "소비자정책에 관한 소고: 독일 소비자정책의 이론적 근거를 중심으로", 『연구논문집』 제57집, 대구: 효성가톨릭대학교, 1998.

유창복, "독·과점하에서의 시장지배적 규제에 관한 연구", 석사학위논문, 서울: 한국외국어대학교 대학원, 1996.

이기춘·송인숙, "소비자제품의 비교테스트 정보분석에 의한 가격과 품질의 상관관계 연구", 『한국가정관리학회지』 제6권 2호, 1988.

이영균, "제품의 가격과 객관적 품질 간의 상관관계에 관한 연구", 석사학위논문, 강원: 강원대학교 대학원, 1993.

최병록, "일본의 리콜실태를 알아본다", 『소비자시대』, 1996년 3월호.

최지호, "객관적 가격 - 품질 관계의 지각에 관한 실증적 연구", 석사학위논문, 전북: 전북대학교 대학원, 1994.

허경옥, "일본의 소비자운동, 소비자정책, 소비자지향적 경영에 관한 소고", 『대한가정학회지』, 제36권 3호, 1998.

허두회, "경험재의 광고전략과 그 균형", 석사학위논문, 서울: 서강대학교 대학원, 1988.

허병학, "권장소비자가격제도에 관한 연구", 석사학위논문, 서울: 한국외국어대학교 대학원, 1994.

Ⅱ. 외국문헌

1. Books

Assael & Henry, 『Consumer Behavior and Marketing Action』, 2nd ed, Boston Massachusetts, Kent Publishing Co., 1984.

Bagozzi, R. P., 『Principles of Marketing Management』, Chicago: Science Research Associats, Inc., 1986.

Bykey, Loree & Maney, Ardith, 『U. S. Consumer Interest Group』, Greewood Press, Westport: Conn, 1995.

Cooper, L. G. and M. Nakanish, 『Market Share Analysis』, Kluwer Academic Pubishers, The Netherlands, 1988.

Cox, Donald F., 『Risk Taking and Information Handling in Consumer Behavior』, Harvard Univ. Press., 1967.

Glass G. V., B. McGraw and M. L. Smith, 『Meta-Analysis in Social Research Beverly Hills』, Sage Publications, 1981.

Katona, George and E. Mueller, 『A Study of Purchasing Decisions, in Consumer Behavior: The Dynamics of Consumer Reaction』, ed Lincoln H. Clark, New York: New York University Press, 1954.

Landes, William M., 『The Economic Structure of Tort Law』, Cambridge, Mass: H. U. Press, 1987.

Lehman, E. L., 『Testing Statistical Hypotheses』, 2nd Ed, John Wiley & Sons, Inc., 1986.

Maynes, E. S., 『Decision Marketing for Consumers』, Macmillan, New York, 1978.

Siegel, S. and N. J. Castellan, Jr., 『Nonparametic Statistics』, 2nd Edition, McGraw-Hill, Signapore, 1988.

Tirole, J., 『The Theory of Industrial Organization』, The MIT Press, Cambridge, Massachusetts, 1989.

Viscusi, W. K., 『Reforming Products Liability』, Harvard University Press, 1991.

Wiliamson, O. E., 『Markets and Hierarchies』, Free Express, New York, 1975.

Zimmerman, Joseph. F., 『The Recall』, Westport, Conn: Praeger, 1997.

2. Articles

Akerlof, G. E., "The Market For Lemmons: Quality Uncertainty and The Market Machanism", *Quarterly Journal of Economics*, 84, 1970.

Alcaly, R. E., "Information and Food Prices", *The Bell Journal of Economics*, 7(2), 1976.

Arndt, J., "Role of Product-Related Conversations in the Diffusion of a New Product", *Journal of Marketing Research*, 4, 1967.

Archibald, R. B., Haulman, C. A & Moody Jr, C. E., "Quality, Price Advertising and Published Quality Ratings", *Journal of Consumer Research* 9, 1983.

Beatty, Sharon E. and Scott, M. Smith., "External Search Effort: An Investigation across Several Product Categories", *Journal of Consumer Research*, 14, 1987.

Benett, Peter D. & Robert, M. Mandell., "Prepurchase Information Seeking Behavior of New Car Purchasers-The Learning Hypothesis", *Journal of Marketing Research*, 6, 1969.

Biehal, Gabriel J., "Consumers' Prior Experiences and Perceptions in Auto Repair Choice", *Journal of Marketing*, 47, 1983.

Blodgett, Jeff and Donna, Hill, "An Exploratory Study Comparing Amount of Search Measures to Consumers' Reliance on Each Source of information", *Advances in Consumer Research*, 18, 1991.

Bodell, R. W., R. R. Kerton and R. W. Schuser, "Price as a Signal of Quality: Canada in the International Context", *Journal of Consumer Policy*, 9, 1986.

Brucks, Merrie., "A Typology of Consumer Knowledge Content", *Advances in Consumer Research*, Vol.13, 1985.

Capon, Noel and Burke, M., "A Developmental Study of Consumer Information Processing Strategies", *Journal of Consumer Research*, 7, 1980.

Chr. Hjorth-Anderson, "The Concept of Quality and The Efficiency of Markets for Consumer Products", *Journal of Consumer Research*,

11, 1984.

Claxton, J. D., J. N. Fry & B. Portis, "A Taxonomy of Pre-purchase Information Gathering Patterns", *Journal of Consumer Research*, 1, 1974.

Cude, B. J., "Estimating of the Returns to Informed Decision-Making", *Journal of Consumer Affairs*, 21, 1987.

Curry, David J and David J. Faulds, "Indexing Product Quality: Issues, Theory and Results", *Journal of Marketing*, Vol.13, 1986.

Curry, David J and Peter C. Rietz, "Price and Price/Quality Relationship: A Longitudinal Anaysis", *Journal of Marketing*, January 1988.

Dardis, R. & Gieser, N., "Price and Quality of Durable Goods: Are They More Closely Related in the Seventies than in the Sixties?", *Journal of Consumer Policy*, 4, 1980.

Dennis, M. L., "Effective Dissemination of Energy Related Information", *American Phychologist*, Oct 1990.

Dodds, William B. and Kent, B. Monroe., "The Effect of Brand and Price Information on Subject Product Evaluations", *Advances in Consumer Research*, Vol.12, 1985.

Dommermuth, William P., "The Shopping Matrix and Marketing Strategy", *Journal of Marketing Research*, 2, 1967.

Downs, Anthony., "A Theory of Consumer Efficiency", *Journal of Retailing*, 39, 1961.

Duncan, Calvin P. & Richard W. Olshavsky, "External Search: The Role of Consumer Beliefs", *Journal of Marketing Research*, 19, 1982.

Erickson, Gary M., "The Role of Price in Multi-Attribute Product Evaluation", *Journal of Consumer Research*, Vol.12, 1985.

Feick, Lawrence F. & Robert D. Herrmann, and Rex H. Warland, "Search for Nutrition Information: A Probit Analysis of the Use of Different Information Sources", *Journal of Consumer Affairs*, 20, 1986.

Friedman, M. P., "Quality and Price Considerations In Rational Consumer Decision Making", *Journal of Consumer Affairs*, 1967.

Gardner, David M., "An Experimental Investigation of the Price/Quality Relationship", *Journal of Retailing*, Vol.46, No.3, Fall 1970.

Gardner, David M., "Is There a Generalized Price-Quality Relationship?", *Journal of Marketing Research*, Vol.8, May 1971.

Gardner, David M., "Competing On the Eight Dimensions of Quality", *Harvard Business Review*, 65, 1987.

Garvin, D. A., "What Does Product Quality Really Mean?", *Sloan Management Review*, Fall 1984.

Gastwirth, J. L., "On Probabilistic Models of Consumer Search for Information", *Quarterly Journal of Economics*, 90, 1976.

Geistfeld, L. V., "The Price-Quality Relationship-Revisited", *Journal of Consumer Affairs*, 16, 1982.

Gestner, Eitan., "Do Higher Prices Signal Higher Quality?", *Journal of Marketing Research*, Vol.220, 1985.

Greer, T. V., "Product Liability in the European Community: The Legislative History", *The Journal of Consumer Affairs*, 26, 1992.

Hey, J. D. and Chris J. Mckenna., "Consumer Search with Uncertain Product Quality", *Journal of The Political Economy*, 89, 1981.

Isackson, H. R. and Maurizi, A. R., "The Consumer Economics of Unit Pricing", *Journal of Marketing Research*, Vol.10, 1973.

Jacoby, Jacob. & Olson, Jerry C. and Haddock, Rafael A., "Price, Brand Name and Product Composition Charcteristic as Determinant of Perceived Quality", *Journal of Applied Psychology*, Vol.55, No.6, 1971.

Jacoby, Jacob, Robert, E. Chestnut. & Wiliam, A. Fisher., "A Behavioural

Process Approach to Information Acqusition in Nondurable Purchasing", *Journal of Marketing Research*, 15, 1978.

Kelly, C. A. and Conant, J. S., "Extended Warranted: Consumer and Manufacture Perception", *The Journal of Consumer Affairs*, Vol.25, 1991.

Kerton, R. R. & Schuster, R. W., "Price as a Signal of Quality: Canada in the International Context", *Journal of Consumer Policy*, 9, 1986.

Kiel, Geoffrey C. and Roger A. Layton, "Dimensions of Consumer Information Seeking", *of Marketing Research*, 18, 1981.

Kilbouine, W. E., "A Factorial Experiment on the Impact of Unit Pricing on Low Income Consumers", *Journal of Marketing Research*, Vol.11, 1974.

Klien, B. and k. Leffler, "The Role of Market Forces in Assuring Contactual Performance", *Journal of Political Economy*, 81, 1981.

Lambert, Zarrel V., "Price and Choice Behavior", *Journal of Marketing Research*, Vol.9, 1972.

Leavitt, H. J. and T. Assum, "Informationally Imperfect Consumer Markets: Empirical Findings and Policy Implications", *Journal of Consumer Affairs*, 16, 1982.

Lichtenstein, D. R. and Burton, S., "The Relationship Between and Objective Price−Quality", *Journal of Marketing Research*, Vol.26, 1989.

McElory, B. F. & Aaker, D. A., "Unit Pricing Six Years After Introduction", *Journal of Retailing*, Vol.55, Fall 1979.

Malott, R. H., "Let's Restore Balance to Product Liability Law", *Harvard Business Review*, Vol.61, No.3, 1983.

McConnell, J. Douglas, "Effect of Pricing on Perception of Product Quality", *Journal of Applied Psychology*, Vol.52, No.4, 1968.

Monroe, K. B., "Buyer's Subjective Perceptions of Price", *Journal of Marketing Research*, 10, 1973.

Moore, W. S. and Lehmann, D. R., "Individual Differences in Search

Behavior for a Nondurable", *Journal of Consumer Research*, 7, 1980.

Morris, R. T. & Bronson, C. S., "The Chaos of Competition Indicated by Consumer Reports", *Journal of Marketing*, 33, 1969.

Morris, R. T. & Bronson, C. S., "The Potential Loss in Money Income to the American People by Haphazard Puchasing", *Journal of Consumer Affairs*, 4, 1970.

Nelson, P., "Information and Consumer Behavior", *Journal of Political Economy*, 78, 1970.

Newman, Joseph W. and Richard, Staelin., "Prepurchase Information Seeking for New Cars and Major Household Appliances", *Journal of Marketing Research*, 9, 1972.

Obermiller, C. and Wheatley, J. J., "Beliefs an Quality Difference and Brand Choice in Advances", *Consumer Research*, Vol.13, 1986.

Park, C. Whan and Parker, Lessig., "Familiarity and its Impacts on Comsumer Decision Biases and Heuristics", *Journal of Consumer Research*, Vol.8, 1981.

Paul, Milgrom. and John, Roberts., "Price and Advertising Signals of Product Quality", *Journal of Political Economy*, Vol.94, No.4, 1986.

Perterson, Robert A., "The Price-Perceived Quality Relationship: Experimental Evidence", *Journal of Marketing Research*, Vol.7, 1970.

Petty, Ross D., "Regulation Product Safety: The Information Role of The U. S. Federal Comissions", *Journal of Consumer Policy*, 18, 1995.

Priest, G. L., "The Current Insurance Crisis and Modern Tort Law", *The Yale Law Journal*, 96, 1987.

Raju, P. S., "Product Familiarity, Brand Name, and Price on Product Evaluation", *Advanced in Consumer Research*, Vol.4, 1977.

Rao, A. A. and Monroe, K. B., "The Moderation Effect of Prior Knowledge on Cue Utilization in Product Evaluation", *Journal of*

Consumer Research, Vol.15, 1988.

Richard, Schmalensee., "A Model of Advertising and Prodct Quality", *Journal of Political Economy*, Vol.86, No.31, 1979.

Rietz, Peter C., "Price－Quality Correlations for Packaging Food Products", *Journal of Consumer Affairs*, Winter 1979.

Ruby, T. M. and Claire, S. B., "The Chaos of Competition Indicated by Consumer Reports", *Journal of Marketing*, Vol.33, 1969.

Sarah, Kadec., "Report Form the Solomon's Conference", *Bulletin of the American Society for Information Science*, Dec/Jan 1995.

Shapiro, Benson P., "Price Reliance : Existence and Sources", *Journal of Marketing Research*, Vol.10, 1973.

Shapiro, Benson P., "New Evidence On Price and Quality", *Journal of Consumer Affairs*, Vol.11, 1977.

Shapiro, Benson P., "Premium for High Quality Products as Rents to Reputation", *Quarterly Journal of Economics*, 13, 1983.

Snider, J. H., "Consumer in the Information Age", *The Futurist*, 1973.

Spence, M., "Monopoly, Quality and Regulation", *Journal of Economy*, 6, 1975.

Sproles, G. B., "New Evidence on Price and Quality", *Journal of Consumer Affairs*, 11, 1977.

Sujan, Mita., "Consumer Knowledge: Effects on Evaluation Strategies Mediating Consumer Judgement", *Journal of Consumer Research*, Vol.12, 1985.

Sutton, Robert J. and Peter C. Rietz, "The Effect of Product Visibility upon the Relationship Between Price and Quality", *Journal of Consumer Policy*, 3, 1979.

Szybillo, George J. and Jacoby, Jacob., "Intrinsic versus Extrinsic Cues as Determinants of Perceived Product Quality", *Journal of*

Applied Psychology, Vol.59, No.1, 1974.

Tellis, G. T. and Wernerfelt, B., "Competitive Price and Quality under Asymmetric Information", *Marketing Science*, Vol.6, No.3, 1987.

Tellis, G. T. and Gaeth, G. T., "Best Value, Price－Seeking and Price Aversion: The Impact of Information and Learning on Consumer Choice", *Journal of Marketing*, Vol.54, 1990.

Tull, D. S., Boring, R. A. and Gorisor, M. H., "A Note on the Relationship of Price and Imputed Quality", *Journal of Business*, 37, 1964.

Valenzi, E. R. and Andrews, I. R., "Effect of Price Information on Product Quality Ratings", *Journal of Applied Psychology*, Vol.55, No.1, 1971.

Wheately, John J. and Chiu, John S. Y., "The Effects of Price, Store Image and Product and Respondent Characteristics on Perception of Quality", *Journal of Marketing Research*, Vol.14, May 1977.

William, Boulding and Kirman, Amna., "A Consumer－Side Experimental Examination of Signaling Theory: Do Consumers Perceive Warranties as Signals of Quality?", *Journal of Consumer Research*, Vol.20, 1998.

Wood, N. W., "Information Strategies for Changing European Living and Working Conditions", *Journal of Information Sciences*, 19, 1994.

Yamada, Y. & AKermann, N., "Price－Quality Correlations in the Japanese Market", *Journal of Consumer Affairs*, 18, 1984.

Zeithaml, V. A., "Consumer Perception of Price Quality and Value: A Means－End Model and Synthesis of Evidence", *Journal of Marketing* Vol.51, 1988.

Zeithaml, V. A., "Consumer Response to In－Store Price Information Environment, *Journal of Consumer Research*, Vol.8, 1982.

Zimmerman, L. K. & Geistfeld, R. V., "Economic Factors which Influence Consumer Search for Price Information", *Journal of Consumer Affairs 18*, 1984.

Ⅲ. 인터넷 홈페이지

http://alice.ibpm.serpukhov.su/partners/ccsi/csusa/business/consumfed.html

http://my.netian.com/yline/m2.htm

http://web.ansi.org/public/about.htm

http://www.bsi.org.uk/bsi/keyserv/welcome.html

http://www.cenorm.be/aboutCEN.html

http://www.consunion.org/contact.htm

http://www.cpb.or.kr/sobi/brochure/bro3

http://www.cpb.or.kr/sobi/icnews/ic17-2.htm

http://www.cpb.or.kr/sobi/report/fulltext/7980602.htm

http://www.ktl.re.kr/cert/iec/bsi.htm

http://www.mk.co.kr/search/index.html

http://www.oecd.org/search97cgi/s97-cgi······mary&AdminImagePath
      =%2Fsearch97admining%2F

http://www.waw.co.kr/vol-20/recall/recall.htm

부록 〈표 A-1〉 硏究者에 따른 實證分析 根據와 結果

연구자	P/Q의 영향요소	실증분석	결과	근 거
Ruby turner morris and Claire sekulski Bronsen (1958~1967)		1) 품질과 평균가격 간의 관계 2) 동일제품의 연속적 테스트에 의한 P/Q관계의 변화 3) common brand의 연속 테스트에 의한 P/Q순위의 변화 4) 연속 테스트된 Brand-name model의 상대적 가격과 품질 순위의 변화⇒ 변화방향	다양 다양 다양 다양	구매빈도가 높은 제품들이 P/Q관계 낮음. 일정한 변화패턴 없이 다양함. 다양한 변화 1) 가격상승에 따라 품질상승. 또는 가격하락에 따라 품질하락: 47% 2) 가격불변 품질상승, 가격하락 품질불변+가격상승 품질불변, 가격불변 품질하락: 22%⇒각 제품군별로 매우 다른 결과, 시장구조(독점경쟁)에 대한 연구 필요
philip nelson (1970, 74)	광고비	광고비의 비중이 높은 제품일수록 낮은 가격과 높은 품질을 갖는다.	○	광고와 품질이 정의 관계를 갖기 때문. 고품질의 상품은 다른 조건이 동일하다면 저품질 상품에 비해 보다 많은 반복 구매를 기대할 수 있다. 그러므로 고품질 상표의 공급자들 소비자들이 더 많은 구매를 하도록 설득시키는 광고에 주력해야 한다. 이러한 광고의 영향은 소비자가 전적으로 광고에 의존한다면 동일 제품은 더 좋은 품질의 제품으로 인식시킬 수 있기 때문.
Robert j. sutton and peter C.Riesz (1979)	제품의 가시성	제품의 가시성이 높을수록 P/Q 관계 낮다.	○	본질적인 혜택보다는 많은 것을 전달할 수 있는 것으로 인식되는 제품에 더 많은 가격 지불
Peter C. Riesz(1979)	정보손실	포장식품의 P/Q관계는 매우 낮다. 편의제품, 불변의 제품의 P/Q관계 낮다. 냉동식품이 비냉동식품에 비해 P/Q관계 낮다.	○ ○ ○	소비자가 제품품질평가를 위해 필요한 정보를 쉽게 얻을 수 없기 때문. 가격이 품질의 정보원 역할. ⇒제품특성(낮은 가격, 잦은 구매, 빠른 소비) 때문에 주의 깊게 구매하지 않고 보다 높은 가격 브랜드선호, 포장, 광고, 판촉 등이 소비자의 합리적 의사결정 능력을 방해.
Geistfeldt (1982)	유통경로	P/Q관계의 차이는 store type과 관련이 있다.	○	점포형태에 따라 판매가격이 다르기 때문 판매가격은 가중치부여하여 판단. 판매자의 특성을 고려하지 않은 문제점
Archibald, Haulman, Moody, Jr.(1983)	품질순위 발표	품질순위가 발표되면, 가격과 품질의 관계가 강화될 것이다.		소비자의 품질에 대한 인식이 정확해져, 품질이 좋고 가격이 낮은 제품이 구매되고, 그렇지 못한 제품은 경쟁시장에서 사라져 버리기 때문.

연구자	P/Q의 영향요소	실증분석	결과	근 거
Eitan Gerstner (1985)	구매빈도	자주 구매되는 품목은 구매빈도가 낮은(높은) 품목보다 P/Q관계가 높을 것이다.	○	판매자는 소비자의 재구매에 의존하므로 저질. 고가의 제품은 회피. 구매빈도가 낮은 품목은 가격이 보다 비싸서, 소비자의 재정에 영향이 크기 때문에 합리적으로 구매행동을 하기 때문. 브랜드 간의 사이즈차이는 가격-수량, 가격-품질의 관계를 비교하기 어렵게 하기 때문 브랜드 간의 SIZE차이는 유의, 단가가 높은 것은 품질이 높다기보다는 비경제적 포장 때문 ⇒이는 가격-수량, 가격-품질 비교를 어렵게 만든다.
David J. Curry & peter C. Riesz(1988)	시간의 경과	1. 가격이 일정하게 달러로 표시될 때 시간이 경과함에 따라 한 제품군의 모든 브랜드의 평균가격은 낮아진다. 2. 시간이 지남에 따라 제품군 내의 가격차의 크기가 줄어들 것이다.	○ ○	바이어의 학습효과와 제조업자의 경험에 의한 제조원가의 감소 ⇒dynamic pricing theory 1) 구매자의 학습효과 소비자의 제품에 대한 정보가 늘어나기 때문에 소비자의 선택이 용이하게 되어 시장에서 비효율적인 제품이 사라짐 ⇒가격차가 줄어듦. 2) 새로운 경쟁자가 진입할 때에는 가격에 민감하게, 탄력적으로 제조업자 대처 성숙기의 제품들은 경쟁심화, 구매자의 학습효과, 디자인과 제품특성의 유사성으로 인해 가격의 수렴예상⇒품질을 대리하는 가격이 전략적, 기능적 마케팅변수로서의 기능을 상실. 광고와 같은 비가격경쟁 요인에 관심이 이동. ⇒제품품질, 디자인, 내구성, 신뢰성과 같은 실질적 제품개선이 시간이 지남에 따라 일어나지만 한 제품군내의 브랜드 간의 가격차이는 제품의 실질적 가격수준이 높아신다 해노 감소할 것이다.
		3. PLC기간이 경과함에 따라 한 제품군의 가격과 상대적 품질의 상관관계는 증가할 것이다.	×	공급측면: 기업이 가격, 품질, 광고수준을 어떻게 시키느냐의 문제 품질변화는 가변비용, 광고비용은 고정비용으로 간주⇒소비자가 가격, 품질 모두에 민감하다면 P/Q관계 높아지나 그렇지 않다면 P/Q관계 감소

연구자	P/Q의 영향요소	실증분석	결과	근 거
이기춘, 송인숙 (1988)	평균가격	평균가격이 높은 품목일수록 P/Q관계 낮다.	○	고가제품일수록 구매빈도가 낮고 고도의 기술 제품이거나 새로운 제품이 많아 소비자가 제품의 질을 평가하기 어렵기 때문에 탐색을 더 많이 한다 해도 시장불투명 현상이 심함.
	소비자 정보이용	제품테스트 결과가 생산자와 소비자들에게 이용될 경우 제품의 품질과 가격의 상관관계는 증가할 것이다.	×	테스트 결과가 알려지면, 소비자는 품질에 비해 값싼 제품을 구매하게 되고 자연동질의 제품 중 값이 비싼 제품들이 선택되지 못하기 때문
오주연 (1993)	광고비	광고/매출액 비용이 높을수록 가격과 품질의 상관관계는 낮아질 것이다.	×	광고활동은 수요증대뿐 아니라 수요의 가격탄력성을 줄여 시장지배력을 증가시킨다. 수요가 비탄력적으로 될수록 기업이 독점적 방식으로 가격을 관리할 수 있기 때문
김용준 (1993)	제품군	P/Q의 상관관계는 내구재의 경우 비내구재보다 높을 것이다.	×	내구재의 구입 시 비내구재 경우보다 많은 정보를 구입하여 합리적인 의사결정을 취함.
	가격차	제품군 내의 가격차(상대적)가 클수록 P/Q관계는 높을 것이다.	○	소비자는 가격차가 큰 품목일수록 정보추구를 더 할 것임. 같은 품질이면 좀더 싼 제품을 구입할 수 있는 가능성 제공.
	경쟁제품 의 수	경쟁제품의 숫자가 많을수록 P/Q관계는 높을 것이다.	×	독점시장에서 경쟁자가 진입하면 가격은 낮아지고 총 매출량은 증가. 시장이 경쟁적이라면 주어진 가격하에 기업은 좀더 나은 품질을 생산해야 살아남을 수 있음.
이영균 (1993)	제품군	국가별 동일제품의 가격과 객관적 품질의 상관관계는 시간이 경과함에 따라 강화될 것이다.	○	상품의 테스트결과가 생산자의 제품전략이나 소비자의 구매의사결정에 유용하게 이용될 때

부록 〈표 A-2〉 價格과 品質의 相關關係

제품명	연도	개수	가격평균	품질평균	등간상관계수	서열상관계수
전기쥬서	88	16	35372	35	0.4826	0.6605
전기다리미	88	10	12090	28	0.0504	−0.086
가정용기름보일러	88	11	363636	53	0.3478	0.4839
보온도시락	88	4	18682	27	−0.3484	−0.3162
선풍기	88	6	33416	36	0.4893	0.4449
보온병	88	4	20102	47	0.8227	0.9487
치약	88	11	667	14	−0.2117	−0.2818
싱크대	88	8	144412	61	−0.1369	−0.265
아이스박스	88	9	39666	22	0.1701	0.0961
벤찌	88	4	4875	23	−0.5212	−0.2722
정수기	89	12	91558	44	0.0498	0.0036
16인치컬러TV	89	4	448425	82	−0.1996	−0.4
전기보온밥솥	89	6	53480	34	0.5868	0.7171
오토포커스 카메라	89	4	276500	47	0.5742	0.7746
가스렌지	89	7	72071	62	0.4084	0.5162
기성신사복	89	5	164800	39	0.2375	0.3627
스타킹	89	20	391	16	−0.2268	−0.212
의류용 세제	89	20	1296	20	−0.0644	−0.1317
식품포장용 랩	89	5	760	40	−0.897	−0.7906
우유	89	10	229	32	0.201	0.2152
전기주전자	90	14	15207	37	0.7862	0.7013
전기식기건조기	90	4	49825	34	0.3373	0.7379
콤팩트디스크 플레이어	90	8	222455	43	−0.2154	0.2171
유선전화기	90	12	36208	22	0.0612	0.1696
20인치컬러TV	90	4	438850	71	−0.2151	−0.2
보온도시락1 (스테인리스)	90	11	23832	20	−0.36	−0.1694
보온도시락2 (유리)	90	5	12390	18	−0.0047	−0.1539
등산용 배낭	90	9	35233	39	0.0459	−0.0672

제품명	연도	개수	가격평균	품질평균	등간상관계수	서열상관계수
스포츠용 티셔츠	90	11	36227	33	−0.4904	−0.5476
농후발효유	90	9	333	42	−0.6045	−0.636
통조림햄	90	8	1705	28	−0.3172	0
세탁기	90	4	405750	27	−0.2903	0
견한복지	90	12	71666	32	0.2545	0.2988
분유	90	5	4192	36	0.6539	0.6455
전기보온밥솥	91	6	100300	39	−0.6759	−0.7356
무선전화기	91	6	94925	20	0.269	0.207
8mm형 캠코더	91	4	865000	69	0.1644	0.4472
선풍기	91	5	45900	39	0.7298	0.7906
삼중바닥냄비	91	6	29100	31	0.1068	0.0294
가스렌지	91	7	139157	32	0.4478	0.3742
주방용 세제	91	14	254	20	0.5585	0.7223
학생용 가방	91	18	14005	26	−0.0509	0.0265
백화점 자체상표신사복	91	5	148800	45	0.4357	0.6
CDP카세트라디오	92	7	232142	74	−0.2014	−0.1122
카스테레오	92	8	169875	55	0.9754	0.9519
전자혈압계	92	9	71888	31	−0.0931	−0.1674
의류용 세제	92	25	1984	26	0.0074	0.0012
섬유유연제	92	14	2297	15	−0.2612	−0.5694
오리털이불	92	12	117250	21	0.4569	0.5756
압력솥	92	15	74350	41	0.3171	0.5282
휴대용 부탄가스 풍로	92	16	19637	38	0.2802	0.2126
체중계	92	9	21833	35	0.7044	0.6061
모발건조기	92	12	13750	20	−0.6149	−0.2465
신생아용 이불, 요	92	19	76663	29	0.3244	0.1746
물안경	92	40	11030	17	0.1223	0.0989
스웨터	92	6	80000	54	−0.4752	−0.3531
여성용 내의(긴내의)	92	8	31900	51	−0.4802	−0.372

제품명	연도	개수	가격평균	품질평균	등간상관계수	서열상관계수
바닥타일	92	13	12346	35	0.0838	0.2211
낚싯대	92	6	41816	19	−0.6573	−0.6211
주택용 보통침대 (1인용)	92	15	330026	43	−0.0872	−0.0975
배드민턴라켓	92	7	52428	49	−0.567	−0.5292
커피잔(자기제)	92	6	67333	25	−0.3066	−0.1309
가스보일러	92	10	614000	78	−0.5768	−0.4087
전축(CDP내장소형)	92	7	533857	90	0.5933	0.5858
25인치컬러TV	92	5	894800	68	−0.9649	−0.6708
화장비누	92	21	796	13	−0.7118	−0.3084
양탄자	92	5	576400	37	0.2418	0.0789
전기진공청소기	92	4	172500	31	0.3071	0.2582
형광등기구(직관)	92	16	10687	20	−0.1633	−0.2178
형광등기구(환형)	92	31	43193	20	0.0693	0.2438
연필깎이	93	8	13875	49	0.2169	0.1721
자동차용 연소자보호장치	93	5	116000	36	−0.7626	−0.3441
유모차	93	7	133714	78	−0.5428	−0.5759
가정용 체중계	93	6	20416	33	−0.3064	−0.058
운동화(테니스화)	93	11	39663	39	0.2254	0.2191
다용도식품가공기	93	9	130222	60	−0.8017	−0.4134
금속제안경테	93	15	85866	60	0.3302	0.488
자동차용 부동액	93	12	15583	23	−0.9059	−0.6143
고탄력팬티스타킹	93	24	3601	31	0.2769	0.3415
가스렌지	93	7	122285	43	0.2659	0.4447
여행용 가방	93	9	127444	19	0.8569	0.7709
두루마리화장지	93	18	3467	22	0.7428	0.0017
가정용 저울	93	6	13333	26	0.4856	0.6301
동력분무기	93	12	161666	19	0.7009	0.5583
주서	93	10	52861	34	−0.6195	−0.062
주방용 칼	93	15	7187	25	0.0383	−0.1094
형광램프 (둥근형 40W)	93	8	2756	16	0.1039	0.0378
카펫(합성섬유)	93	4	198300	29	0.37	0.6

제품명	연도	개수	가격평균	품질평균	등간상관계수	서열상관계수
카펫(천연섬유)	93	4	281700	29	0.6916	0.9487
자동차용 전구	93	5	126	15	0.4082	0.4082
자동차용 케이블체인	93	24	19691	15	0.2256	0.2582
자동차용 스틸링크체인	93	9	22623	16	0.5062	0.6177
오디오(미니 컴포넌트)세트	93	11	568772	22	0.2996	0.0933
가정용 고무장갑	94	8	956	51	0.5461	0.7884
여성용 코트	94	5	405800	55	−0.5676	−0.6
할로겐램프	94	5	2400	23	0.5345	0.559
등산화	94	13	86000	42	0.2007	0.2674
전기드릴	94	5	70600	46	−0.4541	−0.5441
텔레비전	94	5	1218600	74	−0.9354	−0.7071
비디오테이프	94	6	2500	52	−0.975	−0.8799
전기냉방기 (패키지형)	94	5	1599200	58	0.0833	0.2887
전기진공청소기	94	5	230800	36	−0.4349	−0.3536
전기다리미(증기식)	94	4	47500	42	−0.393	−0.2582
전기면도기(충전기)	94	5	27600	28	−0.3385	−0.3591
비닐평형코드	94	11	7590	40	0.1193	0.2383
전기다리미	94	5	85600	37	−0.5039	−0.4472
팬히터	94	4	320000	63	0.1291	0.3162
용기내장형 가스난방기	94	8	172125	51	−0.1742	−0.0618
보행기	94	18	32128	27	0.3763	0.4138
유모차	94	19	94316	31	0.3716	0.3106
전기세탁기	94	4	762625	40	0.2221	0.2
압력밥솥	94	13	94072	38	−0.3642	−0.1826
전기보온밥솥	94	11	157100	32	0.1232	0.2494
1회용 카메라	94	10	8600	34	−0.2229	−0.1935
산악용 자전거	94	4	182500	25	1	1
전기주전자	94	13	31901	16	−0.8069	−0.6276
휴대용 CDP	94	8	152875	36	−0.0809	0.0246

제품명	연도	개수	가격평균	품질평균	등간상관계수	서열상관계수
소화기가압식	94	4	18000	42	0.3651	0.2582
가정용 노래방기	95	6	585333	43	0.7381	0.6172
전기마사지기	95	8	106625	27	0.1787	0.2622
니트셔츠	95	15	89666	45	0.1073	0.0336
신사복	95	11	451181	68	−0.4397	−0.4358
가스난로	95	13	190384	38	−0.2468	−0.2838
선글라스	95	15	38333	53	−0.5723	−0.6541
선풍기	95	6	92249	47	−0.0649	0.0313
본차이나커피세트	95	6	75433	30	−0.9806	−0.6642
스테인리스 냄비	95	7	58028	42	−0.6747	−0.3424
안경테	95	7	54714	83	0.7378	0.7854
바바리코트	95	16	420937	43	0.1995	0.2263
전기냉장고	95	4	1182330	67	−0.9975	−0.7746
수경	95	11	19672	37	0.449	0.3005
전기오븐	95	8	256000	50	−0.2726	−0.1506
자전거(접는식)	95	4	209000	49	−0.9733	−0.9487
줌렌즈	95	4	161250	39	−0.5873	−0.3162
카메라	95	9	256000	41	−0.2554	−0.2351
자동차용 축전지	95	4	42500	38	0.4746	0.2582
유무선복합자동 응답전화기	95	8	236462	38	0.3856	0.284
가스오븐레인지	95	9	1009044	46	−0.7402	−0.4979
컬러텔레비전	95	5	721200	26	−0.5222	−0.2887
가스보일러	95	9	586111	45	−0.6971	−0.7972
기름보일러	95	8	364625	47	0.2048	0.4419
전기장판(1)	95	14	34714	10	0.1726	0.2412
벽지	95	17	14618	18	0.4822	0.4685
전기장판(2)	95	21	31143	12	0.2316	0.2357
휴대용 가스레인지	95	16	19438	14	0.0672	0.1183
휴대용 부탄가스용기	95	7	476	11	0.4869	0.6236
바닥장식재	95	14	44714	21	−0.0432	−0.0509

제품명	연도	개수	가격평균	품질평균	등간상관계수	서열상관계수
휴대용 보온도시락	95	15	26907	33	0.5394	0.3725
휴대용 물병	95	13	18878	22	0.2023	0.2532
가스누설경보기	95	6	19500	18	−0.5563	−0.6931
형태 안정 와이셔츠	95	8	47500	66	−0.1743	−0.4718
교복종합평가표	95	9	88556	89	−0.3684	−0.4833
모발건조기	96	13	14000	46	0.3328	0.2366
공기청정기	96	7	410142	23	0.5848	0.4729
컴퓨터용 모니터	96	9	240311	82	0.9805	0.952
자동차용 공기청정기	96	8	131250	18	0.3989	0.2667
자동차용 소화기	96	6	15950	19	−0.7071	0
전기냉온수기	96	8	279375	12	0.4746	0.4682
레인지후드	96	10	58990	28	0.5317	0.8205
자동차용 광택왁스	96	6	7416	23	−0.1587	−0.2697
전기석유난로 (오일로타리히터)	96	6	345333	52	−0.4512	−0.3824
전기발마사지기	96	8	106625	27	0.1787	0.2622
신사복	96	11	451181	68	−0.4397	−0.4358
리모콘자동차완구	96	6	43800	31	−0.1477	0.2156
보온병	96	11	23974	20	0.2721	0.2266
보온도시락	96	13	29046	22	−0.3241	−0.2822
휴대용 카세트라디오	96	5	144400	20	−0.972	−0.9177
컬러프린터	96	9	498778	11	−0.3605	−0.2711
가스레인지	96	5	255800	35	0.7554	0.6489
가정용 무선전화기	96	7	270643	33	−0.1447	−0.1204
자동차전용제품 (전기청소기)	96	4	18500	13	0.8654	0.8
자동차 및 가정용 겸용제품(전기청소기)	96	8	48250	18	0.5008	0.441
청바지	96	10	53870	31	0.4284	0.1677
여자용 수영복	96	11	50000	31	0.6133	0.5889
형광등	96	39	28577	10	−0.087	0.0532

제품명	연도	개수	가격평균	품질평균	등간상관계수	서열상관계수
자동온도조절 수도꼭지	96	5	145200	29	0.2995	0.1026
전기냄비	96	7	31714	17	0.785	0.8051
전기다리미	96	9	23900	14	−0.584	−0.4158
비디오폰	96	6	196667	30	−0.1048	0.303
알칼리건전지 (LR03)	96	8	419	19	0.8502	0.8909
알칼리건전지 (LR06)	96	8	438	20	0.1782	0.0642
석유팬히터	97	5	323800	45	0.5671	0.0513
스키복바지	97	6	355667	53	0.5514	0.7356
전기보온포트	97	5	94600	14	0.3857	0.1026
자전거	97	6	175833	14	−0.3954	−0.0883
전기토스터	97	8	42875	9	−0.6556	−0.5823
가스누설경보기	97	4	28385	25	0.378	0.6325
가스누설차단기	97	4	40050	15	−0.4545	−0.7379
자동차용납축전지	97	6	45083	10	0.4062	0.169
엔진오일	97	11	11981	12	0.2412	−0.0613
전기진공청소기	97	7	308714	51	−0.8147	−0.6881

說 問 紙

안녕하십니까?

바쁘신 중에 이런 부탁 드려 죄송합니다. 본 설문은 본인의 학위청구논문을 위해 작성된 것으로서 내용은 가격과 품질의 관계를 평가함으로써 효율적인 시장을 실현시키고자 하는 것입니다. 그러므로 귀하의 응답 하나하나가 소비자의 구매의사결정에 귀중한 자료가 되오니 질문에 성실히 답해 주시기 바라며, 또한 수집된 자료는 학술적 연구 이외의 다른 목적으로는 절대로 사용하지 않을 것입니다.

귀하의 성의 있는 응답 바랍니다.

－감사합니다－

성균관대학교대학원

연구자: 박현숙

1. 다음을 읽어 보시고 적당하다고 생각되시는 곳에 (√)로 표시해 주시기 바랍니다.

보기: "어떤 상품의 가격은 점포명성에 비례한다."

① —— ② —— ③ —— ④ —— ⑤ —— ⑥ —— ⑦
전혀   보통이다   정말
아니다   그렇다

1) "대체로 상품의 가격은 품질에 비례한다."

① —— ② —— ③ —— ④ —— ⑤ —— ⑥ —— ⑦
전혀   보통이다   정말
아니다   그렇다

2) "싼 게 비지떡", "물건 모르면 돈 많이 주라"는 옛말은 맞는 말이다.

① —— ② —— ③ —— ④ —— ⑤ —— ⑥ —— ⑦
전혀   보통이다   정말
아니다   그렇다

3) "최상의 품질을 위해선 항상 가격을 더 지불한다."

① —— ② —— ③ —— ④ —— ⑤ —— ⑥ —— ⑦
전혀   보통이다   정말
아니다   그렇다

4) "가석은 품실의 좋은 시표가 뇌고 있다."

① —— ② —— ③ —— ④ —— ⑤ —— ⑥ —— ⑦
전혀   보통이다   정말
아니다   그렇다

2. 다음은 각 제품군들에 대한 귀하의 생각을 묻는 문항입니다. 아래 질문에 어느 정도 일치하시는지 해당란에 √로 표기해 주시기 바랍니다. 아래의 제품군의 경우, "가격이 높을수록 품질이 높다"는 의견에 어떻게 생각하십니까?

	전혀 아니다 ①	②	③	보통 이다 ④	⑤	⑥	정말 그렇다 ⑦
(보기) 선풍기							
1) 컴퓨터용 모니터							
2) 전기주전자							
3) 여행용 가방							
4) 알칼리건전지(LR06)							
5) 전지분유(1000g)							
6) 주방용 세제							
7) 오리털이불(1200~600g)							
8) 압력솥(3~6ℓ)							
9) 등산화							
10) 전기보온밥솥(1.8L)							
11) 전기다리미							
12) 고탄력팬티스타킹							
13) 주택용 보통침대(1인용)							
14) 형광등							
15) 비디오폰							
16) 가스난로							
17) 통조림햄(런천미트 350g)							
18) 농후발효유(100g)							
19) 화장비누							
20) 식품포장용 랩(30cm×20m)							
21) 25인치 컬러TV							
22) 치약							
23) 여성용 내의							
24) 섬유유연제							

3. 다음은 각 제품군에 대한 귀하의 생각을 묻는 문항입니다. 아래 질
   문에 어느 정도 일치하시는지 해당란에 표시하여 주시기 바랍니다.
   "아래 제품군의 경우, 대체로 <u>각 제품군 내의 품질차이</u>가 어느 정
   도라 생각하십니까?"

	거의 없다 ①	②	③	보통 이다 ④	⑤	⑥	매우 크다 ⑦
(보기) 세탁기	√						
1) 컴퓨터용 모니터							
2) 전기주전자							
3) 여행용 가방							
4) 알칼리건전지(LR06)							
5) 전지분유(1000g)							
6) 주방용 세제							
7) 오리털이불(1200~600g)							
8) 압력솥(3~6ℓ)							
9) 등산화							
10) 전기보온밥솥(1.8L)							
11) 전기다리미							
12) 고탄력팬티스타킹							
13) 주택용 보통침대(1인용)							
14) 형광등							
15) 비디오폰							
16) 가스난로							
17) 통조림햄(런천미트 350g)							
18) 농후발효유(100g)							
19) 화장비누							
20) 식품포장용 랩(30cm×20m)							
21) 25인치 컬러TV							
22) 치약							
23) 여성용 내의							
24) 섬유유연제							

4. 다음은 각 제품군에 대한 귀하의 생각을 묻는 문항입니다. 아래 질문에 어느 정도 일치하시는지 해당란에 표시하여 주시기 바랍니다. "아래 각각의 제품군의 경우, 전반적인 품질이 어느 정도라 생각하십니까?"

	매우 나쁘다 ①	②	③	보통 이다 ④	⑤	⑥	매우 좋다 ⑦
(보기) 에어콘						√	
1) 컴퓨터용 모니터							
2) 전기주전자							
3) 여행용 가방							
4) 알칼리건전지(LR06)							
5) 전지분유(1000g)							
6) 주방용 세제							
7) 오리털이불(1200~600g)							
8) 압력솥(3~6ℓ)							
9) 등산화							
10) 전기보온밥솥(1.8L)							
11) 전기다리미							
12) 고탄력팬티스타킹							
13) 주택용 보통침대(1인용)							
14) 형광등							
15) 비디오폰							
16) 가스난로							
17) 통조림햄(런천미트 350g)							
18) 농후발효유(100g)							
19) 화장비누							
20) 식품포장용 랩(30cm×20m)							
21) 25인치 컬러TV							
22) 치약							
23) 여성용 내의							
24) 섬유유연제							

5. 다음은 각 제품군의 평균 가격입니다. 귀하가 느끼시기에 <u>각 제품</u><u>군의 가격수준</u>이 어느 정도라고 생각하십니까?

		매우 낮다 ①	②	③	보통 이다 ④	⑤	매우 높다 ⑥	⑦
(보기) 전자레인지	₩300000						√	
1) 컴퓨터용 모니터	240300							
2) 전기주전자	15200							
3) 여행용 가방	127000							
4) 알칼리건전지(LR06)	420							
5) 전지분유(1000g)	4200							
6) 주방용 세제	250							
7) 오리털이불(1200~600g)	117200							
8) 압력솥(3~6ℓ)	74300							
9) 등산화	86000							
10) 전기보온밥솥(1.8L)	157100							
11) 전기다리미	12100							
12) 고탄력팬티스타킹	3600							
13) 주택용 보통침대(1인용)	330000							
14) 형광등	28500							
15) 비디오폰	196600							
16) 가스난로	190000							
17) 통조림햄(런천미트 350g)	1700							
18) 농후발효유(100g)	330							
19) 화장비누	800							
20) 식품포장용 랩(30cm×20m)	760							
21) 25인치 깔디TV	894000							
22) 치약	670							
23) 여성용 내의	31900							
24) 섬유유연제	2300							

* 주방용 세제는 물 100g에 사용되는 세제의 양을 기준으로 한 가격
* 치약은 100g당 가격임

6. 다음은 설문자의 개인적 상황에 관한 것입니다. 다음의 내용은 단지 통계분류만을 위한 것이므로, 개인별 처리는 이루어지지 않습니다. 해당항목의 ( )에 √로 표기해 주시기 바랍니다.

1. 귀하의 성별은?

① ( ) 여자   ② ( ) 남자

2. 귀하의 연령은?

① ( ) 20~29세   ② ( ) 30~39세
③ ( ) 40~49세   ④ ( ) 50~59세
⑤ ( ) 60세 이상

3. 귀하의 최종학력은?

① ( ) 중학교 이하   ② ( ) 고등학교
③ ( ) 대학교   ④ ( ) 대학원

4. 귀하와 남편의 직업은?

① ( ) 공무원   ② ( ) 회사원
③ ( ) 상업   ④ ( ) 농업
⑤ ( ) 기타

5. 귀하나 귀하가계의 월평균 수입은?

① ( ) 50만 원 이하
② ( ) 50만 원 이상~100만 원 미만
③ ( ) 100만 원 이상~150만 원 미만

④ ( ) 150만 원 이상~200만 원 미만

⑤ ( ) 200만 원 이상~300만 원 미만

⑥ ( ) 300만 원 이상~400만 원 미만

⑦ ( ) 400만 원 이상

-수고하셨습니다-

· 저자 ·

박현숙　· 약　력 ·

성균관대학교에서 마케팅 분야로 박사학위를 취득하였고, 이후 University of Illinois at Urbana Champaign에서 교환교수로 활동하였으며, 귀국 후 한국협상전략연구소 부소장으로 취임하였다. 현재는 서울벤처정보대학원대학교(SUV) 벤처경영학과에 재직하고 있다.

주요한 연구 분야는 석·박사과정에서부터 그 이후까지 한국상품의 경쟁력이 어떠한 것인가에 관한 것이며, 이런 관점에서 한국상품에 대한 국제적 경쟁력, 가격·품질 관계, 블루오션 상품, 브랜드 자산의 역할 등에 관한 연구가 이루어졌다. 더불어 아직 연구가 미진한 마케팅의 한 분야인 비즈니스 협상에 관한 연구들도 이어지고 있다. 또한 한국상품학회, 국제지역학회 이사, 한국마케팅학회, 국제지역학회의 논문심사위원으로 활동 중이다.

· 주요논저 ·

「소비자의 가격·품질 지각에 관한 연구」
「가치혁신에 의한 블루오션 시장사례 분석」
「위탁급식전문업체의 내부마케팅 전략에 관한 중요도 및 수행도 분석」
「한국경영인의 협상자질에 관한 연구」
「협상자질과 협상성과간의 관계 연구」
외 다수

한국상품의
가격·품질관계

· 초판 인쇄	2007년 11월 26일
· 초판 발행	2007년 11월 26일
· 지 은 이	박현숙
· 펴 낸 이	채종준
· 펴 낸 곳	한국학술정보㈜
	경기도 파주시 교하읍 문발리 513-5
	파주출판문화정보산업단지
	전화　031) 908-3181(대표) · 팩스　031) 908-3189
	홈페이지　http://www.kstudy.com
	e-mail(출판사업부)　publish@kstudy.com
· 등　　록	제일산-115호(2000. 6. 19)
· 가　　격	16,000원

ISBN　978-89-534-7835-0 93320 (Paper Book)
　　　978-89-534-7836-7 98320 (e-Book)